Kathrin Heckmann

Fräulein Draußen

Wie ich unterwegs das Große
in den kleinen Dingen fand

ullstein extra

Ullstein extra ist ein Verlag der Ullstein Buchverlage GmbH
www.ullstein.de

ISBN 978-3-86493-105-5

3. Auflage 2020
© Ullstein Buchverlage GmbH, Berlin 2020
Alle Rechte vorbehalten
Gesetzt aus der Sabon bei LVD GmbH, Berlin
Druck und Bindung: CPI books GmbH, Leck

Inhalt

Prolog
Raus   7

Kapitel 1
Der Ruf der Eule   13

Kapitel 2
Ein Hügel im Nirgendwo   27

Kapitel 3
Auf (Ab-)Wegen   45

Kapitel 4
Zahme Bären   59

Kapitel 5
Das Pony im Nebel   75

Kapitel 6
Insekten sind Freunde   93

Kapitel 7
Spuren im Watt   105

Kapitel 8
Allein unter Bäumen   121

Kapitel 9
Sehen im Dunkeln 141

Kapitel 10
Lärmende Schneeflocken 159

Kapitel 11
Die Schönheit des Nichts 177

Kapitel 12
Unbekannte Heimat 191

Kapitel 13
Angekommen 209

Epilog
Erkenntnisse des Draußenseins 227

Anhang

Reisen und Naturschutz 233
Zum Nachwandern 239
Danksagung 251
Quellen 253

Prolog

RAUS

Ein leuchtend gelbes Zelt auf einem einsamen Berggipfel, im Hintergrund nichts als unendlich erscheinende Weite, der erste sanfte Schimmer eines neuen Tages und Milliarden leuchtender Punkte, die in ihrer Gesamtheit jene Galaxie formen, die unser Zuhause ist. In einigen Milliarden Jahren wird die Milchstraße mit ihrem galaktischen Nachbarn, dem Andromedanebel, zusammenprallen. Und auch wenn dabei vielleicht einige Sterne auf der Strecke bleiben werden, werden sie zusammen einen völlig neuen, noch viel spektakuläreren Nachthimmel bilden. Bis es so weit ist, ist die Milchstraße aber auch nicht gerade der schlechteste Anblick. Oder besser gesagt: der vielleicht schönste Anblick, den ich mir nur vorstellen könnte.

Zeit für einen Blick in diesen Nachthimmel fand ich jedoch bis vor wenigen Jahren viel zu selten. Das kleine gelbe Zelt mit all den funkelnden Sternen existierte in meinem Leben vor allem als Hintergrundbild meines Arbeits-Laptops. Und die Nacht, die wurde viel zu oft von meiner Schreibtischlampe erhellt, sodass ich die Sterne gar nicht hätte sehen können, selbst wenn ich es versucht hätte. Dann war lediglich der Inhalt meiner Kaffeetasse dunkel, die neben der abgenutzten Tastatur stand und in aller Regelmäßigkeit gefüllt wurde.

Koffein, das brauchte ich in diesen Tagen dringend. Nicht etwa, weil ich es war, die da in dem gelben Zelt auf dem Berggipfel langsam erwachte. Nicht etwa, weil ich nach einem langen Wandertag und einer – dank dem auf Berggipfeln oft üblichen Wind – unruhigen Nacht einen frühmorgendlichen Energieschub benötigte. Sondern weil ich unentwegt auf den Bildschirm starren musste, acht Stunden am Tag, fünf Tage die Woche, gerne auch mal mehr und gerne auch mal am Wochenende.

Manchmal fühlte es sich für mich an wie Kurzurlaub im Kopf, meistens aber eher wie Selbstgeißelung, wenn meine Aufmerksamkeit beim hektischen Wechsel zwischen E-Mails und Tabellen, Präsentationen und Briefings auf die Szenerie auf meinem Bildschirm fiel. Da war dann immer dieser kurze Stich ins Herz beim Blick auf den Laptop, der vor kleinen Icons nur so wimmelte, die endlich mal wieder sortiert werden mussten. Für einen Moment wurde mein Blick festgehalten, wie magisch angezogen vom kleinen gelben Zelt. Dann begann sich das Chaos in meinem Kopf und in meinem Herzen aufzulösen. Dann wusste ich, wo ich hingehörte und wo ich sein wollte, und das war definitiv kein gut gepolsterter Drehstuhl in einem großen, grauen Büro.

Trotzdem hatte ich oft darüber nachgedacht, das Bild gegen ein anderes auszutauschen. Gegen ein paar bunte Schmetterlinge vielleicht, oder einen Schnappschuss des Familienlabradors. Vielleicht aber auch einfach gleich gegen das Porträt eines gänzlich seelenlosen roten Ziegelsteins, welches bestimmt irgendwo in den Weiten des Internets zu finden war. Hauptsache irgendetwas, das mich nicht schmerzhaft an die Welt da draußen erinnerte, die seit einigen Jahren einen immer größer werdenden Platz in meinem Herzen einnahm. Eine Welt, die in diesen Momenten nicht weiter von mir entfernt sein konnte und doch direkt außerhalb des Bürogebäudes begann. Geändert habe ich das Hintergrundbild nie, bis heute nicht. Doch es sollte der Tag kommen, an dem ich mein Leben gegen ein neues eintauschen würde.

Es war der Beginn eines neuen Jahres, an dem ich den Entschluss fasste, dieses alte Leben umzukrempeln. Von drinnen nach draußen – im wahrsten Sinne. Eine Zeit also, die wie keine andere gemacht war für fundamentale Lebensentscheidungen. Die Zeit, zu der immer alles ganz anders werden soll und doch selten wird. Wenn Menschen bis an den Rand mit guten Vorsätzen und weisen Entschlüssen gefüllt sind und dann letztendlich doch den Willen oder den Mut oder gar den Wunsch selbst wieder verlieren. Ich hatte mir keine Vorsätze zurechtgelegt, das tat ich eigentlich nie. Auch weil mein Lebensstil alles in allem doch ziemlich akzeptabel war. Vegane und gesunde Ernährung: Check. Regelmäßig Sport treiben: Check. Wieder mehr Bücher lesen: Sowieso. Mit dem Rauchen aufhören: Schon vor vielen Jahren geschehen.

Doch die Bürotür, die ich am ersten Arbeitstag des neuen Jahres aufschloss, öffnete sich nach innen und damit in die falsche Richtung. Und als ich wie so oft etwas widerwillig meinen Laptop aufklappte und das kleine gelbe Zelt auf dem Bildschirm erschien, traf mich die Erkenntnis wie ein Schlag. Ich wollte, dass diese Sterne mehr waren als nur digitale Leuchtpunkte über meiner Tastatur. Ich wollte Luft atmen, die nicht von Klimaanlagen gefiltert war, und an ihrem Geruch erkennen, welcher Monat gerade war – nicht durch den Blick auf den Kalender. Ich wollte dem Himmel dabei zusehen, wie er langsam seine Farbe änderte, ohne dabei die meiste Zeit des Tages durch eine Glasscheibe zu starren. Ich wollte nicht über Stapel von Aktenordnern stolpern, sondern über Baumwurzeln. Nicht von Weckern, sondern von dem Gezwitscher der Vögel geweckt werden, und wenn irgendetwas in meinem Leben flimmerte, dann sollten es die echten Sterne sein – auch wenn die eigentlich gar nicht flimmern, sondern nur den Anschein erwecken, wenn ihr Licht auf die wabernden Luftschichten der Erdatmosphäre trifft. Und abends wollte ich mir die schmerzenden Schultern reiben. Nicht etwa, weil ich mal wieder acht Stunden oder mehr am Schreibtisch gesessen hatte, sondern weil sich in dem Rucksack, den ich den ganzen Tag auf dem Rücken getragen hatte, alles befand, was ich zum Leben brauchte. Und selbst so ein aufs Wesentliche reduziertes Leben wog eben doch ein paar Kilo, das hatte ich auf meinen vergangenen Reisen und Wanderungen bereits gemerkt.

Da war er also, mein guter Vorsatz für das neue Jahr. Und ich wusste, dass ich keine andere Wahl hatte, als an diesen Wunsch zu glauben und ihn in die Tat umzusetzen, wenn ich glücklich werden wollte. Also kündigte ich meinen gut bezahlten Job, schnürte ein für alle Mal die Wanderschuhe und machte mich nur wenige Monate später auf den Weg. Zu meiner ersten langen Fernwanderung: 1 500 Kilometer durch Großbritannien. Und in mein neues Leben, denn ab jetzt sollte das Draußensein mein Beruf sein.

Meine eigentliche Reise zu dieser Erkenntnis und dieser Entscheidung begann aber nicht etwa an diesem Arbeitsmorgen, sondern schon einige Jahre zuvor. Es war eine Reise, die nicht zu einem bestimmten Ort führte, sondern mir nach und nach die Augen öffnete für all die kleinen Dinge, die die Welt da draußen erst zu dem machten, was sie ist: ein Ort voller Wunder, die zu erkennen ich bis dahin nie so wirklich gelernt hatte.

Um genau diese Reise soll es in dem Buch gehen. Ich möchte

die Geschichten von kleinen Dingen erzählen, die so klein gar nicht sind, allein schon weil sie Großes in mir bewirkt haben. Ich möchte von den Farben des Himmels und den Formen der Landschaft und dem Geruch der Erde erzählen. Von Begegnungen mit wilden und manchmal auch weniger wilden Tieren. Von der Faszination des Wanderns, des langsamen Unterwegsseins in der Natur und davon, was passiert, wenn man beginnt, genauer hinzusehen.

Ich möchte von Momenten des Glücks erzählen, aber auch von den Herausforderungen und Hindernissen, die eine solche Reise in erstaunlich unbekannte Welten mit sich bringt. Und ich möchte von dem erzählen, was ich in mir fand, nachdem ich begonnen hatte, draußen zu suchen.

Die Kulisse für diese Geschichten sind meine Reisen und Wanderungen, all die großen und kleinen Abenteuer, in die ich mich in den letzten Jahren begeben habe. Die Hauptdarstellerin aber, das ist die Natur selbst. Und die spielt längst nicht nur in Blockbustern mit, tritt nicht nur auf den großen Schauplätzen dieser Welt auf. Natur ist überall, und genau dort bin ich ihr begegnet.

Alles nahm seinen Anfang einige Jahre, bevor ich den Entschluss fasste, meine Anstellung zu kündigen und mein Leben vor allem mit dem Reisen, Wandern, Fotografieren und Schreiben zu verbringen. Und an dieser Stelle beginnt auch dieses Buch.

Kapitel 1

DER RUF DER EULE

Ich weiß nicht mehr, ob ich langsam aus dem Schlaf erwacht oder doch nie richtig eingeschlafen war. Letzteres wäre gut möglich gewesen, denn meine günstig erstandene Isomatte war für passionierte Seitenschläfer wie mich nur bedingt geeignet, und meine Hüftknochen waren bereits mit schmerzhaften Druckstellen übersät. Jeder seitenschlafende Mensch, der schon mal in einem Zelt genächtigt hat, kennt ihn wohl, diesen Schmerz. Und die endlosen Diskussionen mit sich selbst darüber, ob man denn nicht auch einfach Rückenschläfer sein oder sich zumindest auf den Bauch drehen könne, so wie andere Menschen es ja auch ohne Probleme tun. Aber wenn man es dann versucht, stellt man ziemlich schnell fest, dass man in Sachen Schlafposition einfach keine Wahl hat. Man ist und bleibt, wer man nun mal ist. Also rollt man sich, geplagt von Hüftschmerzen und Müdigkeit, wieder auf die Seite – aber immerhin auf diejenige, auf der die Druckschmerzen etwas weniger schlimm sind, weil man letzte Nacht auf der anderen geschlafen hat. Und hofft, dass die Erschöpfung den Kampf schnell gewinnt und einen zumindest bis zum ersten Morgengrauen halbwegs in Ruhe schlafen lässt.

Meine Freundin und Reisebegleitung Marie lag neben mir

und sah schon wieder bestens erholt aus. Sie schlief jede Nacht tief und fest, denn sie besaß eine dieser gelben, fröhlich vor sich hin knisternden Hightech-Isomatten, die sich wohl jeder seitenschlafende Mensch irgendwann in seinem Leben zulegt, wenn er vorhat, öfter mal im Zelt zu nächtigen. Heute, rund sieben Jahre nach dieser Reise, besitze ich schon die zweite davon, und dazu noch eine wärmere Variante, die auch für Minusgrade geeignet ist. Aber damals wusste ich es noch nicht besser, denn um die eigene Schlafposition macht man sich eben normalerweise nur relativ wenige Gedanken.

Ich hatte mir jedenfalls bis dahin wenig den Kopf darüber zerbrochen. Und im Zelt geschlafen hatte ich auch erst ein paarmal, während einiger Campingplatz-Urlaube und dem einen obligatorischen Festivalbesuch. Ich war damals 23 Jahre alt, hatte gerade die Uni beendet, und es war meine erste große Reise. Das erste Mal ganz weit weg von allem, was ich bisher kannte oder zu kennen geglaubt hatte. Das erste Mal eine richtig große Reisetasche packen, in einen richtig großen Flieger steigen und richtig lange fliegen – mit unglaublicher Aufregung im Gepäck. Und nur kurze Zeit später lag ich in einem Nationalpark im Südwesten der USA die halbe Nacht wach, weil ich mich einfach nicht mehr entscheiden konnte, welche der beiden Hüften weniger wehtat. Und dann hörte ich es.

»*Huh.*«

Mit einem Mal war der Schmerz in meinen Hüftknochen so weit weg, wie er nur sein konnte.

»*Huh.*«

Ich lag ganz still, den Blick starr an die Zeltdecke gerichtet, weil man in Momenten, in denen man unbedingt etwas ganz genau hören möchte, aus irgendeinem seltsamen Grund noch nicht einmal wagt, die Augen zu bewegen.

»*Huh.*«

Zweifelsfrei. Da draußen war eine Eule, direkt neben dem Zelt, das Marie und ich mitten in der wüstenartigen Einöde des Bundesstaates Utah aufgestellt hatten – und ich war plötzlich ziemlich aufgeregt.

»*Huh.*«

Langsam setzte ich mich auf und war zum ersten Mal froh darüber, dass ich keine dieser besagten Isomatten hatte, die bei jeder Bewegung laut knisterten. Ich fuhr mit der Hand den Reißverschluss entlang, bis ich den kleinen Schieber ertastete, und zog ihn langsam auf, Zahn für Zahn, in der Hoffnung, gleichzeitig leise und doch schnell genug zu sein, um einen Blick auf das fremde, aber gleichzeitig seltsam vertraute Wesen zu erhaschen. Doch als der Spalt in der Zelttür groß genug war, konnte ich gerade noch den dunklen, geflügelten Schatten sehen, der sich von dem knorrigen Bäumchen neben unserem Zelt erhob. Er schwebte genauso lautlos wie farblos in die Nacht davon und ließ mich gleichermaßen verzaubert wie enttäuscht zurück. Die Eule war direkt neben mir gewesen, nur durch eine dünne Zeltplane von mir und meinem Blick getrennt, und nun war sie fort.

»*Huh.*«

Oder doch nicht?

»*Huh.*«

Ein bisschen weiter entfernt war sie auf jeden Fall, vermutlich saß sie in einer der Kiefern am Ende unseres Zeltplatzes. Ich schälte mich aus dem Schlafsack, streifte meine dicke Fleecejacke über und schlüpfte in die Sandalen, die sorgsam und bereits in die richtige Richtung gedreht vor dem Zelt platziert waren. Draußen war es fast heller als innen im Zelt. Es war Vollmond, oder zumindest nah dran, und die Luft zwischen mir und dem Nachthimmel war klar wie Glas. In

Utah gibt es einige der dunkelsten Orte in den gesamten Vereinigten Staaten, aber nun mussten sich meine Augen eher an das Licht als an die Schwärze gewöhnen. Ich sah mich um, um mich zu orientieren, und das Mondlicht reflektierte aus jeder Richtung so hell, dass ich fast schon die Farben meiner Umgebung erkennen konnte. Das von der Sonne schon ganz ausgeblichene Gelb der Nylon-Außenschicht unseres Zeltes, die dunkelgrün angepinselte und gegen Tiereinbrüche gesicherte Mülltonne, unsere viel zu kleinen, hellblauen Campingstühle, die eigentlich für Kinder gemacht waren und von denen wir bei Walmart noch dachten, dass sie einfach nur ein besonders gutes Schnäppchen gewesen waren. Und natürlich der sanft rötlich rostbraune Sandstein, der sich durch den Arches Nationalpark zog wie die steingewordenen Überreste eines Dinosaurier-Friedhofs.

Eulen haben von Dingen wie Hellblau oder Rostbraun relativ wenig Ahnung, denn in Sachen Farbsehen sind sie, zumindest diejenigen Arten, die nachtaktiv sind, schlechter dran als Menschen. Während ihre tagaktiven Verwandten genauso wie wir auf eine Vielzahl von farbsehenden Zapfen setzen können, haben nachtaktive Eulen deutlich mehr der lichtempfindlichen Stäbchen in ihren Augen. Diese sind dazu noch überproportional groß, bei Menschen entspräche das Augen in der Größe von Äpfeln. Der Mangel an Zapfen macht Eulen zwar weniger empfänglich für Dinge wie gelbe Zelte und rote Steine, aber dafür sehen sie auch in den dunkelsten Utah-Nächten noch die unselige Maus, die irgendwo da unten auf dem Sandstein, zwischen Felsblöcken und Wacholderbüschen, emsig ihrem nächtlichen Treiben nachgeht – und ein paar Augenblicke später vielleicht schon nicht mehr.

»*Huh.*«

Ich versuchte, tunlichst nicht über die Zeltschnüre zu stolpern, als ich vorsichtig um das Zelt herum und in Richtung der Bäume schlich, in denen ich meine Eule vermutete. Ich wusste nicht genau, wieso ich das tat, und dachte in diesem Moment auch gar nicht erst darüber nach. Vielleicht war es die pure Abenteuerlust, die auf dieser Reise zum ersten Mal so richtig in mir erwacht war und die mich nun antrieb, mitten in der Nacht mein Zelt zu verlassen und in Sandalen einer Eule hinterherzulaufen, die höchstwahrscheinlich gar nichts von mir wissen wollte. Und ich wusste nichts über sie, hatte außer im heimischen Wildtierpark, in dessen Nähe ich aufgewachsen war, niemals eine Eule gesehen. Hatte vielleicht manchmal irgendwo eine gehört, mir dann gedacht: *Oh, eine Eule,* oder wahrscheinlich noch nicht mal das, und mich dann nicht weiter mit ihr beschäftigt. Vermutlich hatte ich sogar schon viel mehr Eulen gehört, denn, und das weiß ich heute: Längst nicht alle Eulen geben das berühmte »Huh« der Waldohreule oder das »Hu-huhuhuhu-huuu« des Waldkauzes von sich, die Laute der beiden häufigsten Arten in unseren Breitengraden, die quasi in jedem Horrorfilm oder Krimi irgendwo als Soundeffekt zu hören sind. Da gibt es zum Beispiel noch das fauchende bis schrill-kreischende »Schriiiiii« der Schleiereule, welches bei mir deutlich mehr Gänsehaut zu verursachen vermag, als es ein Gruselfilm mit mittelmäßigem Waldkauz-Effekt je könnte. Dagegen war der dumpfe Klang meiner Eule wunderschön, beruhigend, fast schon meditativ, geheimnisvoll, wohlwollend. Es war ein Ruf, dem ich gerne folgte, auch wenn es mitten in der Nacht war, in einem fremden Land, auf einem fremden Kontinent und ich lediglich Sandalen an den vom Tag noch staubigen Füßen trug, die nicht unbedingt den besten Schutz gegen Skorpionstacheln oder Schlangenzähne boten.

Auf halbem Weg zwischen Zelt und Eule hielt ich inne. Ich wollte das Tier nicht stören, die Mäuse und andere potenzielle Beutetiere nicht verjagen, nach denen sie vielleicht Ausschau hielt. Ich wollte ihre nächtliche Welt nicht durcheinanderbringen, wollte lediglich mal einen Blick hineinwerfen, einfach mal gucken, wie es dort so war und ob das vielleicht auch etwas für mich wäre. Ich setzte mich auf einen Stein und wartete auf den nächsten Ruf, der bis jetzt fast wie ein Uhrwerk in regelmäßigen Abständen ertönt war. Ab hier war der Boden mit allerlei scharfkantigem und stachligem Gestrüpp übersät. Ein einzelner großer Wacholderstrauch ragte darüber hinaus und stand genau zwischen mir und dem Mond, die schattigen Enden seiner Äste zugegebenermaßen etwas bedrohlich in meine Richtung gestreckt.

»*Huh.*«

Irgendwie hatte meine Eule es geschafft, von meinen Augen und Ohren gänzlich unbemerkt den Baum zu wechseln, und rief nun aus einer ganz anderen Richtung zu mir herüber. Eulen fliegen lautlos, zumindest für unsere Ohren. Und meine Wüsteneule war da keine Ausnahme. Diese Tatsache ist ungleich faszinierender, wenn man einmal bewusst darauf achtet, wie laut andere Vögel fliegen. Auf das »Flapp-Flapp-Flapp« von Tauben. Auf das Pfeifen, wenn sich Krähen im schnellen Flug ihren Weg durch die Luftschichten schneiden. Eulen hingegen sind trotz ihrer teils erheblichen Größe völlig still, können ohne jedes wahrnehmbare Geräusch von einem Ast zum nächsten segeln. Ihr weiches, lockeres Federkleid bietet wenig Widerstand, dank der samtartigen Oberfläche des Gefieders entsteht keine Reibung. Und die gezahnten Außenkanten der Schwungfedern zerstreuen den Luftstrom in feine Wirbel und nehmen ihm damit so gut wie jeden Laut, während die Strukturen der Ober- und Hinterseite der Flügel den Schall zusätzlich dämpfen.

So schnell fliegen wie Krähen oder Tauben können sie mit diesen Flügeln nicht, aber das müssen sie auch gar nicht. Denn wer keine Geräusche macht, die potenzielle Beutetiere vorwarnen könnten, der hat es auch nicht sonderlich eilig. Ich war fasziniert von einem Geräusch, das gar nicht existierte.

»*Huh.*«

Meine Eule schien nicht so richtig hungrig zu sein, denn ihr Ruf würde auch den unaufmerksamsten Nager in Aufruhr versetzen, wenn ja sogar ich ihn deutlich hören konnte. Und mein Gehör war von der Perfektion eines Eulenohrs weit entfernt. Die hochsensiblen Organe sind als seitliche Schlitze am Kopf der Eule angeordnet, eines etwas höher als das andere, sodass sie die Herkunft von Geräuschen präzise orten kann. Gleichzeitig wirkt der Gesichtsschleier aus Federn als zusätzlicher Verstärker, der selbst das Rascheln einer Maus unter einem halben Meter Schnee nicht ungehört lässt. Selbst also falls sie ihren bis zu 270 Grad drehbaren Kopf mit den starren Augen nicht in meine Richtung gewandt hatte, wusste sie bestimmt ganz genau, wo ich war und was ich dort trieb.

Vielleicht konnte sie sogar hören, wie die kalte Nachtluft mit meinem vom Stein aufgewärmten Körper kollidierte, als ich mich von ihm erhob. Er trug die Wärme eines ganzen Spätsommertages in sich und hatte sie jetzt in der Nacht an mich weitergegeben. Ich kletterte auf einen großen, lang gezogenen Felsen, der wie der umgedrehte Bug eines rostigen alten Schiffes aus der flachen, von Trockenheit und extremen Temperaturen in Schach gehaltenen Vegetation hervorragte, und lief auf seinem Rücken entlang bis zu seinem höchsten Punkt. Es war erstaunlich, wie gut selbst die Sohlen meiner billigen Sandalen auf dem glatt geschliffenen und gleichzeitig porösen Gestein Halt fanden. Ich fühlte mich bei meiner nächtlichen Kraxelei ein bisschen wie eine der Echsen, die wir früher am

Tag auf diesen Felsen zahlreich bei ihrem Sonnenbad gesehen hatten. Sie konnten mit ihren Füßchen auf so ziemlich allem klettern, so schien es.

Ich erklomm den Felsen heute schon zum zweiten Mal, einige Stunden zuvor hatten Marie und ich von seinem Rücken aus dabei zugesehen, wie die Wüste im Licht der untergehenden Sonne nach und nach zu glühen begann, bis sie feuerrot leuchtete und anschließend langsam, von Rosa zu Pink zu Purpur zu Lila zu Blau zu Schwarz, wieder erlosch. Wir hatten nicht genug bekommen können vom Anblick dieser Landschaft, selbst nachdem wir sie schon den ganzen Tag lang zu Fuß erkundet hatten. Wir waren über staubige Pfade, durch ausgetrocknete Flussbetten und Schluchten gewandert, vorbei an Ansammlungen kleiner Kakteen, gelblich blühenden Salbeibüschen, bizarr verformten Wacholderbäumen und natürlich durch, über, unter und vorbei an Gesteinsformationen in allen vorstellbaren Ausführungen und rostigen Farbtönen. Diese verblassen je nach Gesteinsschicht, Blickwinkel und Sonneneinfall mal mehr ins Gelbliche und leuchten dann wieder feuerrot. Devil's Garden, Skyline Arch, Balance Rock oder Fiery Furnace sind nur einige der klingenden Namen, die für eine Landschaft wie diese gar nicht dramatisch genug sein können. Eine Landschaft, die eher wie ein riesiges, verlassenes Freilichtmuseum der bildenden Künste anmutet, nur dass hier keine Menschen am Werk sind und das Museum alles andere als verlassen ist. Es ist vielmehr mehr *work in progress*, und die Künstlerin ist die Natur.

Einst gab es in dieser heute so trockenen Gegend ein ganzes Meer, bis es immer mehr versalzte und letztendlich austrocknete. Irgendwann konnte die verhältnismäßig weiche Salzschicht die darüber abgelagerten Gesteinsmassen nicht mehr

gleichmäßig tragen, sie geriet in Bewegung, wölbte sich unter
der Last auf, und die Oberfläche wölbte sich gleich mit. Es
entstanden Risse, die durch Erosion zu Gesteinsrippen wurden. Die unterschiedlichen Gesteinsschichten waren Wind,
Wasser und Frost nun schutzlos ausgeliefert. Manche von
ihnen hielten diesen aber länger stand als andere, und so entstanden die Brücken und Bögen, die dem Nationalpark ihren
Namen gaben. Und das alles passiert bis heute.

Der Landscape Arch ist der längste unter ihnen. Ganze
96 Meter spannt er sich auf einer Leinwand aus eisblauem
Himmel über die staubige Felsenlandschaft, an manchen Stellen schon so gefährlich dünn, dass man fast die Gesetze der
Physik infrage stellen möchte. Auch wenn Schatten in dieser
Gegend rar ist, sollte man unter diesem Bogen lieber nicht
länger pausieren, denn irgendwann wird er einstürzen. Genauso wie viele vor ihm und viele, die noch folgen werden.
Vielleicht morgen, vielleicht in einem Jahr, vielleicht auch erst
in zehn. Es wird damit ein neues Wüsten-Kunstwerk geformt
werden, während an anderer Stelle neue Brücken und Bögen
entstehen. Verglichen mit einem Planetenleben, geht das alles
relativ schnell vonstatten, für uns Planetenbewohner aber ist,
abgesehen von den Einstürzen – zuletzt widerfuhr dies einem
Bogen namens Wall Arch im Jahr 2008 –, über die Jahre
kaum ein Unterschied feststellbar. Und so war der Arches
Nationalpark, den ich erlebte, dem von Edward Abbey gar
nicht so unähnlich.

Der amerikanische Schriftsteller, Philosoph und radikale
Umweltaktivist, der sein Werk ganz dem Südwesten der USA
widmete, kam Ende der Fünfzigerjahre als Ranger für den
amerikanischen National Park Service in dieses Gebiet. Für
die Nationalpark-Verwaltung galt Arches zu dieser Zeit noch
als quasi unerschlossenes Territorium. Doch in den Augen von

Abbey, der seinem Arbeitgeber und dessen Schaffen schon damals ziemlich kritisch gegenüberstand, hatte die Zivilisation bereits in einem für ihn fast unerträglichen Maß Einzug gehalten: gut erhaltene Schotterstraßen, die die Besucher in ihren Autos bequem zu allen wichtigen Punkten führten, die beeindruckendsten Felsbögen nur einen kurzen Fußmarsch von den Parkplätzen entfernt. Die Wanderwege bestens markiert, sodass Dinge wie Karte und Kompass getrost zu Hause bleiben konnten. Und die kleinen Campingplätze im Park zumindest mit den nötigsten Annehmlichkeiten ausgestattet, inklusive komfortablen Picknicktischen, Feuerstellen und Mülleimern, die regelmäßig geleert wurden. Trinkwasser musste man noch selbst mitbringen, doch Feuerholz wurde gestellt, und es war Aufgabe von Rangern wie Abbey, dieses aus der Umgebung zu beschaffen.

Im Jahr 1956, als Edward Abbey seine erste Saison antrat, verzeichnete Arches 28 500 Besucher. 2015 musste der Park zum ersten Mal am Wochenende des amerikanischen Feiertags Memorial Day vorübergehend wegen Überfüllung und Verkehrsstau geschlossen werden. Im Jahr meines Besuchs, 2012, waren es schließlich insgesamt rund eine Million Besucher. Und ein paar Dutzend davon schliefen dort am Fuß meines Aussichtsfelsens in ihren Zelten, Trailern und absurd großen Wohnmobilen auf dem Devil's Garden Campground, der normalerweise schon etliche Monate im Vorhinein ausgebucht war.

Marie und ich hatten nur einen der begehrten Plätze ergattern können, weil wir in unserem jugendlichen Leichtsinn den Reiseführer, der uns genau das mitgeteilt hätte, komplett ignoriert, ja genauer gesagt überhaupt gar nicht erst gelesen hatten. So klopften wir am frühen Abend müde von einer langen Autoetappe, aber gut gelaunt an die Tür des Campingplatzaufsehers und fragten unschuldig nach einem Platz, welcher dank einer kurzfristigen Stornierung tatsächlich verfügbar war. Der Campingplatzwart konnte es selbst nicht ganz glauben, und wir auch nicht, als wir unseren Schlafplatz inmitten dieser wundersamen Welt aus Stein und Fels im Schein unserer Stirnlampen bezogen. Auch wenn die Hauptstraße im Park mittlerweile sogar asphaltiert war, es fließendes, wenn auch reichlich nach Chlor schmeckendes Wasser gab und ein kleines Bündel Feuerholz stolze sechs US-Dollar kostete.

Ironischerweise trug das Buch *Desert Solitaire*, zu Deutsch *Die Einsamkeit der Wüste*, von Edward Abbey zur Berühmtheit und Entwicklung des Arches Nationalparks bei. Dabei hatte der glühende Verfechter unberührter Wildnis und deren existenzieller Wichtigkeit für alles Leben, Menschen eingeschlossen, das nie beabsichtigt, ja vielmehr noch aktiv zu verhindern versucht:

»Steigen Sie im kommenden Juni bloß nicht in Ihr Auto, machen Sie keinen Ausflug ins Canyonland, in der Hoffnung, etwas von dem zu Gesicht zu bekommen, was ich auf diesen Seiten zu schildern versucht habe. […] vieles, worüber ich in diesem Buch schreibe, [ist] bereits nicht mehr vorhanden oder geht viel zu rasch unter. Das Buch ist kein Reiseführer, sondern eine Elegie. Ein Denkmal.«

Denkschrift, Biologiebuch, Abenteuerroman, gesellschaftskritische Abhandlung über etwas, das für Edward Abbey mit Wildnis in etwa noch so viel gemeinsam hatte wie eine Eule mit einem Pinguin – zumindest auf den für Besucher erschlossenen Teil des Parks bezogen, in dem wir uns befanden. Und über etwas, das für mich dennoch die Erfüllung eines Traums war, von dem ich bis dahin gar nicht wusste, dass ich ihn gehegt hatte. Diese Gegend war der mit Abstand wildeste Ort, an den mein Körper und meine Seele bis dahin gereist waren.

Jeder Strauch, jeder Stein war ungezähmter als alles, was ich bisher kannte. Natur in Reinform, die mich fest in ihren Bann zog, mich einfach so zu einem Teil von ihr machte. Und das, obwohl ich doch eigentlich gar keine Ahnung von alldem hatte und mein Leben zu Hause in jeglicher Hinsicht so weit entfernt von dieser Welt war, wie es nur sein konnte. Die Eule, die, jetzt unterhalb von mir und nach wie vor für meine Augen unsichtbar, in einem der Bäume saß und zwischendurch ein »Huh« von sich gab, war meine Brücke zu dieser Welt.

Ich lauschte ihr noch eine ganze Weile, bis sie sich irgendwann erhob und in lautlosem Flug in die Dunkelheit davonglitt, zu der Grenze, ab der meine Augen ihre Gestalt nicht mehr von der Farbe der Nacht unterscheiden konnten, und darüber hinaus. Meine Eule war fort, aber ich blieb noch ein bisschen, sah ihr nach, auch nachdem ich sie schon lange nicht mehr sehen konnte. Der Sandstein unter meinen Händen und Füßen war warm und weich, also so, wie Stein eigentlich niemals ist. Der Nachthimmel spannte sich endlos über mich und die Wüste, und ich war gleichzeitig so groß wie das Zentrum des Universums und so klein wie ein Sandsteinkörnchen im Wind. Am liebsten wollte ich nie wieder weg von dort. Und gleichzeitig wollte ich überallhin.

» Wird sie [die Wüste], wenn ich wiederkomme, noch dieselbe sein? Werde ich noch derselbe sein? Wird überhaupt alles jemals wieder wie früher sein? Falls ich wiederkomme.«

Das fragte sich Edward Abbey, bevor er seinen kleinen Wohnwagen zum vorerst letzten Mal hinter sich zuschloss. Die Antwort: Er würde wiederkehren, schon in der nächsten Saison. Und ich würde es auch. Vielleicht nicht in den Arches Nationalpark, aber an Orte wie diesen, wo ich die Natur in all ihrer Größe erkennen, in all ihren Nuancen bewundern könnte. Immer, immer wieder. Um zu finden, was ich in dieser Nacht zum ersten Mal gefunden hatte, als ich dem Ruf der Eule folgte. Als ich einen Blick in ihre geheimnisvolle Welt werfen durfte und feststellte, dass diese jedem offensteht, der es wagt, nachts in Sandalen auf Steine in der Wüste zu klettern und zu warten, bis sich die Augen an das Licht gewöhnt haben. Eine Welt, über die ich so wenig wusste, in der ich so fremd war und in der ich mich doch zu Hause fühlte. Und ich würde nie wieder dieselbe sein. Denn diese Nacht hatte zwar nicht alles verändert, aber alles in mir.

Desert Solitaire von Edward Abbey kaufte ich mir am nächsten Tag im Besucherzentrum des Parks, zusammen mit einem Buch über Raben und Krähen, weil es eines über Eulen nicht gab. Ich las Abbeys Worte auf meiner weiteren Reise durch den Südwesten der USA, die mich zu einigen der größten Naturwunder dieser Erde führte. Und was ich las, öffnete meine Augen. Nicht etwa für die Großartigkeit und Einzigartigkeit dieser Orte, denn die sprangen einem ohnehin ins Auge. Aber für die Großartigkeit und Einzigartigkeit all der kleinen Dinge, die die staubigen Wanderwege und endlosen Highways säumten, egal ob im Grand Canyon oder irgendwo an einem vermeintlich unbedeutenden Straßenrand. Meine Augen wurden für die Tatsache geöffnet, dass sich das große Ganze erst offenbart, wenn man beginnt, den Blick auf das vermeintlich Unscheinbare zu richten. Wenn man nicht nur das Fenster herunterkurbelt, um schnell ein paar Fotos vom Parkplatz aus zu schießen, sondern Autos und Städte und Straßen weit hinter sich lässt, die Wanderschuhe schnürt und sich nach draußen begibt – ohne Barriere zwischen sich und der Welt, mit offenem Herzen und wachem Blick.

»Vom Auto aus können Sie gar nichts sehen; Sie müssen schon aus der gottverdammten Kiste aussteigen und zu Fuß gehen, besser noch, auf Händen und Knien über den Sandstein und durch das dornige Gebüsch und die Kakteen kriechen. Erst wenn Blut Ihren Weg markiert, werden Sie vielleicht etwas zu sehen bekommen. Eher nicht.«

Es erschien mir als der einzig wahre und der einzig mögliche Weg, die Welt wirklich zu entdecken. Und genau das wollte ich tun. Allein schon weil ich sonst vielleicht nie erfahren hätte, dass Steine auch warm und weich sein können und Eulen lautlos fliegen.

Kapitel 2

EIN HÜGEL IM NIRGENDWO

Es war der denkbar schlechteste Start, den ich mir für meine erste Reise ganz allein nur vorstellen konnte. Schon am Morgen meines Abreisetages nach Schottland wachte ich mit wenig verheißungsvollen und schmerzhaften Anzeichen in meinem Hals auf. Ich nahm während der Anreise abwechselnd Tee und desinfizierende Lutschtabletten zu mir, aber nichts half mehr. Schmerzen und Erschöpfung legten sich zunehmend wie ein schwerer grauer Schleier über das, was einst Aufregung und Vorfreude war, und erdrückten diese bis zur Unfühlbarkeit.

Die zwei Stunden Fahrzeit im Mietwagen bis nach Inverness waren alles, was ich noch zustande brachte. Und das vermutlich nur dank des erhöhten Adrenalinausstoßes, den so eine erste Fahrt im Linksverkehr nun mal mit sich bringt. Ab dann gab es nur noch mich, mein Hostelbett, welches sich zum Glück in einem Einzelzimmer befand, und eine der niederschmetterndsten Erkältungen, die ich mir jemals zugezogen hatte.

Eigentlich sah mein Plan vor, nur die erste Nacht in diesem Hostel zu verbringen und mich dann ganz schnell in die aufregende Welt des schottischen Hochlandes zu flüchten. Aber nun war selbst der Gang zum Wasserkocher in der Gemeinschaftsküche eine Herausforderung.

Ich verlängerte meinen Aufenthalt für eine Nacht und verbrachte den gesamten ersten Tag meiner Reise schlafend, schniefend und schluchzend. Bis ich irgendwann zwischen Fieberträumen und Ingwertee die Erkenntnis hatte: Wenn ich schon in Schottland krank bin, dann wenigstens in der Natur. Und so nahm ich am nächsten Morgen alle durch den Ruhetag gesammelten Kräfte zusammen und fuhr ein Stück nach Süden. Dort wartete wieder ein Hostelzimmer auf mich, aber dieses Mal eines mit selbst gebackenem Zitronenkuchen und einem Fenster, durch dessen geöffneten Spalt ich das Wasser des Loch Ness an das nur wenige Meter von mir entfernte Ufer schwappen hören konnte. Und obwohl ich mich nach wie vor elend fühlte und nicht erahnen konnte, wie lange mich diese Erkältung ans Bett fesseln würde, wusste ich: Wenn ich irgendwo möglichst schnell wieder gesund werden würde, dann an diesem Ort.

Abends setzte ich mich dick eingepackt ans steinige Ufer des Sees und versenkte meine Augen in seiner dunklen, unergründlichen Tiefe. Ich konnte sie spüren, ja regelrecht sehen, obwohl das aufgrund des Torfgehalts fast schon schwarze Wasser nicht den kleinsten Blick unter seine Oberfläche zuließ. Und ich kam nicht umhin, trotz allen besseren Wissens nach ungewöhnlichen Bewegungen des Wassers Ausschau zu halten, die womöglich durch ein Seemonster namens Nessie verursacht wurden. Denn das ist es, was Schottland macht. Es zieht einen in seinen mystischen Bann, und man kann einfach nichts dagegen tun. Und so war ich, ehe ich mich versah, mittendrin in der Reise, auf die ich mich so sehr gefreut hatte. Sie war bisher gar nicht so verlaufen, wie ich mir das erwünscht und vorgestellt hatte, und doch hätte ich es mir besser nicht erträumen können. Denn die Natur Schottlands hatte mich bereits verzaubert. Und genau dafür war ich doch letztendlich hierhergekommen.

Zwei Tage verbrachte ich am Ufer des zweitgrößten Sees Schottlands, bevor ich mich stark genug fühlte, die Richtung einzuschlagen, in die mein innerer Kompass schon die ganze Zeit gezeigt hatte. Je weiter ich auf der Küstenstraße nach Norden fuhr, desto größer wurden der Himmel und das Meer, als wäre ich von nichts anderem umgeben als strahlendem Blau. Alles in allem eher ungewöhnlich für Großbritannien und speziell diesen Teil des Landes. Wie auch die sonnenverbrannte Haut, die ich mir prompt am rechten Arm zuzog. Truckersonnenbrand nennt man das, auch wenn mein kleines graues Auto alles andere war als ein Lkw. Und das war auch gut so, denn viele Straßen in den nördlichen Highlands sind kaum für ein Auto breit genug und lediglich hier und da mit Buchten zum Ausweichen versehen.

Eine solche kleine Straße war es, auf die ich mein Auto irgendwann lenkte. Weg von der Hauptstraße, weg von der Küste, einfach irgendwo den Blinker setzen, von einer Sekunde auf die andere, und ganz aus dem Bauch heraus entscheiden und dem Gefühl hinterherfahren. Dem musste ich nämlich folgen, um meinen Wunsch zu erfüllen, den ich mit auf die Insel gebracht hatte: Ich wollte endlich alleine im Zelt übernachten, von nichts als unberührter Natur und von niemandem als mir selbst umgeben. Einfach meinen Rucksack packen, draufloslaufen, irgendwo mein Zelt aufbauen und damit nicht nur diesen Platz, sondern die ganze Welt zu meinem Zuhause erklären. Ich wollte draußen sein und vor allem draußen bleiben, für eine Nacht und (hoffentlich) für viele weitere, die in der Zukunft noch folgen würden, ohne mich spätestens bei Einbruch der Dunkelheit in die üblichen vier Wände oder auf einen bequemen Campingplatz zurückzuziehen. Diese ganz besondere Freiheit erleben, die in Ansätzen selbst der bloße Anblick eines Zeltes inmitten weiter Landschaft zu vermitteln mag und die so viel größer und großartiger sein musste, wenn man selbst in diesem Zelt lag.

Für die kommenden Tage sah der Wetterbericht allerdings wenig verheißungsvoll aus. Und deswegen hieß es nun: jetzt oder nie. Meine kleine Straße führte um einen tief ins Land schneidenden Meeresarm herum, dessen Ufer lediglich einige weit verstreute Farmhäuser säumten. In einer Haltebucht an der äußersten Spitze des Fjords hielt ich an, stieg aus dem Auto und sah mich prüfend um. Irgendetwas an den Hügeln um mich herum sah vielversprechend aus, ja geradezu vertrauenserweckend, ich konnte gar nicht genau sagen, was es war, aber ich wusste schnell: Hier und jetzt würde ich es wagen.

Ich öffnete den Kofferraum und begann, allerlei Dinge zusammenzusammeln, die ich für meine erste Nacht allein in der Wildnis brauchen würde oder von denen ich zumindest dachte, dass ich sie brauchen würde. Denn neben unbestreitbar notwendiger Ausrüstung wie Zelt und Schlafsack befanden sich auch Gegenstände wie eine Campinglaterne und eine Flasche Rotwein darunter, deren Sinn und Zweck man durchaus anzweifeln konnte. Aber ich wollte nun mal für alle Eventualitäten vorbereitet sein. Und Platz war in dem großen roten Rucksack mehr als ausreichend. Er gehörte eigentlich meinem Vater und war für mich dadurch nicht gerade ideal. Aber Rucksack ist Rucksack, so dachte ich mir, und für den Anfang musste das genug sein. Denn mit dem begrenzten Budget einer Berufsanfängerin, die frisch von der Uni kam, konnte ich mir meine erste Trekkingausrüstung nicht komplett neu kaufen.

Was ich kaufte, musste hingegen perfekt sein. Daher hatte ich in den Wochen vor meiner Abreise unzählige Foren und Webseiten gewälzt, Unmengen an Ausrüstung und Wissen recherchiert. Es sollte ja nicht bei dieser Nacht in Schottland bleiben, sie sollte nur der Startschuss sein in ein Leben mit vielen weiteren Abenteuern. Und deswegen war ich bei jeder Wandersocke und bei jedem Kochtopf, die ich mir neu zulegte, auf der Suche nach dem einzig wahren Exemplar.

Es gab ja so viel zu bedenken, so unglaublich viel. Von Materialien und Gewichten über Wärmeleistungen und Passformen bis hin zu Wassersäulen und Packmaßen. Manch eine Polarexpedition hat wohl weniger Zeit für die Vorbereitung in Anspruch genommen, aber es geht nun mal in beiden Fällen doch irgendwie ums nackte Überleben. Zu meiner Verteidigung sollte ich vielleicht sagen, dass so ein Hügel in den schottischen Highlands in Sachen Wetterkapriolen durchaus das Potenzial hat, mit der Arktis mitzuhalten.

Während ich packte, hielt neben mir plötzlich ein weiteres Auto, aus dem eine ältere Frau erstaunlich agil heraussprang.

»Gehst du campen?«

»Ja, ich will irgendwo da hoch auf den Hügel für die Nacht.«

»Oh, das ist ja wunderbar. Und das bei diesem Wetter!«

So sind sie, die Briten. Einfach mal auf einen Hügel zu klettern, um dort zu schlafen, ist die normalste Sache der Welt. Und in Schottland umso mehr, wo das Recht auf Wildcampen im Gegensatz zu England und Wales offiziell im Gesetz verankert ist. Außerdem darf ein Kommentar übers Wetter in keiner Konversation fehlen. Aber das war nicht das einzige typisch Britische an meiner neuen Bekanntschaft. Beim weiteren Gespräch stellte sich heraus, dass die Frau für die Royal Society for the Protection of Birds (kurz: RSPB), die britische Vogel-

und Naturschutzorganisation, unterwegs war. Und das ist in Großbritannien eher die Regel als die Ausnahme, denn der RSPB ist mit über einer Million Mitgliedern die größte Organisation ihrer Art in Europa und vereint mehr Menschen als die größten politischen Parteien des Landes zusammen. Drei Tage würde sie mit Zelt und Rucksack in den Highlands unterwegs sein und Ausschau nach einer bestimmten Vogelart halten, an deren Namen ich mich leider nicht mehr erinnere. Ich wäre spontan am liebsten mit ihr mitgelaufen, doch ich war hierhergekommen, um mein ganz persönliches Abenteuer zu erleben.

Ja, die Briten lieben ihre Vögel. Und ich, ich liebte das wilde Campen. Zumindest redete ich mir das ein, denn als ich mehr zaghaft als entschlossen den Rucksack schulterte und die ersten Schritte auf der Teerstraße lief, machten sich leise Zweifel breit. Die Art von Zweifeln, die unweigerlich entstehen, wenn man im Begriff ist, sich einer Herausforderung zu stellen, die man sich selbst auferlegt hat. Wieso noch mal wollte ich irgendwo hochlaufen, dort ein paar Meter Nylon spannen, ein karges Mahl löffeln, eine unbequeme Nacht verbringen und am nächsten Tag viel zu früh aus dem Zelt kriechen, nur um alles wieder zusammenzupacken und zurück zum Auto zu laufen? Die Antwort auf diese Frage hatte ich in diesem Moment vergessen. Aber vielleicht würde ich sie ja wiederfinden, dort oben auf dem Hügel.

Als ich den Asphalt der Straße wenige Minuten später verließ und den Fuß ins matschige Gras setzte, war es, als würde ich nicht nur eine äußere, sondern auch eine innere Grenze überschreiten. Ein Übertritt von der zivilisierten Welt mit all ihren Sicherheiten und Annehmlichkeiten ins unbekannte Land der Abenteuer, in dem ich ganz auf mich allein und meine Überlebenskünste angewiesen war. Es war nur ein kleiner, unscheinbarer Schritt, der gleichzeitig doch ziemlich groß war. Ich blickte den Hügel hinauf und versuchte, die beste Route nach oben zu finden. Also eine, die nicht zu steil war und gleichzeitig so aussah, als würde ich dort nicht in Schlammlöchern versinken.

Vor meiner Abreise hatte ich nicht nur über Ausrüstung, sondern auch viel über das Wandern in Schottland gelesen. Und das Thema Matsch war dabei unvermeidbar. Allein 23 Prozent des Landes bestehen aus Deckenmoor, einer speziellen Form des Hochmoores. Vor allem die Highlands aber, also der nördliche Teil Schottlands, sind letztendlich nichts anderes als ein einziger großer Schwamm, der jedes Tröpfchen der reichlich vorkommenden Regenfälle aufsaugt. Das Heimtückische an der Sache ist, dass dieser Schwamm sich ziemlich gut getarnt hat. Ein Meer goldener Gräser, die sich unschuldig über die Landschaft ziehen. Augenscheinlich ein Paradies für Wanderer, durch das man weglos und endlos selig vor sich hinlaufen kann. Im Hintergrund läuft irgendeine alte Folkrock-Platte, und die Finger streifen leicht das Gras, während die Kamera langsam aus der Szene zoomt. Die Ernüchterung folgt jedoch schnell, wenn man den Fuß erst einmal in dieses vermeintliche Paradies gesetzt hat und merkt, dass die verheißungsvolle Graslandschaft auf deutlich weniger verheißungsvollem Boden wächst. Wenn bei jedem Schritt das torfbraune Wasser über den Schuhen zusammenläuft, es überall gluckert und schmatzt und man jeden Moment damit rechnen muss, dass der Boden unter einem nachgibt und man bis zum Knie oder noch tiefer im Schlamm versinkt. Solche *bog holes* sind schwer zu erkennen, vor allem für Schottland-Neulinge wie mich. »Man muss das gute vom bösen Gras unterscheiden lernen«, so wurde es in einem Outdoor-Forum geraten. Und das musste ich nun versuchen, auch wenn ich letztendlich keine Ahnung davon hatte, wie denn nun dieses gute oder gar böse Gras aussah.

Für außenstehende Beobachter ist das Moor in Schottland einfach nur Moor. Vielleicht aufregend, vielleicht langweilig, vielleicht als schön oder geheimnisvoll empfunden oder doch eher als öde und trist. Aber immer Moor. Diejenigen Menschen jedoch, die oft ihr Leben lang in dieser Umgebung verbrachten, die von ihr abhängig waren, sahen deutlich mehr in diesem Moor. Und sie haben den Dingen Namen gegeben. Namen, die zunehmend in Vergessenheit geraten und mit ihnen zumindest ein Stück weit auch die Vielfalt der Moorlandschaft.

Der britische Schriftsteller Robert Macfarlane hat mit seinem Buch *Landmarks* den Versuch gestartet, diesem Vergessen entgegenzuwirken. Über Jahre hinweg sammelte er Tausende Wörter aus zahlreichen angelsächsischen Sprachen und Dialekten, die Natur und mit Natur zusammenhängende Phänomene beschreiben. Und alles begann mit einem Buch, das er 2007 auf der Äußeren Hebrideninsel Lewis entdeckt hatte: *Peat Glossary*, das Moor-Glossar. Hier sind Hunderte von gälischen Begriffen aufgelistet, die sich einzig und allein um die Moorlandschaften dieser kleinen Insel drehen: *Sùil-chruthaich*, eine intakte Torfdecke mit darunter eingeschlossenem Wasser, die zu beben beginnt, wenn man sich nähert. *Mòine dhubh*, besonders schwerer und dunkler Torf. *Botann*, ein oftmals wasserhaltiges Loch im Moor, in dem ein Tier stecken bleiben könnte. *Bugha*, eine grüne, bogenförmige Insel aus Moorgras oder Moos, die von einem sich durchs Moor schlängelnden Bach geformt wurde. Oder, mein absoluter Liebling: *Rionnach maoim*, die von Wolken auf Moorland geworfenen Schatten an einem sonnigen und windigen

34

Tag. Wie wunderschön es ist, Wörter für solche Phänomene zu besitzen.

Mein Tag war allerdings wolkenfrei, und so hangelte ich mich nicht im Zickzack von Wolkeninsel zu Wolkeninsel, sondern von Grasinsel zu Grasinsel, versuchte dabei alles, was irgendwie feucht oder instabil aussah, zu meiden. Ich musste meinen Instinkten vertrauen, mich auf meine eigene Einschätzung verlassen. Auch wenn schlammverschmierte Beine alles andere als lebensbedrohlich sind, war das doch eine gänzlich neue Erfahrung für mich.

Langsam, aber immerhin trockenen Fußes arbeitete ich mich so den Hügel hinauf. Ich war derart auf den Boden fokussiert, dass ich mich kaum umsah oder die Landschaft wahrnahm. Ich war völlig konzentriert, komplett im Hier und Jetzt, so wie man es nur ist, wenn jede Handlung, ja im wahrsten Sinne des Wortes jeder Schritt unmittelbare Konsequenzen haben kann, und wenn es nur schlammige Schuhe sind. Immerhin, die Frage, ob und wie ich dort oben überhaupt einen halbwegs trockenen und geeigneten Stellplatz für mein Zelt finden sollte, ließ sich so gut abgelenkt leicht verdrängen. Glücklicherweise fand ich einen, auf einer kleinen Anhöhe, eingebettet zwischen zwei flachen Felsen, die mein Esstisch und meine Sitzgelegenheit sein konnten, und in der Nähe eines kleinen Sees, der meine Wildcamping-Idylle perfekt machte.

Gewissenhaft baute ich mein kleines Zelt auf, so wie ich es zu Hause im Garten geübt hatte. Es war zwar in gedecktem Tannengrün gehalten und damit längst nicht so schön wie das leuchtend gelbe Exemplar auf meinem Computer-Bildschirm, aber der Hersteller des Zeltes kam aus Schottland, und diese Tatsache allein war schon irgendwie beruhigend. Anschließend betrachtete ich stolz mein fertiges Werk, die fast perfekt glatt gespannten Zeltwände und symmetrisch angeordneten Heringe im Boden, und zum ersten Mal auch so richtig den Ort, zu dem ich mich mühsam emporgearbeitet hatte.

Hoch war mein Hügel nicht gerade, vielleicht 200 Meter über der Straße. Er bestand aus einem weiten, ungleichmäßigen Plateau, durchzogen von moorigem Gras, kleinen Tümpeln und Inseln aus Fels. Er hatte keine richtige Form, keinen Gipfel, keinen Anfang und kein Ende. Es war kein besonderer Hügel, aber für mich war er in diesem Moment der beste und aufregendste Hügel der Welt. Ich konnte den Meeresarm sehen und die kleine Straße, die ich entlanggefahren war. Sogar mein Auto war als kleiner Punkt in der Parkbucht erkennbar, und dieser Anblick vermittelte mir ein eigentümliches Gefühl von Geborgenheit. Dahinter türmten sich einige Berge auf, schroff und karg, von den Elementen gezähmt und doch erhaben und wild.

Selbst der höchste von Schottlands Bergen, Ben Nevis, ist gerade einmal 1 345 Meter hoch, und doch können einige der Gipfel in dieser Region zu einer richtigen Herausforderung für Bergsteiger werden. Insgesamt gibt es in Schottland 282 Berge, die höher als 3 000 Fuß (914 Meter) sind, und das Sammeln dieser Gipfel, das sogenannte *Munro bagging*, ist Volkssport in Schottland. Sir Hugh Munro war der Erste, der sich im 19. Jahrhundert mit einem primitiven Höhenmessgerät aufmachte, um die höchsten Gipfel jenseits der magischen Grenze zu vermessen. 1901 wurde Reverend A. R. Robertson zum ersten Menschen, der all diese Gipfel auch wirklich bestiegen hatte, der erste Munroist. Aktuell listet der schottische Bergsteiger-Klub rund sechstausendfünfhundert Munroisten, Tendenz stark steigend. Für die meisten ist das eine Lebensaufgabe, auch wenn der Rekord für die Besteigung aller Gipfel bei 39 Tagen und neun Stunden liegt.

Von einem solchen Munro war mein kleiner Hügel noch ein gutes Stück entfernt, aber mein Stolz darüber, ihn mit definitiv zu schwerem Rucksack auf dem Rücken und fast ganz ohne Matsch an den Füßen erklommen zu haben, konnte durchaus vergleichbar mit dem Stolz der Besteigung eines solchen gewesen sein. Außerdem fand ich, dass mein Hügel eigentlich genau die richtige Größe hatte, und die lag irgendwo auf halbem Weg zwischen Abenteuer und Sicherheit.

Um meinen ersten Abend vor meiner ersten Nacht allein im Zelt gebührend zu würdigen und die von der Erkältung immer noch geschwächten Reserven wieder aufzufüllen, kochte ich mir auf meinem Campingkocher eine Portion Fertignudeln. Es war erstaunlich, wie sehr ein Teller halb gare, angebrannte Nudeln in undefinierbarem Brei aus Konservierungsstoffen und etwas, das Tomate sein wollte, nach Freiheit und Abenteuer schmecken konnte. Es ist unglaublich, wie viel besser überhaupt alles schmeckt, wenn man es draußen und am Ende eines Wandertages zu sich nimmt. Während ich mein Abendessen löffelte, begann die warme Oktobersonne sich dem Horizont anzunähern, und die Landschaft um mich herum erstrahlte in immer goldenerem Licht, so als hätte ich am Ende des Regenbogens nicht nur einen Topf voll Gold, sondern ein ganzes goldenes Land gefunden. Es war ganz und gar windstill, auf der Oberfläche meines kleinen Sees war kein Anzeichen von Kräuselung zu sehen, nur das perfekte Spiegelbild der weißen Wolkentupfen am Himmel, die wie festgeklebt schienen. Die Stimmung war feierlich, und ich freute mich auf einen gemütlichen Schluck Rotwein aus dem neu erworbenen Aluminium-Becher, als plötzlich meine Hand zu pieken und zu jucken begann. Ich musste nicht erst hinsehen, um zu wissen, was oder vielmehr wer da gerade passiert war: Midges. Sie hatten mich gefunden.

Gerade mal zwei Millimeter groß sind die blutsaugenden Mini-Fliegen, die vor allem im Sommer in dichten Wolken über Mensch und Tier herfallen können. Während meiner Reiserecherche waren sie neben den Schlammlöchern und der wunderbaren, aber eben auch einschüchternden Vorstellung des Wildzeltens an sich der wohl beunruhigendste Faktor meines Vorhabens gewesen – auch wenn ich insgeheim gehofft hatte, dass sie jetzt, Ende Oktober, schon dem ersten Frost zum Opfer gefallen wären. Viele waren es tatsächlich nicht mehr – oder besser gesagt noch nicht –, die da um die wenigen nicht von Kleidung bedeckten Teile meines Körpers kreisten und sich mit ihren scherenähnlichen Werkzeugen in meine Haut gruben, bis sie zum Blut vorgedrungen waren, und anschließend ihre Beißer zu einem Rüssel umformten, mit dem sie den Blutgerinnungshemmer in die Wunde pumpen und mein Blut saugen konnten. Es war dennoch mehr als ausreichend, um jegliche feierliche Stimmung mit einem Schlag zunichtezumachen. Zuerst hatte ich noch die naive Hoffnung, dass sie mich vielleicht nach ihrer Mahlzeit einfach bald wieder in Ruhe lassen würden. Aber bald schon wurden es mehr und mehr, sodass ich wild um mich fuchtelnd meinen schönen Sitzstein verlassen musste.

Die lästigen Tierchen wittern ihre Beute von bis zu 200 Meter Entfernung, wobei sie nicht vom Blut selbst, sondern der im Atem enthaltenen Mischung von Kohlendioxid, Octanol und komplexen Alkoholen angelockt werden. Gleichzeitig können sie Signale aussenden, sobald sie fündig geworden sind, um all ihre Kolleginnen, denn nur die weiblichen Midges beißen, zum Festmahl zu rufen. Mit meinem Rotweinbecher in der Hand rannte ich im Kreis um das Zelt, um sie abzuschütteln und zu verwirren. Dann suchte ich mir einen neuen Sitzplatz etwas weiter oben auf dem Hügel und versuchte, für wenige Minuten die Abendsonne zu genießen, bevor sie mich auch dort wieder gerochen hatten und erneut über mich herfielen. Mein erster Abend beim Wildcampen musste dadurch einiges an Romantik einbüßen, und doch war es ein Camping-Abenteuer wie aus dem Bilderbuch. Zumindest für schottische Verhältnisse.

Als mir das Versteckspiel mit den Plagegeistern irgendwann zu anstrengend wurde, die Sonne bereits hinter den Bergen verschwunden war und die Wolken am Himmel immer zahlreicher wurden, bezog ich meine Unterkunft für die Nacht – nicht ohne noch ein weiteres Mal einen großen Kreis zu rennen, damit mir die Blutsauger bloß nicht ins Innere des Zeltes folgen würden. Ein paar hatten es trotzdem geschafft, aber mit denen wurde ich fertig. Ich schlüpfte in meinen Schlafsack, sortierte mein nützes und unnützes Hab und Gut gleichermaßen um mich herum, warf einen letzten zufriedenen Blick durch das Moskitonetz in der Zelttür, rückte mein aufblasbares Campingkissen unter meinem Kopf zurecht und knipste die Stirnlampe aus.

Ich schloss meine Augen, öffnete sie wieder, schloss sie ein weiteres Mal und betrachtete dann nur noch meine Gedanken, die nicht nur meinen Kopf ausfüllten, sondern das ganze Zelt; sie türmten sich um mich herum auf, zusammen mit Funktionskleidung und dem Frühstück für den nächsten Tag, an der Zeltwand kondensierten sie wie Atemluft in einer kalten Nacht, und von dort tropften sie wieder auf mich herunter, in kleinen Portionen, willkürlich und beharrlich. Irgendwie wartete ich darauf, dass jetzt noch etwas passieren würde, doch es würde nichts passieren. Und es musste auch nichts mehr passieren. Ich hatte mein Lager errichtet, mein Abendessen gegessen, Fotos gemacht, die Szenerie und ein bisschen auch mich selbst bewundert. Jetzt musste ich nur noch schlafen, dann war es vollbracht. Schlafen, das war ja doch die einfachste Sache der Welt. Man musste nur die Augen schließen – das hatte ich schon getan – und warten, bis die Müdigkeit sich schneller drehte als das Gedankenkarussell im Kopf. Schlaf ist etwas, das man einfach nur geschehen lassen muss, und sobald man versucht, ihn aktiv herbeizuführen, funktioniert es nicht mehr. Also versuchte ich, einfach nur zu sein. Und die tropfenden Gedanken zu ignorieren.

Es war immer noch ganz windstill. Die Art von Windstille, die Midges zu Tausenden auf den Plan rufen kann, denn bereits ab einer Windstärke von acht Kilometern pro Stunde können diese nicht mehr fliegen und ziehen sich in schützende Bodenvegetation zurück. Nur ab und an kam eine leichte Böe auf, die ich lediglich am feinen, kaum hörbaren Rascheln meiner Zeltwand erkennen konnte. Neben dem spärlichen Gras gab es hier keinerlei Vegetation, der sumpfige Boden ist zu sauer für Büsche oder Bäume, das raue Klima, Menschen und Schafe taten und tun ihr Übriges. Folglich gab es auch keine Blätter, die rascheln, oder Äste, die knarzen konnten. Einerseits war das gut so, denn unbestimmbares Knarzen und Rascheln trägt nicht gerade zum Wohlbefinden bei Dunkelheit bei. Aber komplette Stille ebenfalls nicht. Das leise Stimmengewirr eines Fernsehers wäre wahrscheinlich hilfreich gewesen oder das beruhigende, gleichtönige Rauschen einer entfernten Autobahn. Eines dieser Geräusche eben, die wir so sehr gewohnt sind, dass sie uns erst auffallen, wenn sie fehlen, und deren

Abwesenheit dann umso lauter tönt. Geräusche, die einem immer ein Gefühl von Orientierung vermitteln, egal wo man gerade ist und wie sehr man die Augen geschlossen hat.

Ich hingegen hätte mich in diesem Moment quasi überall befinden können. Vielleicht war mein Zelt bereits abgehoben und kreiste in der Umlaufbahn der Erde, vielleicht hatte sich aber auch die Erde selbst bereits aufgelöst, ich hätte es nicht wissen können. Mich trennte lediglich eine dünne grüne Nylonschicht von der Außenwelt, und doch war das Innere meines Zeltes wie ein eigenes Universum. Ich war umgeben von einem Stück Stoff, das mir gleichzeitig ein beruhigendes Gefühl von Sicherheit vermittelte, mich aber auch schutzlos ausgeliefert fühlen ließ. Eine feine Schicht Plastik, die mir jede Sicht auf das, was auf der anderen Seite vor sich ging, nahm und mir gleichzeitig im Falle einer herannahenden wild gewordenen Schafsherde herzlich wenig Hilfe bieten würde. Nicht dass ich ohne die Zeltwand viel mehr gesehen hätte, es war mittlerweile stockfinster und der bewölkte Himmel frei von Licht. Aber wir Menschen sind eben mehr als alles andere auf unseren Sehsinn fixiert, und wenn uns der genommen wird, bricht erst einmal latente Panik aus.

Ich hatte bereits Wochen vor meiner Reise damit begonnen, auf jegliche Form von spannenden Büchern oder Filmen zu verzichten, in denen auch nur im Entferntesten irgendetwas Unbehagliches auftauchen, sich in meinem Unterbewusstsein festsetzen und in dieser Nacht wieder zum Vorschein hätte kommen können. Zudem befanden sich auf meinem Handy ein paar Folgen der Kinder-Hörspielserie Benjamin Blümchen, mit denen ich mich im Notfall von meinen Gedanken ablenken wollte. Doch noch während ich darüber nachdachte, dass es ja doch irgendwie seltsam ist, dass ein Zoo einen sprechenden Elefanten beherbergen und trotzdem chronisch pleite sein kann, schlief ich ein. Einfach so, und ganz ohne es zu versuchen. Ich wachte während der Nacht nur einige Male wieder auf, in denen ich höchstens kurz an Kettensägenmörder oder schottische Kobolde dachte. Und schon war sie wieder vorbei. Ganz sang- und klanglos. So als wäre nichts gewesen.

Die Morgendämmerung erhellte mein Zelt bereits, als ich die Augen wieder aufschlug, und ich benötigte etwas länger als sonst, bis mir einfiel, wo ich war und was ich dort tat. Ich zögerte etwas, bevor ich die Zelttür öffnete; erst nur einen kleinen Spalt breit, denn so ganz sicher war ich mir immer noch nicht, was ich dort draußen vorfinden würde. Dann streckte ich meinen Kopf aus dem Zelt, um mich schnell in alle Himmelsrichtungen zu vergewissern, dass die Dinge noch genauso waren wie gestern.

Der kleine See war nun vom Wind gekräuselt, die Gräser schimmerten feucht vom Morgentau, der Himmel war von schweren grauen Wolken bedeckt, die auch die Gipfel der Bergkette umschlossen. Farblich passend zu meinem kleinen grauen Mietwagen, den ich erleichtert in der Ferne erkennen konnte. Alles war noch an Ort und Stelle, nichts außer dem Wetter hatte sich verändert. Und doch war alles anders. Denn ich hatte meine erste Nacht ganz allein in der Wildnis verbracht. War nun endlich eine derjenigen Personen, die im Morgengrauen vor dem Zelt saßen, Kaffee vom Campingkocher tranken und zufrieden in die Ferne blickten, während der Tag langsam Gestalt annahm. Und genau das tat ich dann auch.

In meiner eigenen kleinen Welt fühlte ich mich aufgenommen in die Riege der Abenteurer und Entdecker, der Draußenschläfer und Wegloswanderer. Und dafür hatte es nichts weiter gebraucht als ein Zelt und einen kleinen Hügel irgendwo im Nirgendwo der schottischen Highlands, zusammen mit ein bisschen Mut und mehr noch dem Willen, einen Herzenswunsch in die Tat umzusetzen, auch wenn ich auf dem Weg dorthin den Grund für diesen Wunsch manchmal vergessen hatte.

Meine Augen waren geschwollen, meine Muskeln steif, und doch fühlte ich mich so lebendig und frei wie vielleicht noch nie in meinem Leben. Genau dafür war ich auf diesen Hügel gekommen, das war meine Antwort. Jetzt musste ich nur noch wieder von ihm herunterkommen, ohne im Matsch zu versinken. Immerhin wusste ich nun aber schon mal, wie das gute Gras aussah. Die Chancen standen also nicht schlecht.

Kapitel 3

AUF (AB-)WEGEN

Dass man sich beim Wandern verläuft, kann leicht passieren. Wenn man zum Beispiel einfach nur mal wieder zu unaufmerksam gewesen ist und irgendwann vergessen hat, auf die Wegmarkierungen zu achten. Dabei hatte man höchstwahrscheinlich eine versteckte Abzweigung verpasst und ist einfach blind dem offensichtlichsten Verlauf gefolgt. In diesem Fall muss man einfach nur in die Richtung zurückgehen, aus der man gekommen ist, bis man wieder auf einen Hinweis stößt, und ab dann bloß etwas aufmerksamer sein.

Manchmal ist aber auch das Wetter schuld, insbesondere Regen und Nebel, die die Wegfindung und das Vorankommen erschweren. Vielleicht hat man den Wetterwechsel schon aus der Ferne auf sich zukommen sehen und konnte Vorkehrungen treffen. Sich in einem Unterschlupf verstecken, bis der Sturm vorüberzieht, oder sich den Wegverlauf noch einmal besonders gut einprägen, sodass auch bei schlechter Sicht die Orientierung leichter fällt. Manchmal ändert sich das Wetter aber auch ganz plötzlich, wenn mit einem Mal der Wind an Kraft gewinnt und auf einmal dort eine Wand aus Nebel ist, wo gerade noch die Sonne schien. Im Nebel kann es passieren, dass man nur noch wenige Meter weit sieht, der Rest der

Umgebung ist natürlich immer noch vorhanden, aber unsichtbar. Insbesondere in Polargebieten oder im Hochgebirge geht das bis zum Phänomen des kompletten Whiteouts: Wenn ein schneebedeckter Boden durch diffuses Licht ohne Kontrast in einen weißgrauen Himmel übergeht. Wenn der Horizont verschwindet, unten und oben eins wird, keine Konturen mehr existieren, keine Schatten geworfen werden. Dann steht man plötzlich in einem leeren Raum, der keinerlei Dimensionen mehr besitzt, bis sich die Sicht hoffentlich schnell wieder bessert. In diesem Fall bleibt einem nichts, als abzuwarten oder sich vorsichtig voranzutasten, wenn man ein GPS-Gerät besitzt. Darauf muss man dann ständig überprüfen, ob man noch auf dem richtigen Pfad ist oder zumindest grob in die richtige Richtung läuft. Und versuchen, dass man vor lauter Mangel an Orientierungspunkten nicht verrückt wird. Dann kann das Endergebnis so schlimm nicht sein, und glücklicherweise gehen Nebel und Wolken ja oft genauso schnell, wie sie gekommen sind.

Manchmal aber gibt es erst gar keine Wegmarkierungen, vielleicht sogar noch nicht mal einen sichtbaren Weg. Dann kann man überall hinlaufen und auch nirgendwo. Wenn man Glück hat, kennt man die Himmelsrichtung, eine imaginäre Linie, an der man sich entlanghangeln kann und die einen irgendwann dort hinführt, wo man hinmöchte. Kennt man diese Richtung nicht, bleibt nur noch eines: Man versucht, die Route so zu wählen, dass unterwegs nicht allzu viele Hindernisse den Weg versperren, und beim Gehen muss man zudem vor allem darauf achten, dass man nicht im Kreis läuft.

Dass man sich im Leben verläuft, kann mindestens genauso leicht passieren. Es ist, wie beim Wandern, im Grunde unumgänglich. Manchmal verliert sich der Weg, auf dem man gerade noch lebte, einfach im Nichts, manchmal kann man ihn einfach nicht mehr erkennen, manchmal stellt man vielleicht auch fest, dass dieser Weg niemals ein Weg war, sondern nur ein Trampelpfad, dem man gefolgt ist, weil es einfacher war.

–

Ófært. Unpassierbar. Und jetzt? Ich schaltete den Motor aus und warf einen Blick in meinen Wanderführer. Ich war der Anfahrtsbeschreibung zum Ausgangspunkt meiner Wanderung penibel gefolgt, da war ich mir ziemlich sicher. Ohnehin gab es hier auf Island nicht allzu viele Straßen, denen ich sonst hätte folgen können. Laut Karte war es die einzige Schotterstraße weit und breit, die von der Ringstraße ins Landesinnere führte. Und hier endete sie nun scheinbar, rund 20 Kilometer von dem Ort entfernt, von dem aus ich zu meiner Wanderung aufbrechen wollte. Ich sah mich suchend um, aber es gab keine andere Möglichkeit. Entweder ich musste dort hoch, oder ich musste umkehren, um den gesamten Weg zurückzufahren.

Während ich nach einem Ausweg suchte, spürte ich, wie meine Augen heiß, meine Kehle eng wurden, und ich wusste, dass ich nichts dagegen tun konnte. Ich hatte dieses Gefühl oft gehabt in letzter Zeit, und kein einziges Mal hatte ich verhindern können, dass kurz darauf die Tränen über meine Wangen liefen, sosehr ich es auch versucht hatte. Oft geschah es ganz unverhofft, ausgelöst durch Kleinigkeiten. Ein unfreundlicher Kommentar an der Supermarktkasse oder eben eine gesperrte Straße auf Island. Dahinter steckte jedoch die Verzweiflung über ein Leben, mein Leben, das von seinem geplanten Weg abgekommen war.

Eine Mischung aus plötzlichem Wetterumschwung und

eigener Unaufmerksamkeit waren schuld daran gewesen. Zu lange hatte ich nicht mehr auf die Wegmarkierungen geachtet, zu lange Karte und Kompass im Rucksack gelassen, und plötzlich war der Whiteout da. Eine plötzliche Trennung nach mehrjähriger Beziehung, gesundheitliche Probleme, eine Arbeit, die mich nicht erfüllte, und ein Leben, von dem ich nicht wusste, wie es auszusehen hatte. Die Tatsache, dass ich in einer viel zu kleinen Einzimmerwohnung lebte, die selbst im Hochsommer zu kalt war und ein bisschen schimmelte, erschien mir da fast schon als Nebensächlichkeit. Es war zu viel auf einmal, zu viel von zu vielen Problemen, deren Lösung eine Menge Zeit und Energie erfordern würde. Einige Monate ging das nun schon so, es musste ja irgendwie gehen, weil ich gerade erst einen neuen Job angefangen hatte. Einen Job, von dem ich wusste, dass er eine große Chance für mich war, und den ich trotzdem nicht wirklich wollte. Eigentlich wusste ich aber überhaupt nicht mehr, was ich wollte. Bis auf eines: Ich wollte raus. Zumindest für ein paar Tage. Und zwar dorthin, wo ich hingewollt hatte, seit ich die ersten Poster von Islandponys aus der Kinderzeitschrift *Wendy* an meine Zimmerwand geklebt hatte.

Island ist ein Land, das sein Innerstes nach außen kehrt. Rohe, gewaltige, ungezähmte Natur bedeckt jeden einzelnen Zentimeter der Insel, egal ob ein Haus darauf gestapelt, ob Asphalt darüber glatt gestrichen wurde oder nicht. Und Island ist ein Land, das weiß, was es will. Island will frei sein. Tun und lassen, wonach ihm der Sinn steht. Pechschwarze Traumstrände, eisige Stürme im Sommer, wütende Vulkane und spuckende Geysire. Das Chaos der Natur ist auf Island die Normalität, genauso wie es bei mir der Fall war, zumindest in diesen Monaten.

Als sich am Flughafen in München die Sicherheitstüren hinter mir schlossen, fühlte ich mich so unbeschwert wie schon lange nicht mehr. Und schon während des Anflugs auf Reykjavik, als ich die blanken, Anfang Mai noch vielerorts schneebedeckten Landstriche der Insel unter mir sah, wurde mein Blick wieder wach. Es gab die Insel aus Feuer und Eis wahrhaftig, sie existierte nicht nur auf den Postern aus meiner Kindheit. Die Pferde gab es auch. In der Realität war allerdings alles noch viel wundervoller.

Den ersten Tag verbrachte ich entlang des berühmten Golden Circle, der damals noch einen Tick weniger berühmt war als heute, aber nicht weniger eindrucksvoll:

Þingvellir, Schauplatz eines der ältesten Parlamente der Welt, wo im Jahr 1000 das Christentum beschlossen und 1944 die Republik Island ausgerufen wurde und wo die amerikanische auf die eurasische tektonische Platte trifft. Strokkur, ein rastloser Geysir, der alle paar Minuten kochend heißes Wasser bis zu 35 Meter in die Höhe speit. Gullfoss, ein tosender Wasserfall, der tief in einen schmalen Canyon stürzt. All diese Naturschauspiele ließen mich für ein paar Momente vergessen, dass ich alles andere war als glücklich, denn in diesen Momenten war ich es. Zumindest ein bisschen. Doch mein Glück war fragil, und so brauchte es nur einen gesperrten Straßenabschnitt am nächsten Tag, der mir nicht nur die Hoffnung auf eine schöne Wanderung, sondern auch auf eine glückliche Zukunft nahm. Links und rechts weggebrochen, steil, rutschig – unpassierbar eben. Für meinen schwachen Mietwagen und mich sowieso.

Ich saß für eine gefühlte Ewigkeit hinter dem Steuer. Traurig. Wütend. Verzweifelt. Wegen der Sache mit der Straße und auch wegen der Sache mit meinem Leben. Am liebsten hätte ich einfach umgedreht, wäre zurück nach Reykjavik in meine kleine Pension gefahren und hätte mich für den Rest des Tages unter der Bettdecke versteckt, so wie ich es zu Hause in den letzten Wochen nur allzu oft getan hatte. Ich hatte einen Plan gehabt, und er war durchkreuzt worden, ohne dass ich etwas dafürkonnte. Wieder einmal. Ich war morgens früh aufgestanden, lange bevor es hell wurde, hatte meine Sachen gepackt und war mehrere Stunden hierhergefahren, und nun ging es nicht mehr weiter. In einer Zeit, in der selbst kleine Dinge viel Kraft kosten, wie zum Beispiel das Recherchieren von Routen oder das Abschütteln der Bettdecke nach einer von vielen unruhigen Nächten, war das ein ziemlich herber Rückschlag.

Ich kurbelte die Fenster herunter, und der Wind fuhr mit einer Wucht durchs Auto, als hätte er die ganze Zeit draußen auf der anderen Seite des Blechs nur auf diesen Moment gelauert. Auf Island hält man die Autotür besser gut und mit beiden Händen fest, wenn man aus dem Auto steigt, so viel war mir spätestens jetzt klar. Und überhaupt hält man auf Island besser alles gut fest, inklusive des eigenen Herzens, wenn man dieses nicht unwiderruflich auf der Insel verlieren möchte, irgendwo zwischen eisigen Höhlen und heißen Quellen. Es gibt ganz gewiss nur wenige Orte, an denen man die schier unendliche, reine Kraft der Natur so spüren kann wie hier. Ich versuchte in diesen Tagen allerdings, meinem Herzen zum ersten Mal seit Langem wieder etwas Freilauf zu gönnen. Dabei hielt ich es aber an der langen Leine, an einer Art Schleppleine, mit der man junge Hunde davon abhält, allzu übermütig und jegliche Rufe ignorierend über die Wiese zu tollen. Sicher ist sicher.

Es entwischte mir trotzdem: Es schlüpfte durch den Spalt im Fenster nach draußen, schaffte es über die gesperrte Straße und begann, die grasigen Hügel zu erklimmen. Und nach einiger Zeit trotzigen Wartens beschloss ich, ihm zu folgen. Wenn ich nun schon mal hier war, konnte ich ihm ja auch einfach hinterhergehen. Irgendwo würde ein Weg sein, auf dem ich wandern konnte. Oder zumindest irgendetwas, auf dem ich wandern konnte.

Zu Fuß war die gesperrte Straße natürlich ein Kinderspiel. Zu Fuß kommt man fast immer weiter, und auch dann noch, wenn alles andere versagt. Mit dem Auto hätte ich hier definitiv nicht hochfahren wollen und können. Sperrschilder stehen auf Island sehr selten ohne Grund. Nachdem ich auf der Anhöhe angekommen war, sah ich, wie sich die mit anthrazitfarbenem Schotter übersäte Straße zahm und unschuldig in der Ferne verlor, so als wäre nichts gewesen. Ich folgte ihr für ein ganzes Stück, mehr pflichtbewusst als begeistert, bis ich nach einigen Kilometern begann, mich zu fragen, wieso ich das eigentlich tat. Denn auch wenn selbst die Straßen auf Island von wilder Schönheit geprägt sind, war es immer noch eine Straße, und Straßen waren für Autos gemacht und nicht für Wanderer. Auch wenn ich weit und breit kein Auto sah, schon länger keines mehr gesehen hatte, außer mein eigenes. Ich folgte einer künstlich angelegten Spur in der Landschaft, einfach nur weil sie da war, weil sie der offensichtlichste und einfachste Weg war, auf dem man nicht darüber nachdenken musste, wohin man seinen Fuß als Nächstes setzte. Nur um umzudrehen, sobald ich keine Lust hatte, und den gleichen Weg zurückzulaufen, den ich gekommen war? Das ergab keinen Sinn. Das war nicht der Grund, warum ich hierhergekommen war.

Ich war nach Island gekommen, um mein Glück wiederzufinden, mich stark zu fühlen, getragen von einer Natur, die an

Stärke nicht zu übertreffen war, die schier allem standhalten konnte und dabei niemals an Schönheit und Stolz verlor. Ich war gekommen, um wieder positive Erinnerungen zu schaffen, die die anderen überlagern konnten. Aber eine Schotterstraße war nicht die Art von Weg, die mich zu diesem Ziel führen würde. Den Verlauf der Straße konnte ich auch in mehreren Kilometern Entfernung noch sehen, aber ich wusste nicht, was hinter dem Hügel neben mir lag. Doch genau das wollte ich wissen, und falls dahinter ein weiterer Hügel lag, wollte ich auch diesen erklimmen. Und so tat ich etwas, das ich lange nicht mehr getan hatte. Das ich bis dahin überhaupt, so glaube ich, nur einmal beim Wandern getan hatte, und das war damals, als ich auf dem schottischen Hügel mein Zelt aufschlug. Ich trat weg vom Weg, der nicht meiner war, weg von der Schotterautobahn und mitten hinein ins Gelände. Dorthin, wo keine Vorgaben mehr herrschten, wo es keinen Beginn und kein Ziel gab. Wo Richtung und Distanz allein von mir selbst bestimmt wurden, ich mit jedem Schritt neu entscheiden konnte, wohin ich ging und wie und warum.

Die Möglichkeiten waren endlos, hinter jedem Hügel konnte eine völlig neue Welt liegen. Sollte ich hoch auf den Berg klettern oder doch lieber dem Fluss folgen oder dem welligen Auf und Ab der vermoosten Grashügel? Auf der einen Seite konnte ich mit Schneeresten übersäte Gipfel erkennen, braun mit weißen Tupfen, dahinter die Gletscher, zum Schmelzen verdammt. Ich entschied mich für die andere Richtung, für die Hügelwelt, weil ich schon immer einen Hang zum vermeintlich Unspektakulären gehabt hatte.

Die erste Anhöhe war leicht zu überwinden, das Gras unter meinen Füßen gab sicheren Halt, kein Vergleich mit dem sumpfigen Minenfeld der schottischen Highlands. Hinter dem

Hügel taten sich weitere Hügel auf, in einer schier willkürlich zerfurchten Landschaft, mit grüngelbem Samt überzogen, der an manchen Stellen bereits dünn geworden war. Der Erdboden mal sanft geschwungen, dann wieder abrupt unterbrochen, mit stufigen Kanten und spitz zulaufenden Flanken. Bröcklige, braune Kiesel und Steine vulkanischen Ursprungs, auf denen Pflanzen nur beschwerlich Wurzeln schlagen konnten, das Moos war sehr viel grüner als das Gras. Vielleicht weil Moose gar keine Wurzeln brauchen und deshalb auch keine haben. Am Boden halten sie sich mit zahllosen Rhioziden, wurzelähnlichen Fäden, die aber keine Feuchtigkeit aufnehmen. Die Wasseraufnahme geschieht auf der Oberfläche, und wenn es nicht regnet, können Moose mehrere Monate ohne Wasser überstehen. Ich wäre schon zufrieden, wenn ich einen Bruchteil dieser Zähigkeit hätte.

Schon jetzt war die Straße nicht mehr sichtbar, sie lag irgendwo hinter den Hügeln verborgen. Ich versuchte mir zu merken, wo sie gewesen war, und gleichzeitig versuchte ich, sie zu vergessen. Mein innerer Kompass ist nicht der schlechteste, zumindest was das Wandern angeht. Meine Sinne sind gut darin, imaginäre Brotkrumen in der Landschaft fallen zu lassen und sie später wiederzufinden. Hundertprozentiger Verlass ist auf sie trotzdem nicht, aber ich ging das Risiko ein. Ich ging absichtlich verloren, um meinen Weg wiederzufinden.

Wir Menschen sind die einzigen Lebewesen, die Instrumente benötigen, um uns zu orientieren. Vielleicht konnten wir es noch nie besonders gut, vielleicht haben wir es einfach nur mit der Zeit verlernt – wie so viele Fähigkeiten, die für andere Lebewesen auf diesem Planeten selbstverständlich sind. Lachse finden mithilfe ihres komplexen Geruchsorgans zu ihren Geburtsgewässern zurück, die anders riechen als alle anderen und für die Fische über weite Strecken wahrnehmbar sind. Stare nutzen den Stand der Sonne, Grasmücken den Sternenhimmel für ihren Zug hoch über dem Boden und beide höchstwahrscheinlich auch das Magnetfeld der Erde. Mistkäfer orientieren sich am hellen Streifen der Milchstraße, um eine möglichst gerade Linie zurücklegen zu können und ihre Bälle aus Dung nicht unnötig weit rollen zu müssen.

Ich sah weder die Milchstraße noch die Sonne, doch beim Wandern beginnt man schnell, in Landschaften – selbst in auf den ersten Blick gleichförmigen – sehr viel mehr zu sehen. Überall sind kleine Botschaften versteckt, die dabei helfen, die Umgebung zu lesen und dadurch letztendlich die richtige Route beim Wandern zu finden. Aber auch dieses Lesen muss man lernen, vor allem nach dem Prinzip *trial and error*. Eine meiner ersten Lektionen in dieser Hinsicht war, dass man Orte, an denen Wollgras wie unschuldige Wattebäusche auf Stielen in der Landschaft steht, lieber nicht bewandern sollte, denn die Pflanze mag es moorig feucht, und das ohne Ausnahme. Wollgras war in diesem Fall aber weit und breit nicht zu sehen, meine Möglichkeiten waren augenscheinlich schier unbegrenzt. Norden, Süden, Osten und Westen hießen sie, und alles dazwischen. Ich lief in jede dieser Richtungen. Wandern ganz ohne Hintergedanken, ohne Sinn oder Richtung. Wandern, um zu wandern. Ein Schritt vor den anderen, ohne Warum und Wieso. Und mit einem Mal war es plötzlich schön, keinen Weg zu haben, nicht so genau zu wissen, wo ich war, wohin ich ging und aus welchem Grund. Mit einem Mal war dieses Gefühl, welches ich in letzter Zeit so oft gespürt hatte, kein negatives mehr, sondern ein positives.

Irgendwann kam ich an eine Schlucht, wo es nur noch zwei Optionen gab. Ich konnte entweder steil hinunterklettern, ohne zu wissen, ob und wie es auf der anderen Seite weiterging. Oder ich konnte umkehren, zurück in die Richtung gehen, aus der ich gekommen war. Ich entschied mich intuitiv für das Abenteuer, kletterte hinunter, wobei das Klettern eher ein Rutschen über einen fast senkrechten Erdhang war, den ich bestimmt nicht so leicht wieder hinaufkommen würde. Aber ich wollte sowieso nicht wieder hinauf, ich wollte weiter, immer weiter. Und so zog ich meine Schuhe aus, um den Fluss zu durchqueren.

Normalerweise hätte ich dafür zumindest ein Paar Sandalen dabei oder würde einfach in meinen Wanderschuhen durch den Fluss laufen. Barfuß sollte man Flüsse eigentlich lieber nicht furten, denn die Verletzungsgefahr ist zu groß und der Stand nicht sicher genug. Selbst bei vermeintlich harmloseren Flüssen ist immer Vorsicht geboten, denn die Strömung ist oft stärker, als man meinen mag, und kann einen schnell von den Beinen reißen. Immer wieder kommt es zu schweren und teils tödlichen Unfällen, weil Wanderer die Kraft eines Flusses unterschätzt haben. Die Wahl einer geeigneten Stelle für die Furt sollte man nicht leichtfertig treffen, und die Entscheidung, ob man furtet oder doch lieber umkehrt beziehungsweise abwartet, bis der Wasserspiegel sinkt, ebenfalls nicht.

Das Wasser war eisig, so sehr, dass es vom ersten Moment an schmerzte. Die Strömung zerrte an meinen Beinen, glitschige und gleichzeitig scharfkantige Steine ließen mich mehr als einmal straucheln. Als ich in der Mitte des Flusses angekommen war, reichte mir das Wasser bis über die Knie. Ich setzte jeden Fuß ganz gezielt, hob den anderen erst ab, wenn ich sicher war, dass ich bestmöglichen Halt gefunden hatte. Gar nicht so einfach, wenn man eigentlich einfach nur möglichst schnell das andere Ufer erreichen möchte. Langsam wurde die Strömung wieder schwächer, das Wasser niedriger, der Fluss war durchquert.

Auf der anderen Seite setzte ich mich auf das Moos und wartete, bis mein Adrenalinspiegel wieder sank und ich meine Füße spüren konnte. Dann holte ich meine Thermoskanne mit schwarzem Tee aus dem Rucksack, und noch bevor ich den ersten Schluck nehmen konnte, brannten abermals die Tränen auf meinen Wangen. Doch zum ersten Mal seit einer gefühlten Ewigkeit bestanden diese Tränen nicht aus Verzweiflung und Traurigkeit, sondern aus purer Erleichterung, und ja, aus Glück. Ich war glücklich darüber, dass ich nach Island gekommen war, obwohl es viel einfacher gewesen wäre, zu Hause zwischen Fast Food und Bildschirmen zu versinken. Ich war glücklich darüber, dass ich diese Wanderung unternommen hatte, obwohl es viel einfacher gewesen wäre, einfach enttäuscht umzukehren. Ich war glücklich darüber, dass es Orte gab, an denen ich glücklich war, auch wenn ich es eigentlich nicht war.

Ich saß noch eine ganze Weile auf meinem vielleicht jahrhundertealten Teppich aus Genügsamkeit und Widerstandsfähigkeit, auf Mitgliedern einer der ältesten, noch vorkommenden Pflanzenfamilien der Erde, mit vom Flusswasser vereisten Füßen und von Tee und Tränen erhitztem Kopf. Bis ich mir den letzten Rest Traurigkeit ein für alle Mal mit dem Funktionsärmel aus dem Gesicht wischte und mir wieder einen Weg aus der Schlucht suchte. Außer Atem, mit dreckverschmierten Händen und einem aufgeschürften Arm kam ich auf der anderen Seite an. Ich setzte meine Erkundungsreise fort, bis ich irgendwann wieder auf die Straße stieß. Ich hatte den Weg zurückgefunden, und insgeheim wusste ich, dass ich ihn immer finden würde, den richtigen Weg. Auch wenn ich mich manchmal dabei verlief, vor lauter Nebel zwischenzeitlich vielleicht gar nicht mehr wusste, wo ich eigentlich war und wo ich hinwollte. Den Kompass, den ich im Leben brauchte, hatte ich immer dabei. Ich durfte nur niemals aufhören, auf ihn zu vertrauen. Und niemals vergessen, in regelmäßigen Abständen einen Blick auf ihn zu werfen.

Kapitel 4

ZAHME BÄREN

Zweige brechen, Blätter rascheln, tellergroße Tatzen tapsen durch das Unterholz, weich gepolstert und mit flauschigem Fell überzogen. An ihnen jeweils fünf bis zu zehn Zentimeter lange Klauen, die zwar gefährlich aussehen und auch sein können, meistens aber eher für solch harmlose Tätigkeiten wie das Pflücken von Beeren oder das Ausgraben von Wurzeln verwendet werden. Das größte an Land lebende Raubtier der Erde ernährt sich zu fast 90 Prozent vegetarisch. Und das ist doch eine sehr beruhigende Information, wenn man in Braunbär-Gebieten wandern möchte.

Geschätzte 30 000 Grizzlys, die nordamerikanische Unterart des Braunbären, und dreimal so viele Schwarzbären leben in Alaska, jenem abgelegenen Winkel Nordamerikas, der bis heute wie wohl kein anderer für gefundenes Glück und manchmal auch Unglück in Form von Freiheit steht. Auf einer Fläche, größer als Spanien, Frankreich und Deutschland zusammen, können die sich zwar auch gut verteilen, aber dennoch gibt es in Alaska quasi keinen Ort, an dem einem nicht plötzlich ein Bär hinter der nächsten Kurve den Weg versperren könnte. Und diese Tatsache saß gut fühlbar in jedem noch so versteckten Winkel meines Bewusstseins, als ich auf dem

Parkplatz meinen Mietwagen verschloss und einen letzten Blick auf die Infotafel mit allerlei Warnhinweisen zum richtigen Verhalten bei Bärenbegegnungen warf.

Die meisten Infotafeln, die ich bisher an Wanderparkplätzen gelesen hatte, hatten auf Dinge wie besondere Pflanzen hingewiesen, vielleicht noch einmal den Weg erklärt oder gemahnt, die Pfade nicht zu verlassen und den Müll wieder mitzunehmen, um die Landschaft zu schützen. Im äußersten Fall wurde vor plötzlichen Wetterumschwüngen oder unwegsamem Terrain gewarnt, aber meinen Puls in die Höhe schnellen lassen hatte noch keine von ihnen. Bei dieser war das ein wenig anders. Es war das erste Mal, dass ich mich beim Wandern in so etwas wie Gefahr begab, auch wenn diese von Tieren ausging, die im Normalfall überhaupt kein Interesse an Menschen haben, ja diese sogar regelrecht meiden und selbst im unwahrscheinlichen Fall einer direkten Begegnung lieber das Weite als die Konfrontation suchen.

Es war auch gar nicht so, als hätte ich keinen Bären sehen wollen. Ganz im Gegenteil sogar! Die Tiere waren einer der Hauptgründe für mich, warum mich dieses Land so sehr faszinierte. *The last frontier*, die letzte große Wildnis Nordamerikas, da dürfen ein paar große und ungezähmte Tiere einfach nicht fehlen. Und während man anderswo auf der Welt eine solche Wildnis erst umständlich suchen muss, wird man in Alaska per Direktflug aus Deutschland mittendrin abgesetzt. Denn selbst innerhalb der Stadtgrenzen von Anchorage, der Hauptstadt Alaskas, lassen sich Bären regelmäßig blicken. Zusammen mit Wölfen, Elchen und anderen wilden Tieren sowie knapp 300 000 Einwohnern, was rund 40 Prozent der Gesamtpopulation des US-Bundesstaates entspricht. Grenzen zwischen Natur und Mensch, die gibt es hier quasi nicht. Und auch in den Köpfen der Menschen sind die Bären einfach ein normaler (wenn auch nicht immer einfacher) Teil ihres Lebens und nicht die blutrünstigen Bestien, die wir aus Filmen, Fernsehserien und unserer eigenen Fantasie kennen.

Aber ich stammte nun mal nicht aus Alaska, sondern aus einem kleinen Vorort von München, und dort war das wahrscheinlich gefährlichste Tier, das einem in freier Wildbahn begegnen konnte, ein schlecht gelauntes Wildschwein. Immerhin meine Vorräte waren im Auto sicher. Die Bären in diesem Teil des nordamerikanischen Kontinents hatten noch nicht gelernt, Autos aufzubrechen und über Donuts und Sandwiches herzufallen. Weiter im Süden, zum Beispiel in manchen Nationalparks in Kalifornien, sieht das ganz anders aus. Viel zu viele und vor allem viel zu unachtsame Touristen haben dazu beigetragen, dass die Tiere auf der Suche nach Nahrung ihre natürliche Scheu verloren haben und sich viel zu nah an Menschen und ihre Vorräte herantrauen. Um nicht nur Menschen und ihr geliebtes Blech, sondern vor allem auch die Bären selbst zu schützen, gibt es in diesen Gegenden auf Camping- und Parkplätzen überall bärensichere Container, in die alles, was Bärennasen gut riechen könnten – von Sonnencreme über Insektenspray bis hin zu allem Essbaren –, einbruchsicher verstaut werden kann und muss.

Ich hatte meinen Roadtrip in Anchorage gestartet, für die Stadt jedoch nur einen Tag eingeplant, denn für einen Städtetrip reist man nun einmal nicht in ein Land wie Alaska. Ich hatte einen Tag Zeit, um den Jetlag zu überwinden, und obwohl mich dieser mit voller Wucht getroffen hatte, konnte ich es schon an diesem Tag kaum erwarten, meinen Mietwagen auf die einsamen Highways zu lenken, mit meiner Roadtrip-Playlist im Ohr und von der Chipstüte fettigen Fingern am Lenkrad. Ich lief ohne Plan durch die mehr praktischen als schönen Straßen der Stadt, bezahlte sehr viel Geld für Essen und überzeugte mich im Anchorage Museum beim Betrachten eines ausgestopften Bären noch einmal von der Tatsache, dass diese Spezies wirklich sehr groß werden konnte. Kaum hatte ich am nächsten Tag das Auto abgeholt und die Stadtgrenzen verlassen, kreiste der erste Weißkopfseeadler über dem Highway, und augenblicklich fühlte sich mein Herz so gigantisch groß an wie die Flügelspannweite dieses Tieres und wie das Land, in dem wir beide unterwegs waren. Ich fuhr über endlose Straßen durch endlose Gegend, an meinem Fenster zogen breite Ströme aus Wasser oder Eis und pink leuchtendes Fireweed vor monumentalen Gebirgen vorbei, und dann wieder sah ich stundenlang nichts als undurchdringlich scheinende Ansammlungen von Fichten, Tannen, Lärchen und Kiefern, die als borealer Nadelwald große Teile Alaskas überziehen. Ich erhaschte einen Blick auf den höchsten Berg der USA im Denali Nationalpark, auf eine Gruppe von etwa 15 Buckelwalen in den Gewässern vor der Kenai-Halbinsel und auf den im benachbarten kanadischen Yukon gleichnamigen Fluss, aus dem bis heute Gold und Glücksversprechen sprudeln.

Nur Bären, die hatte ich noch nicht gesehen, als ich mit gepacktem Trekkingrucksack auf dem Parkplatz stand und mit einer Mischung aus Faszination und Furcht auf die ausgeblichene Zeichnung eines solchen auf der Hinweistafel blickte. Zwar hatte ich mittlerweile schon einige Nächte in Alaska im Zelt verbracht, unter anderem auf einem kleinen Campingplatz tief im Denali Nationalpark, der auch als Zoo Alaskas bezeichnet wird, aber dort war ich zumindest nie die Einzige gewesen, die das tat. Ich hatte mich in der vermeintlichen Sicherheit des Herdenschutzes meiner eigenen Spezies gewogen, und die war mir nun abhandengekommen. Aber damit musste man nun mal rechnen, wenn man alleine vier

Wochen lang mit Wanderschuhen und Zelt im Kofferraum durch eine der am dünnsten besiedelten Regionen der Erde reisen wollte.

Braunbären sind Einzelgänger, aber dennoch haben sie meist kein Problem damit, auf ihren langen Streifzügen auf ihresgleichen zu stoßen. Abgetrennte Territorien wie bei anderen Raubtieren, die es zu verteidigen gilt, gibt es bei ihnen nicht. An fischreichen Flüssen zur Lachssaison können sie in ganzen Scharen auftreten und friedlich nebeneinander nach der so dringend benötigten Portion Fett und Protein angeln. Und auch Menschen werden von Bären in ihrem Territorium geduldet, ja geradezu gemieden. Zumindest solange sie sich wie ein guter Besucher rücksichtsvoll verhalten und ihre Ankunft rechtzeitig und höflich ankündigen. Also ganz so, wie ich es von einem Besucher in meinem Zuhause eben auch erwarten würde.

»Hallo, Bär!«

Meine Stimme klang noch etwas dünn und zaghaft, als ich die ersten vorsichtigen Schritte auf dem Wanderweg machte, der mich in circa vier Stunden zu einem kleinen See bringen würde, an dem ich zelten wollte. Vermutlich etwas zu dünn und zaghaft, so dachte ich mir und versuchte es erneut, sicherheitshalber nun auch auf Englisch, immerhin hatte ich es mit Amerikanern zu tun:

»HELLOOOOOO, BEAR!«

Dieses Mal erschrak ich selbst ein wenig vor meiner eigenen Lautstärke. Ich stoppte und lauschte. Wahrscheinlich wartete ich irgendwie auf eine Antwort, so etwas wie: »Hallo, Kathrin, vielen Dank, dass du dich angemeldet hast. Wir werden dir von nun an aus dem Weg gehen und wünschen dir noch einen schönen Tag und eine großartige Wanderung. Liebe Grüße, deine Grizzlys.« Aber ich bekam lediglich Vogelzwitschern und das Rascheln von Blättern als Rückmeldung, was zwar in gewisser Weise bedauerlich, aber letztendlich nicht weiter verwunderlich war. Ich atmete tief durch und setzte meine Reise durch den Wald fort, versuchte, mich auf die Schönheit der jetzt Anfang Juli gerade erst voll erwachten Pflanzenwelt und den Gesang der Vögel zu konzentrieren. Das gelang mir allerdings nicht so richtig, denn ich achtete vor allem auf alles, was eben gerade nicht nach den schönen Geräuschen eines Waldspaziergangs klang. Ein ungewöhnlich lautes Knacksen im Gebüsch, ein Grollen oder Fauchen aus dem grünen Dickicht ... Der Wanderweg zog sich wie ein langer Tunnel durch den dichten Dschungel Alaskas, der in allen nur erdenklichen Grünschattierungen flimmerte. Und ich fühlte mich auf diesem Weg wie eine kleine Figur aus einem dieser Videospiele, bei denen man in jeder Sekunde damit rechnen muss, dass plötzlich ein feindliches Wesen auf der Bildfläche erscheint – und dann heißt es kämpfen oder rennen.

Im Falle einer Begegnung mit einem Grizzly ist allerdings weder Kämpfen noch Rennen eine gute Idee. Bestimmtes, aber defensives und ruhiges Auftreten lautet die Handlungsempfehlung, aber vor allem die Sache mit dem Ruhigbleiben muss man in der Praxis erst einmal bewerkstelligen können. Das wurde mir spätestens bewusst, als ich ein lautes Knurren hörte, ganz nah bei mir, und mir das Adrenalin bis in die spröden Haarspitzen schoss. Panisch versuchte ich, innerhalb von Millisekunden alle Büsche um mich herum nach dunklen Augen und einer langen, braunen Schnauze abzusuchen. Bis ich erkannte, dass es lediglich mein eigener Magen gewesen war, der sich zu Wort gemeldet hatte.

Ich war heute am Morgen zu aufgeregt in Anbetracht meiner Wanderung gewesen, als dass ich ausreichend hätte frühstücken können. Und nun hatte ich, passenderweise, einen Bärenhunger. Ich setzte mich auf einen umgefallenen Baumstamm und packte einen Schokoriegel aus. Phantom-Bären in Form eines leeren Magens konnte ich nun wirklich nicht auch noch gebrauchen. Als das Adrenalin wieder bis in den Bereich unterhalb meines Halses zurückgewichen war, musste ich unweigerlich über mich selbst lachen. Darüber, dass höchstwahrscheinlich der einzige Bär, der es hier aktuell auf mich abgesehen hatte, in meinem Kopf und meiner Magengegend wohnte, und der hatte mir gerade mit einem lauten Knurren zu verstehen gegeben, dass ich mich gefälligst mal entspannen sollte. In diesem Augenblick sanken meine Schultern mehrere Zentimeter nach unten, mein Atem vertiefte sich wieder, und mein Blick nahm zum ersten Mal wirklich meine Umgebung wahr, ganz ohne jedes einzelne Blatt, oder viel eher die Lücken dazwischen, genau zu inspizieren.

In einer Gegend der Welt, in der die Verteilung der Jahreszeiten deutlich weniger ausgeglichen ist – man spricht in Alaska gern von Juni, Juli, August und Winter –, hat die Natur nicht viel Zeit zu wachsen und zu gedeihen. All die kleinen und großen Pflanzen, die um mich herum wuchsen, von der Fichte bis zum Wollgras, müssen ihre ganze Energie aus den wenigen kurzen Sommermonaten ziehen, in denen Licht und Wasser im Überfluss vorhanden sind. Sie müssen in dieser Zeit jedes kleine Blatt so gut wie möglich Richtung Himmel strecken und jede Wurzel möglichst tief in die Erde. Bevor der lange, eiskalte Winter zurückkommt und die Sonne sich – wenn überhaupt – nur kurz über dem Horizont blicken lässt. Jetzt im Sommer ging sie hingegen kaum noch unter, in meinem Zelt war die Schlafmaske mein wichtigstes Accessoire, damit ich irgendwie auf meine acht Stunden Nachtruhe kam. Bei acht Stunden Schlaf können Grizzlys nur müde die Augenbrauen heben, denn sie verbringen allein fünf bis sieben Monate des Jahres im Winterschlaf. Und währenddessen verlieren sie jede Menge Körpergewicht, Männchen in etwa 23 Prozent und säugende Bärinnen sogar bis zu 40 Prozent. Abnehmen im Schlaf – was für viele Menschen ein unrealistisches Diätversprechen ist, ist für die Braunbären harte Realität. Erst recht, weil sie genauso wie die Pflanzenwelt nur wenige Monate im Jahr Zeit haben, diese Kilos wieder anzusammeln, und dafür zu großen Teilen auf wenig nahrhafte Speisen wie Gräser und Wurzeln angewiesen sind, bis der Herbst mit seinen reifen Beeren und ziehenden Lachsen noch einmal für einen letzten großen Energieschub vor dem nächsten langen Schlummer sorgt. Auf der Suche nach Nahrung legen sie in den Sommermonaten oft weite Strecken zurück, und so ein Wanderweg durch die Wildnis kann da auch für Bären eine willkommene und durchaus gern genutzte Abwechslung sein.

Nach einigen Kilometern lichtete sich der Wald, und der Pfad führte mich an einem Berghang entlang. Zu meiner Linken tief unten am Ende des Abhangs bahnte sich ein stürmischer Fluss seinen Weg durch die Schlucht, und rechts von mir ging es steil bergan immer Richtung Himmel. Der Weg war gerade breit genug, dass zwei Wanderer aneinander vorbeikamen. Bei einem Wanderer und einem Grizzly hätte das schon schwieriger werden können. Einer von uns müsste dann wohl oder übel umkehren oder sich in die steile Böschung schlagen. Und ich hatte in diesem Moment das Gefühl, dass ich diejenige sein würde, denn meine 1,66 Meter Körpergröße dürften selbst auf Bärennachwuchs nicht gerade einschüchternd wirken. Und auf einen ausgewachsenen Braunbären erst recht nicht.

Meine rechte Hand wanderte fast schon automatisch

schutzsuchend zu der Metalldose, die am Hüftgurt meines Rucksacks baumelte. Leider funktionierte Bärenspray nicht so wie ein Insektenspray, mit dem man sich und seine Kleidung einfach einsprühen konnte und dann erst einmal seine Ruhe hatte. Genau genommen wäre das sogar eine ziemlich schlechte Idee, denn Bären mögen den Geruch des Sprays sogar. Was sie allerdings nicht mögen, ist, den capsaicinhaltigen Inhalt in ihren Augen und Nasen zu spüren. Und genau dort muss dieser hin, um wirksam zu sein und den Bären zwar nicht zu verletzen, aber doch von der Flucht zu überzeugen. Das bedeutete allerdings auch, dass ich erst einmal warten müsste, bis der Bär auf wenige Meter herangekommen war, um ihn wieder verjagen zu können, denn die Reichweite des Sprays war begrenzt.

Ich löste vorsorglich die Sicherung der Sprühdose, weil man das so machen soll, wenn erschwerte Bedingungen herrschen. Wohl wissend, dass der Gebrauch dank des Gegenwindes, der mir die Sprühwolke genau ins Gesicht geblasen hätte, wenig Sinn ergeben würde. Und gleichzeitig erschwerte dieser Gegenwind es dem Bären, mich rechtzeitig zu riechen oder zu hören und mir so aus dem Weg gehen zu können. Erschwerte Bedingungen, das traf es in diesem Moment ziemlich gut. Und deswegen rief ich meine »Hey, Bär«-Rufe einfach noch ein bisschen lauter, um das Tosen des Flusses, das Pfeifen des Windes sowie meine eigene Unsicherheit zu übertönen. Es war das Einzige, das ich in diesem Moment tun konnte, und doch fühlte es sich irgendwie falsch an. In der Natur sein und laut sein, das passte für mich einfach nicht zusammen.

Irgendwann wurde der Weg breiter, die Landschaft flacher und weiter. Die alpinen Wiesen waren überzogen mit verworrenem Gras und wilden Blumen, glitzernden Regentropfen und halb durchsichtigen, feinen Nebelschichten. Schon jetzt im Frühsommer ziemlich wohlgenährte, silbergrau schimmernde Murmeltiere schoben sich die lilafarbenen, vollen Blütendolden der Lupinen pfotenweise in den Mund, denn auch sie mussten für den nächsten Winterschlaf vorsorgen. Sobald sie mich entdeckt hatten, ertönte ihr schriller Warnruf, doch von ihrer gedeckten Festtafel ließen sie trotzdem nur widerwillig ab. Vor allem später im Jahr würden die erstaunlich großen Murmeltiere auch eine beliebte Mahlzeit für manche Grizzlybären sein, die sich mit ihren langen Krallen einfach bis in deren unterirdischen Bau durchgruben. Aber anscheinend konnten diese Murmeltiere Menschen von Bären gut unterscheiden und nahmen meine Anwesenheit gelassen hin. Ich nahm mir vor, ein bisschen mehr wie diese Murmeltiere zu sein. Wachsam, aber gelassen und immer aufs Wesentliche fokussiert.

Der kleine See am Ziel meiner Wanderung hätte augenscheinlich überall sein können, wo es Wiesen und Berge gab, auf denen sich einige Schneereste tummelten. Aber an wenigen dieser Orte hätte sich eine große Plastikbox in meinem Rucksack befunden, die meine gesamte Verpflegung, meine Zahnpasta und mein hochkonzentriertes Moskitospray beinhaltete. Nachdem ich mein Zelt in der Nähe des Seeufers aufgebaut und meine Mahlzeit gegessen hatte, entfernte ich mich einhundert Schritte von meinem Übernachtungsplatz und dann zur Sicherheit noch mal zwanzig weitere, bevor ich die Box gut verschlossen neben einem großen Felsen platzierte. Sie war dafür gebaut, den Zähnen und Tatzen von Bären standzuhalten. Aber gegen ihre Nasen konnte sie nichts ausrichten, denn die sind Hochleistungsorgane. Bären riechen potenzielle Nahrung aus über 30 Kilometern Entfernung, und auch dicke Schichten aus Eis oder Wasser sind kein Hindernis. Eine dünne Wand aus Plastik kann da wenig ausrichten, und deswegen tut man gut daran, diese für die Nacht in sicherer Entfernung vom eigenen Zelt zu lagern, dessen Wände noch viel dünner sind als die der Box.

Wenn ich vor meiner Reise von meinen Plänen und von Dingen wie Bärenspray und beißfesten Plastikboxen erzählte, wurde ich manchmal für verrückt, aber immer für mutig erklärt. Ob ich denn dort auch wandern würde, so wurde ich gefragt. Oder ob ich denn dann nicht lieber im Motel schlafen wollen würde oder ob die Campingplätze wenigstens eingezäunt wären. Das waren sie nicht, und besonders mutig fand ich mich auch nicht, auch wenn ich durchaus in manch einer Nacht wach gelegen und mir vorgestellt hatte, wie es wohl sein würde, jetzt irgendwo da draußen auf der anderen Seite der Welt in meinem kleinen Zelt in Bärenland zu schlafen. In diesen Momenten war ich durchaus froh gewesen, mich noch tiefer in mein warmes, weiches und von sicheren Betonwänden eingegrenztes Bett kuscheln zu können. Allerdings spürte ich genau dann oft auch ein tiefes Urvertrauen in die Welt und in mich selbst.

Es erschien mir nicht besonders mutig oder verrückt, nach Alaska zu reisen, dort wandern zu gehen. Im Grunde erschien es mir einfach nur natürlich, ja geradezu selbstverständlich und sogar notwendig, in eine der wohl schönsten und wildesten Ecken der Welt zu reisen, wenn sich mir die Gelegenheit bot. Und die Fahrt auf einer deutschen Autobahn ist sowieso deutlich gefährlicher, als es eine Wanderung in Alaska je sein könnte.

Ich machte es mir mit einer Thermoskanne Tee im Zelt gemütlich und betrachtete die weiß gefleckten Berghänge am gegenüberliegenden Seeufer und die Muster, die der Wind auf der Wasseroberfläche malte. Hier war ich nun also. Allein in meinem Zelt. Mitten in Alaska – einem Land, dessen Namen man nur denken musste, um sich wie der letzte Mensch auf Erden zu fühlen. Es war das Land von Bären und Wölfen, von Streifenhörnchen und Dickhornschafen, von Pfeifhasen und Füchsen, von Elchen und Murmeltieren. Und irgendwie war es in diesem Moment auch mein Land. Ein Land, das sich einem nur erschließt, wenn man nicht versucht, von ihm Besitz zu ergreifen. Das einem erst dann gehört, wenn man einfach nur still ist, beobachtet und akzeptiert, dass der Mensch nur ein kleiner Teil von alldem ist, aber dass er eben auch genau das ist: ein Teil davon, und kein abstrakter Gegensatz zur natürlichen Welt. Meine Unsicherheit machte in diesen Momenten Platz für die Faszination, in einer Gegend der Welt unterwegs sein zu dürfen, in der so etwas wie echte Wildnis überhaupt noch existiert, mit allem, was dazugehört. Ein Ort, den man nicht an sich anpassen kann, sondern dem man sich selbst anpassen muss. Der sich keinen Regeln unterwirft, sondern die Regeln selbst macht.

Wildnis wird gemeinhin als Abwesenheit von menschlichem Einfluss definiert. Als ein Ort, an dem jeder Strauch in die Richtung wachsen darf, in die er möchte, und Tiere so frei umherstreifen können wie die Wolken am Himmel. An dem all die kleinen Zahnrädchen des Ökosystems ungehindert ineinandergreifen und so die Art von perfekter Balance herstellen können, wie nur die Natur es kann. Darüber hinaus gibt es viele unterschiedliche Definitionen und Annäherungen, was Wildnis nun genau ist. So gelten in Neuseeland zum Beispiel solche Gebiete als Wildnis, für deren Durchquerung man mindestens zwei Tagesmärsche hinter sich bringen muss, und das, ohne auf Dinge wie Hütten oder Wanderwege zu stoßen. In Schweden spricht man von Wildnis, wenn ein solches Gebiet mindestens 1 000 Quadratkilometer umfasst und mehr als 15 Kilometer von den nächsten Straßen und Schienen entfernt liegt. In Deutschland wäre das selbst mit penibelster Routenplanung ein Ding der Unmöglichkeit. Das Bundesamt für Naturschutz definiert Wildnis daher etwas zurückhaltender als »(…) *ausreichend große, (weitgehend) unzerschnittene, nutzungsfreie Gebiete, die dazu dienen, einen vom Menschen unbeeinflussten Ablauf natürlicher Prozesse dauerhaft zu gewährleisten*«. Selbst Flächen, die unter diese Kategorie fallen, machen aktuell aber nur 0,6 Prozent der gesamten Landesfläche Deutschlands aus und sind vor allem in Kernzonen von Nationalparks zu finden.

Neben diesen eher politisch-wissenschaftlichen Annäherungen, die aus Naturschutzbemühungen entstanden sind, gibt es aber auch einen qualitativen, philosophisch geprägten Wildnisbegriff: Dieser beschreibt Wildnis im Wesentlichen als all das, was der Mensch nicht ist, und als gleichzeitig von existenzieller Wichtigkeit für den menschlichen Geist. Diese oftmals romantische Idealvorstellung von Wildnis wurde vor allem in den USA seit Mitte des 19. Jahrhunderts geprägt. Und einige Zitate der großen Vertreter des amerikanischen Nature Writing haben es mittlerweile auch auf europäische Emaille-Becher und Pinterest-Bilder geschafft.

»*Nein, die Wildnis ist kein Luxus, sie ist eine Notwendigkeit für den menschlichen Geist und so unerlässlich für unser Leben wie Wasser und gutes Brot*«, so schreibt Edward Abbey in *Die Einsamkeit der Wüste*. Ein Gedanke, der heutzutage in Zeiten von abgeholzten Regenwäldern und überfischten Ozeanen mehr als nur eine traurige Wahrheit in sich trägt.

Letztendlich ist Wildnis jedoch eine immer von und für Menschen definierte Kategorie. Und für mich war und ist Wildnis viel mehr eine innere als eine äußere Definition. Ein Ort, an dem ich genauso frei sein kann wie alles, was dort lebt. An dem meine Gedanken zusammen mit den Murmeltieren Lupinen fressen und mit Bären über karge Berghänge streifen können. Weil mich nichts mehr daran erinnert, wie oder wer ich bin, und ich deswegen sein kann, wie und wer ich sein will. Wenn meine eigene Menschlichkeit zwar nicht verschwindet, aber in den Hintergrund rückt und Platz macht für das, von dem wir alle ein Teil sind und das doch viel zu oft von uns verdrängt wird.

Die Sehnsucht nach einer solchen Wildnis war etwas, das sich unwiderruflich in meinem Herzen eingenistet hatte, als ich der Eule in die nächtliche Wüste des Arches Nationalparks gefolgt war. Und die Erfüllung dieser Sehnsucht war einer der Hauptgründe für mich, warum ich nach Alaska gekommen war. Denn ich konnte Wildnis zwar im Kleinen und ganz für mich selbst finden, auf einem vermeintlich unbedeutenden Hügel in den schottischen Highlands zum Beispiel oder vielleicht sogar irgendwo im Herzen eines deutschen Nationalparks. Doch im Großen entfaltete sie sich für mich erst, wenn es um mich herum genug Platz dafür gab. Wenn ich wusste, dass hinter der Bergkette, auf die ich blicke, nichts anderes kam als weitere Berge und dahinter noch mehr. Wenn ich wusste, dass der Fluss, an dessen Ufer ich saß, auch in weiter Ferne noch ungehindert floss. Und dass hinter jeder Wegbiegung ein Braunbär stehen konnte, der mir den Weg versperrte.

Ich war auf meiner Wanderung und auf meiner gesamten Reise durch Alaska und den Yukon bis zum Schluss keinem Bären beim Wandern begegnet. Und das war überhaupt nicht schlimm gewesen. Denn so gerne ich wilde Tiere auch in ihrer natürlichen Umgebung beobachte – genau genommen ist das sogar einer der Hauptgründe für mich, warum ich reise –, eigentlich ging es mir letztendlich niemals darum, die Bären wirklich zu sehen. Vielmehr wollte ich vor allem dort sein, wo ich theoretisch welche sehen könnte. Denn die allgegenwärtige Präsenz dieser Tiere, egal ob ich sie nun sah oder nicht, war eine kraftvolle Erinnerung daran, dass Orte wie der See, an dem ich mein Zelt aufschlug, eben nicht überall sein konnten, sondern dass ich dort war, wo ich war: in Alaska, dem Land der Bären, die so wild gar nicht sind und gleichzeitig der Inbegriff von Wildnis.

Kapitel 5

DAS PONY IM NEBEL

Ich sah mich nicht noch einmal um. Meine Augen blickten nur noch nach vorne. Sie hefteten sich an die mit Gummi verstärkten Spitzen meiner neuen, sauberen Wanderschuhe. Hangelten sich von Wegmarkierung zu Wegmarkierung, eine weiße Eichel auf schwarzem Grund. Verfolgten stoisch den Verlauf des kleinen Pfades, der beharrlich die zerfranste Küstenlinie entlangläuft. Manchmal schaute ich mutig bis zum Horizont und dann schnell wieder nach unten, denn es war einfach zu unvorstellbar, auf diesem Weg jemals an irgendein Ziel kommen zu können. Kaum hatte ich einige Kilometer zurückgelegt, taten sich neue Felder und Wiesen und Buchten und Klippen am Rande meines Sichtfeldes auf.

Mein Fortkommen war lediglich an der Tatsache festzumachen, dass die kleine Ansammlung weißer Häuser in meinem Rücken stetig an Größe verlor und langsam verschluckt wurde von der rauen, vom Atlantik beherrschten Küste. Ja, ich hatte mich doch irgendwann umgeblickt. Aber erst nach einer gefühlten Ewigkeit, als ich schon mindestens fünf Kilometer hinter mir hatte und somit ja nur noch rund 1 995 vor mir lagen. Erst dann also, als es sich quasi schon gar nicht mehr gelohnt hätte, noch einmal umzukehren. Auch wenn die laute Stimme in meinem Kopf mir beharrlich entgegenschrie, genau das zu tun. Zurückgehen. Im Besucherzentrum von Land's End, welches mittlerweile bestimmt geöffnet hatte, könnte ich erst einmal ein Eis zum Frühstück essen. Dann auf den nächsten Bus zurück in das kleine Bed & Breakfast warten, das ich heute im Morgengrauen verlassen hatte. Dort in die weichen, nach Lavendel und Seife duftenden Kissen fallen und froh darüber sein, dass alles nur ein Traum gewesen war, aus dem ich zum Glück schnell wieder aufgewacht war. Der vollgepackte Rucksack da unten vor dem Bett? Keine Ahnung, was der zu bedeuten hatte. Und es war mir auch egal.

Ich versuchte mit aller Kraft, das Geschrei der Möwen lauter und die Stimme in meinem Kopf leiser zu drehen, und zählte meine Schritte, so wie man beim Yoga seine Atemzüge zählt, um rasende Herzen und Geister zu beruhigen. Eins, zwei, drei, vier ... wie viele Schritte man wohl machen musste, wenn man einmal längs durch ein ganzes Land wandern wollte? Wenn man die Strecke zwischen dem südwestlichsten und dem nordöstlichsten Punkt Großbritanniens komplett zu Fuß zurücklegen wollte, und zwar nicht auf dem direkten, sondern auf dem schönen Weg? Erste Hochrechnungen brachten mich schnell an den Rand der Verzweiflung, und ich ließ das mit dem Schrittezählen wieder sein. Hier wanderte ich nun, nach monatelanger Vorbereitung, und musste, ja, *durfte* für ein paar weitere Monate nichts weiter tun, als einen Fuß vor den anderen zu setzen. Doch genau da lag mein Problem.

Ich war früh morgens gestartet, weil man das besser so macht, wenn man nicht weiß, was einen erwartet. Der Himmel war mit eintönigem, welligem Grau überzogen, und noch nicht einmal der Wind hatte Lust zu tanzen. Somit war das Meer farblich und auch in Sachen Temperament kaum vom Himmel zu unterscheiden. Große graue Fläche traf auf große graue Fläche, verbunden durch eine schüchterne Linie namens Horizont. Und irgendwo am Rand der Szenerie war ich, so grau wie alles andere und ebenfalls kaum vom Rest meiner Umgebung zu unterscheiden. Daran konnte auch meine neue, strahlend hellblaue Regenjacke nichts ändern.

Ich platzierte meine Kamera auf einem von Flechten und Moos überzogenen, verwitterten Stein und aktivierte den Selbstauslöser. Irgendwie musste ich den ersten Tag meiner ersten Fernwanderung schließlich festhalten, auch wenn ich rein gar nichts spürte, was ich festhalten wollte, ganz im Gegenteil. Zehn Sekunden später machte es klick, und der Moment war für die Ewigkeit gebannt. Ich betrachtete das Foto auf dem Display meiner Digitalkamera und stellte fest, dass ich zumindest so aussah wie eine Wanderin, der so schnell nichts und niemand etwas anhaben konnte. Die Haare schon jetzt wild vom Wind zerzaust, die Wangen gerötet, mein Blick mit einer Bestimmtheit in die Kameralinse gerichtet, von der ich nicht wusste, woher ich sie genommen hatte.

Den alten roten Rucksack meines Vaters hatte ich in der Zwischenzeit durch ein zeitgemäßes und zu meinem Rücken passendes Modell ersetzt. Das Zelt darin war deutlich leichter und dabei trotzdem komfortabler geworden, genauso wie der Rest meiner Ausrüstung. Und auch die gelbe Hightech-Isomatte, um die ich Marie damals auf unserer USA-Reise beneidet hatte, befand sich mittlerweile in meinem Besitz. Alles war auf Funktion und Gewicht getrimmt, kein Gramm war unnütz, und das spielt vor allem beim Fernwandern eine nicht gerade kleine Rolle.

Je mehr Gewicht man auf dem Rücken trägt, desto geringer ist im Prinzip die Chance, dass man gesund und glücklich sein Ziel erreicht. Je schwerer der Rucksack und damit die zusätzliche, vor allem anfangs noch ungewohnte Belastung ist, desto schneller ist man erschöpft. Das führt nicht nur dazu, dass man langsamer vorankommt, sondern auch dazu, dass man mehr Kalorien und Wasser benötigt, was wiederum oft noch mehr Gewicht im Rucksack bedeutet – ein Teufelskreis. Zusätzlich führt die schnellere Ermüdung des Körpers zu einem erhöhten Verletzungsrisiko, denn überstrapazierte Sehnen, Bänder und Muskeln können zum Beispiel beim Umknicken den Fuß gegebenenfalls nicht mehr ausreichend stützen, und es kommt zu ernsthaften Verletzungen, während man andernfalls den Sturz einfach hätte abfedern können. Und auch das Risiko für über einen längeren Zeitraum entstehende Beschwerden steigt. Das Wort Plantarfasziitis schwebt wie das Schwert des Damokles über Langstreckenwanderern: eine Entzündung der Sehnenplatte der Fußsohle, die vor allem durch Überbeanspruchung hervorgerufen wird, zu stechendem Schmerz in der Ferse führt und unzählige Fernwanderträume auf dem Gewissen hat. Einmal da, ist sie oft hartnäckig, und man wird sie nur mit viel Mühe und Zeit wieder los, genauso wie das Schienbeinkantensyndrom, ebenfalls eine alltägliche Bedrohung im Fernwanderalltag. Ein möglichst leichtes Rucksackgewicht kann das Risiko für solche Überbelastungen vermindern. Und nicht zuletzt macht das Wandern mit weniger Gewicht einfach mehr Spaß, vor allem auch bergauf. Aber nicht nur das Gewicht auf dem Rücken zählt, sondern auch das Gewicht an den Füßen. Ein Gewicht, das man jeden Tag unzählige Male hebt und wieder senkt. Und dabei kann es eine ganze Menge ausmachen, ob die Wanderschuhe nun hundert Gramm mehr oder weniger wiegen. Insbesondere wenn man bedenkt, dass bei einer durchschnittlichen Etappe schnell mehrere Zehntausend Schritte zusammenkommen.

Die Schuhe an meinen Füßen waren verhältnismäßig leicht, ausschließlich aus textilem Material gefertigt, aber mit einer festeren Sohle und knöchelhoch. Sie sollten mir ein Mindestmaß an Schutz und Trittsicherheit geben, ohne unnötig zu beschweren. Es hatte viele Nerven und noch mehr Zeit gekostet, diese Schuhe zwischen all den Schuhen da draußen zu finden, und ich wusste, dass ich für das geringe Gewicht einen Preis zahlen musste, wenn der Matsch und der Regen kamen. Aber Schuhe und Socken konnten trocknen, während eine beschädigte Sehne mit ein bisschen Zeitungspapier oder einer Heizung nicht zu retten war. Und überhaupt wird so ziemlich jeder Schuh irgendwann nass, erst recht in Großbritannien.

Am Rest meines Körpers trug ich ein Set Wanderkleidung – Leggings und langärmliges Shirt aus leichtem, elastischem und schnell trocknendem Material, eine dünne Fleecejacke mit Kapuze, welche eine Mütze ersetzte, und mit langen Ärmeln inklusive Daumenschlaufen, welche Handschuhe ersetzten. Ein weiteres Kleidungsset, bestehend aus Leggings und Longsleeve, befand sich für alles, was nicht Wandern war, im Rucksack. Dazu hatte ich Gamaschen, Regenhose und Regenjacke sowie eine leichte Thermojacke gegen die britischen Wetterkapriolen dabei sowie das Nötigste an Medikamenten und Flickzeug. Einen kleinen Stoffbären, der für mich einfach in die Kategorie »Essenzielles« fiel, sowie einen kleinen Laptop, denn ich wollte zwischendurch an Pausentagen auf meinem Blog von meiner Reise berichten. Vor gerade einmal einer Woche hatte ich meinen festen Job verlassen und war jetzt irgendetwas zwischen arbeitslos und selbstständig. Dass ich einmal meinen Lebensunterhalt mit diesem Blog verdienen könnte, darüber hatte ich einige Jahre zuvor noch nicht mal nachgedacht. Ich hatte die Webseite vor meiner Schottland-Reise 2013 ziemlich spontan gegründet, einfach um einen Ort zu haben, an dem ich meine Fotos, Erlebnisse und Gedanken teilen konnte. Über die Jahre hinweg hatte mein Blog sich dann langsam zu dem entwickelt, was er heute ist. Es kamen immer mehr Leser und Follower auf meinen Social-Media-Kanälen hinzu, es trudelten erste Kooperationsanfragen von Ausrüstungsherstellern und Tourismusämtern ein. Bis ich irgendwann zum ersten Mal die leise Idee hatte, dass das vielleicht mehr sein könnte als ein geliebtes Hobby. Und nun, rund drei Jahre nach der Gründung, war die kleine Kamera in der Tasche am Bauchgurt tatsächlich nicht mehr nur zu meinem reinen Vergnügen da. Sie war eines der wenigen, aber essenziellen Dinge, die ich brauchte, um arbeiten zu können. Auch trug ich nicht nur ein, sondern gleich zwei Smartphones mit mir herum – allerdings vor allem, weil ich mich per Offline-Karten-Funktion einer App orientierte und so ein Telefon jederzeit ausfallen konnte. Ebenso zum Gepäck gehörten ein leichter Gaskocher und ein Topf aus Titan, der gleichzeitig als Tasse oder Zahnputzbecher agierte. Ein Handtuch, das eigentlich kein Handtuch war, sondern lediglich ein Stofftaschentuch, und das mal zum Trocknen der Zelte und mal zum Trocknen meiner Haare diente. Die Zahnbürste aus leichtem (und umweltfreundlichem) Bambus. Ihren Griff hatte ich nicht wie manch ein Vertreter des Ultraleichtwanderns abgesägt, denn das hätte mich quasi dazu verpflichtet, auch den Stoffbären zu Hause zu lassen, um dem Ganzen einen Sinn zu geben. Aber immerhin die Zahnpasta war furchtbar leicht und umweltfreundlich in getrockneter Tablettenform. Das war im Prinzip auch schon alles. Ein Alles, sorgsam verpackt in wasserdichte Packsäcke aus ultradünnem Nylon, falls die Regenhülle meines Rucksacks dem englischen Regen irgendwann nicht mehr würde standhalten können, wovon auszugehen war.

Nein, an unzureichend durchdachter oder zu schwerer Ausrüstung würde mein Vorhaben bestimmt nicht scheitern. Aber vielleicht an mir selbst. Schon heute. Am allerersten Tag. Weil meine Gedanken sich mit aller Kraft gegen die Vorstellung wehrten, dass ich komplett auf mich allein gestellt rund 2 000 Kilometer durch ein Land wandern sollte. Freiwillig. Und einfach so zum Spaß.

Ganz und gar unpassend zu meiner allgemeinen Stimmung begann sich das große Grau um mich herum langsam in ein freundliches Blau zu verfärben. Der Himmel machte es vor, und das Meer machte es nach, so als wäre es nichts weiter als ein großes Spiegelbild. Und auch ich selbst schien ein Spiegel zu sein, ob ich wollte oder nicht. Schäfchenwolken jagten mit den Schafen auf der Wiese um die Wette, und mein Herz lief japsend hinterher. Pinke kleine Blumen wiegten langsam ihre Köpfe im Takt der Wellen, und meiner tat es ihnen nach. Küstenvögel kreisten hoch über den Steilklippen, und ich heftete mich an ihre weißen Federn.

»*Walking high cliffs on a clear day is the nearest a stroll can get to flying«,* so sagt der Autor Patrick Barkham in seinem Buch *Coastlines: The Story Of Our Shore*, einer Abhandlung über die Küste Großbritanniens und ihren Bezug zu den Menschen, die dort leben und lebten. Damit hat er zweifelsohne recht – mein »Spaziergang« auf den Klippen fühlte sich in diesem Moment wirklich ein bisschen wie Fliegen an. Und als ich eine Kaffeepause im plötzlich gar nicht mehr so braun wirkenden Gras machte und feststellte, dass ich trotz sorgfältig geführter Packliste und mehrmaligen Kontrollen den Aufsatz für meinen Gaskocher vergessen hatte und nun den ultraleichten und ultrateuren Titantopf am Henkel über die Flamme halten musste, bis das Wasser kochte, nahm ich diese Tatsache verhältnismäßig gelassen hin. Mein Brustkorb füllte sich langsam, aber sicher mit etwas, das man zumindest entfernt mit Vorfreude bezeichnen konnte. Und der South West Coast Path füllte sich gleichzeitig mit Tageswanderern.

Rund 1 000 Kilometer schlängelt sich der längste offizielle Fernwanderweg Großbritanniens an der Südküste Englands entlang, aber die wenigsten Wanderer laufen den Pfad in der kompletten Länge oder auch nur für mehrere Tage. Ich war zweifelsfrei von ihnen zu unterscheiden, nicht nur durch die Größe meines Wanderrucksacks, sondern auch durch den entschlossenen Gang, den ich wie durch ein Wunder und trotz aller Zweifel an meinem Vorhaben und meinen eigenen Fähigkeiten vehement durchzuhalten schien. So dauerte es nicht lange, bis ein mir entgegenkommender Wanderer wohlwollend feststellte:

»Du siehst so aus, als wärst du länger unterwegs!«

Ich nickte und lachte verlegen, etwas Besseres fiel mir in diesem Moment nicht ein.

Es sollte noch eine ganze Weile dauern, bis ich auf die Frage nach dem Ziel meiner Wanderung mit der Wahrheit antworten würde. Zu absurd erschien die Möglichkeit, dass ich es wirklich nach John o' Groats oder auch nur ansatzweise in die Nähe schaffen würde, jetzt, wo ich losgegangen war und merkte, dass man bei einem solchen Vorhaben weit mehr zu tragen hatte als nur die Kilos auf dem Rücken. Und auch, dass ich es überhaupt bis dorthin schaffen wollen würde, klang in meinen Ohren plötzlich gar nicht mehr plausibel. Wieso also auch noch jemandem auf meinem Weg davon erzählen?

Die meisten Menschen, die die Reise von Land's End nach John o' Groats antreten, sind mit dem Fahrrad unterwegs.

Und ich konnte nun verstehen, warum. Die durchschnittliche Fahrzeit auf zwei Rädern liegt bei etwa 14 Tagen. Ich selbst würde in zwei Wochen gerade einmal an der Stelle sein, wo ich den South West Coast Path verließ und Richtung Inland ins Exmoor abbog. Ein Fortschritt, der auf der Karte mit meiner Route kaum als solcher erkennbar sein würde. Zwei Wochen, das klingt doch überschau- und machbarer als drei Monate oder mehr. Aber Wandern war nun mal das, was ich tun wollte, und eine solche Fernwanderung war mein Traum, auch wenn ich das in diesem Moment gar nicht mehr nachvollziehen konnte.

Den Entschluss, einmal längs über die Insel zu wandern, hatte ich zwar ziemlich spontan, aber mit einer gesunden Mischung aus Herz und Verstand getroffen. Nicht zu weit in die Ferne sollte es für meine erste mehrmonatige Wanderung gehen. Zudem sollte vor Ort eine gewisse Infrastruktur für Wanderer existieren, weil das das Leben deutlich einfacher macht. Die englische Landessprache war ein Pluspunkt, genauso wie die Tatsache, dass das Thermometer dort eher selten über 22 Grad Celsius stieg, meine persönliche Wohlfühltemperaturgrenze. Das waren zumindest die praktischen und rational durchdachten Gründe für die Auswahl meines Weitwanderziels gewesen. Eigentlich war es aber so, dass ich mich damals, während meiner ersten Reise nach Schottland, einfach nur in das Land, die Natur und ein bisschen auch in die Menschen verliebt hatte. Und in die Tatsache, dass es zu so ziemlich jedem Essen Pommes oder zumindest eine kleine Packung Chips gab. Fernwandererträume werden manchmal eben doch wahr, und deswegen hatte es wahrscheinlich insgeheim nie eine wirkliche Alternative zu dem Schauplatz meines Abenteuers gegeben.

Eine festgelegte Route, um die beiden äußersten Punkte der Insel zu verbinden, gibt es nicht. Lediglich Routenvorschläge, und einen davon in Form eines Wanderführers, gefüllt mit weisen Ratschlägen und immer griffbereit, mein einziger Verbündeter. Ich hatte ihn in zwei Hälften gerissen, um Gewicht zu sparen. Die eine Hälfte befand sich in der Außentasche meines Rucksacks, die zweite Hälfte würde ich mir irgendwann nachschicken lassen. Falls ich es jemals bis in die Nähe der Mittellinie schaffen sollte.

Nicht nur der blaue Himmel und seine Wirkung auf mich, sondern auch der Wanderweg selbst lenkten mich für eine Weile erfolgreich von meinen nagenden Gedanken und der lauten, pessimistischen Stimme in meinem Kopf ab. Der Küstenpfad wurde ursprünglich von der britischen Küstenwache angelegt, die auch auf dem Landweg von Leuchtturm zu Leuchtturm patrouillierte und nach Schmugglern Ausschau hielt. Und weil dabei jede noch so versteckte Bucht in Augenschein genommen werden musste, musste der Pfad immer möglichst nah an der Küstenlinie entlangführen. Für Wanderer bedeutet das heutzutage zwar jede Menge eindrucksvolle Ausblicke, aber auch brennende Waden und Lungen und oft alles andere als die direkte Verbindung zwischen zwei Punkten. Immer wieder fielen die Klippen steil ab, und der Weg mit ihnen, dort, wo die Flüsse aus dem mit reichlich Regen gesegneten Inland ins Meer fließen, nur um kurze Zeit später wieder über schroffe Stufen und Grashänge in luftige Höhen zu steigen. An manchen Stellen glich der South West Coast Path eher einer Achterbahn als einem Wanderweg, nur dass es keine bunten Wagen gab, in denen man sich bequem chauffieren lassen konnte. Auf der gesamten Länge des Fernwanderweges muss man rund 35 000 Höhenmeter erklimmen, das ist ziemlich genau viermal der Mount Everest. Aber meine Beine waren am allerersten Tag meiner Wanderung noch frisch und ausgeruht, und das ungewohnte Gewicht auf meinem Rücken erschien mir nicht sonderlich hinderlich.

Ich war zwar seit meinem ersten Mal Wildcamping in Schottland noch einige Male mit dem Zelt unterwegs gewesen, aber hatte nie mehr als ein oder maximal zwei Nächte am Stück darin übernachtet. Und auch meine sonstige Fernwandererfahrung beschränkte sich auf einige kürzere Mehrtagestouren. Dass die ersten Tage einer langen Wanderung hart sein könnten, das wusste ich trotzdem. Diese Phase des Übergangs, in der all die über lange Zeit geformten Bilder im Kopf mit einem Mal Realität sind. In der der Wanderrucksack mitsamt Inhalt plötzlich nicht mehr aus Excel-Listen und Warenkörben von Onlineshops besteht, sondern leibhaftig auf dem Rücken sitzt und der Schwerkraft alle Ehre macht. Wenn die Route keine rote Linie auf der Landkarte mehr ist, sondern ein ausgetretener Pfad in der Landschaft, mal braun, mal grün, mal grau, mal irgendetwas dazwischen und manchmal auch gar nicht als solcher erkennbar. An einem Tag saß man noch zu Hause, umgeben von Dingen wie Kühlschränken und Betten und mit plüschigen Socken an den Füßen, und am nächsten Tag muss man plötzlich überlegen, was man isst und wo man schläft und wie man die Socken über Nacht wieder trocken bekommt. Und zwar jeden Tag aufs Neue. Diesen Übertritt von der einen in die andere Lebensrealität zu schaffen, kann selbst dem versiertesten Fernwanderer immer wieder aufs Neue Probleme bereiten. Der erste Tag eines Abenteuers ist selten einfach und oft sogar einer der schwersten. Und ich war vom Dasein einer Profi-Wanderin noch weit entfernt, *Fräulein Draußen* hin oder her.

Die Gurte meines neuen Rucksacks waren noch ziemlich steif. Ich konnte spüren, wie die Druckstellen an den Vorderseiten meiner Schultern mit jedem Kilometer größer wurden. Und überhaupt erschien mir meine gesamte Ausrüstung unbequem und fremd. Wie eine Uniform, die mir ein bisschen zu groß war und mich zu einer machte, die ich gar nicht war. Oder zumindest noch nicht. Immerhin der Aufbau meines neuen Zeltes, das ich mühevoll ausgesucht und extra in den USA bestellt hatte, gelang mir ohne Probleme. Schon kurze Zeit nachdem ich meinen Platz für die Nacht auserkoren hatte, war die hellgraue Außenhaut aus silikonbeschichtetem Nylon so perfekt und straff gespannt, dass der Küstenwind quasi unbemerkt an ihr vorüberglitt. Ich breitete Isomatte und Schlafsack im Innenraum aus und zog dann endlich die Schuhe aus, die meine Füße die letzten 25 Kilometer vor scharfen Steinen und kratzigen Dornen, aber auch vor Licht und frischer Luft geschützt hatten. Die warme Erde in Kombination mit dem kühlen Gras war eine wahre Wohltat, und ich lief eine Weile einfach nur im Kreis, um meine Füße zu massieren.

Sich gut um die Füße zu kümmern, ist wichtig auf einer langen Wanderung. Regelmäßig Pausen machen und dabei die Schuhe ausziehen, ab und an ein Fußbad im kalten Fluss nehmen und ein paar Dehn- und Lockerungsübungen machen. All dies hatte ich heute nicht getan. Ich hatte lieber vorwärts kommen wollen, einfach nur laufen, um möglichst schnell möglichst weit weg von dem Ort sein, zu dem ich ganz einfach hätte zurückkehren und so tun können, als wäre nichts gewesen. Land's End. Mein Startpunkt ins Ungewisse und in mein neues Leben. Bis letzte Woche hatte ich noch im Büro gesessen, mehr körperlich als geistig anwesend, aber dennoch im Büro. Ich hatte meine Übergabe geschrieben, meinen Schreibtisch aufgeräumt, mit möglichst vielen Kollegen noch einmal möglichst viel Kaffee getrunken. Und dann war es so weit gewesen. Schlüssel abgeben, Laptop abgeben; ich bin dann mal weg. Es war alles viel zu schnell gegangen, ich hätte gut und gerne noch ein paar weitere Monate planen und mich vorbereiten können, auch wenn es eigentlich gar nichts mehr zu tun gegeben hatte. Deswegen wäre ich ziemlich sicher auch ein paar Monate später noch am Tag meiner Abreise panisch durch die Wohnung gerannt und hätte den Inhalt meines eigentlich schon fertig gepackten Rucksacks immer und immer wieder auf dem Boden ausgebreitet, um sicherzustellen, dass ich auch wirklich an alles gedacht hatte.

Ich verrührte meinen Instant-Kartoffelbrei im Topf mit aufgekochtem Flusswasser und einer Prise Allzweck-Gewürzmischung. Mein Zelt stand am Rand einer Klippe – weit genug vom Abgrund entfernt, dass mir dieser nicht gefährlich werden konnte, und doch nah genug, dass ich die Brandung, die tief unter mir unaufhörlich an der Steilküste nagte, deutlich hören konnte.

In diesem Moment bestand mein Leben nur noch aus zwei Linien: dem kleinen Pfad hinter mir und dem Horizont vor mir. Und im Prinzip musste ich einfach diesen beiden Linien folgen, um irgendwann in John o' Groats anzukommen. Das konnte doch eigentlich nicht so schwer sein. Der späte Juniabend versprach lang und hell und warm zu werden, doch ich beschloss, trotzdem früh ins Bett oder in das, was für die kommenden Monate mein »Bett« sein sollte, zu gehen. Wenn man plötzlich und mit einem Mal ganz viel Zeit hat, weiß man selten wirklich etwas mit sich anzufangen. Man muss erst wieder lernen, dass auch die eigenen Gedanken gute Geschichtenerzähler sind, und nicht nur Freunde oder das Smartphone, und dass ein Blick aufs Meer spannender sein kann als jede Serie. Außerdem saßen mir die Tageskilometer mit den vielen

Auf- und Abstiegen in Kombination mit einem Fünfzehn-Kilo-Rucksack nun am Ende des eines langen Tages doch ein bisschen in den Knochen. Ich fühlte mich okay, nicht gut, nicht schlecht, fast schon ein bisschen gleichgültig, und hoffte, dass ich das Schlimmste der anfänglichen Schwierigkeiten vielleicht schon überwunden hatte.

Ich schlief schnell ein und schlief so lange durch, bis ich wieder aufwachte, weil mich die Stimme in meinem Kopf lauter anbrüllte denn je. Für ein paar quälende Sekunden lang wusste ich nicht, wo ich war, was ich dort tat und vor allem wer mich da so anschrie und warum. Manchmal gewann der aufs Zelt prasselnde Regen die Oberhand, meistens jedoch hörte ich ihn gar nicht. Ich hörte nur meine Gedanken. Diese waren wahnsinnig laut und sagten mir, dass ich nicht hier sein wollte. Ich wollte nicht auf dieser Isomatte liegen, in diesem Zelt, auf einer entlegenen Klippe im äußersten Südwesten Großbritanniens. Ich wollte kein Instant-Porridge im Regen essen und mir mein Trinkwasser aus dem Rinnsal unweit meines Zeltes holen. Ich wollte meine nassen Sachen nicht in den Rucksack stopfen und weitere 25 Kilometer wandern, nur um abends wieder mein Zelt aufzubauen und am nächsten Morgen wieder einzupacken, und immer so weiter. Ich wollte nach Hause.

Es gelang mir nicht, noch einmal einzuschlafen. Ich versuchte, an etwas Schönes zu denken, mir Mut zu machen, mich daran zu erinnern, warum ich hierhergekommen war, aber es gelang mir nicht. Mir blieb nichts anderes übrig, als zusammen mit meinen Gedanken auszuharren, bis es draußen hell genug wurde, damit ich aufstehen und meine Sachen zusammenpacken konnte. Der Regen hatte etwas nachgelassen, das Meer war zwar zu hören, aber nicht zu sehen. Dichter Nebel hielt die Küste fest umschlungen und mich selbst noch fester. Zum Frühstück gab es einen Müsliriegel, der mehr aus Schokolade als aus Müsli bestand, und einen Schluck vom kleinen Rest Flusswasser, das nach einer Nacht in meinem Trinkbeutel vor allem nach Plastik schmeckte. Ich hatte keine Lust, mich ein weiteres Mal mit der Tatsache auseinanderzusetzen, dass ich nur die Hälfte meines Gaskochers mitgenommen hatte, und überhaupt konnte ich Porridge eigentlich sowieso nicht leiden. Es befand sich lediglich in meinem Rucksack, weil es eben so vernünftig und praktisch war. Eine schnell zubereitete, warme Mahlzeit, die verhältnismäßig viel Energie gibt und sogar noch ein bisschen gesund ist. Nein, danke.

Als ich mich endlich dazu überwinden konnte, in meine Regenkleidung zu schlüpfen und mein Zelt zusammenzupacken, regnete es schon wieder in Strömen, und ich hatte Mühe, mit dem Schleier in meinem Sichtfeld alle Zeltheringe im Boden zu finden. Ich hievte den Rucksack auf meinen Rücken und mit ihm eine Last, die deutlich mehr wog als die rund 14 Kilo, die die Waage angezeigt hatte. Eine Last, die mich so sehr nach unten drückte, dass ich kaum noch meine Füße heben konnte. Aber es half ja nichts, denn hier auf der Klippe mitten in Regen und Nebelschwaden konnte und wollte ich auch nicht sitzen bleiben.

Der Pfad war vom Regen aufgeweicht und schlammig, meine Schuhe in kürzester Zeit durchnässt. Als ich an einem Bach meinen Rucksack absetzen wollte, um Wasser in meine Flasche zu füllen, rutschte ich am Ufer aus und fiel unsanft auf eine Seite, die erst mit Matsch und später mit blauen Flecken bedeckt wurde. Ich schenkte dem Sturz kaum Beachtung, in diesem Moment fühlte der sich einfach nur an wie eine logische Folge meiner miserablen Situation. Immerhin begann der Regen nach einiger Zeit endlich endgültig schwächer zu werden. Ich bog um die Ecke einer alten, halb verfallenen Trockenmauer, von denen es so viele in Großbritannien gibt, und plötzlich stand es da. Die Haare durchweicht und ungekämmt, an Hals und Stirn klebend, genauso wie bei mir. Die Füße nass und schlammig wie meine. Und das Fell so grau wie der Nebel und meine Gefühlslage. Ein Pony stand auf dem Wanderweg, schnaubte kleine Wölkchen aus weichen Nüstern, und die großen dunklen Augen strahlten alles aus, was ich in diesem Moment und seit meinem Start am Vortag nicht denken und sein konnte. Ruhe. Zuversicht. Vertrauen. Leichtigkeit. All die Dinge, die einen bei einer Fernwanderung und auch sonst im Leben ans Ziel bringen und den Weg dorthin erst gehenswert machen. All die Dinge, die mich dazu gebracht hatten, meinen sicheren Job zu kündigen, den Schritt ins Ungewisse zu wagen und mich auf meine erste lange Fernwanderung zu begeben, und die ich, als es so weit war und als ich sie mehr gebraucht hätte denn je, plötzlich nicht mehr in mir finden konnte. Dafür fand ich sie jetzt, in den Augen dieses Ponys.

Ich streckte meine Hand aus und strich über die weiche, warme Nase, während das Pony an den Griffen meiner Wanderstöcke knabberte. Dann drehte es sich plötzlich um, begann im Schritt den Weg entlangzugehen, und ich tat es ihm nach. Ruhige, gleichmäßige Schritte, nicht zu schnell und nicht zu langsam, die Hufe bei jedem Tritt zielsicher auf den Boden platziert, genau so musste man es machen. Und mit jedem Schritt, den das Pony machte und ich mit ihm, fühlte ich mich etwas leichter. Nach einer Weile hörte ich ein Wiehern und sah einen zweiten, braunen Ponykopf aus dem hohen Farn herausragen. Das graue Pony bog ab und verließ den Wanderweg, nicht ohne sich noch einmal umzusehen, und trabte zu seinem Artgenossen. Ich musste ab hier alleine weitergehen, mich von Wegmarkierung zu Wegmarkierung hangeln und von Horizont zu Horizont. Ich musste das tun, wofür ich hierhergekommen war, und plötzlich ergab alles wieder Sinn.

In einer Woche würde ich meine erste Grenze überqueren, vom County Cornwall nach Devon. In zwei Wochen würde ich den mittlerweile und bis heute heiß geliebten South West Coast Path verlassen und das Exmoor durchwandern, von dort auf dem Offa's Dyke Path immer weiter entlang der englisch-walisischen Grenze laufen und auf dem Pennine Way das wilde Herz Nordenglands durchqueren. Ich würde Schottland erreichen und feststellen, dass diese Grenze immer mein eigentliches Herzensziel gewesen war. Ich würde mich auf dem West Highland Way unter die vielen anderen Wanderer mischen, irgendwo kurz hinter Fort William meine Route komplett über den Haufen werfen und meine Wanderung nach rund drei Monaten und 1 500 Kilometern in Inverness, der Hauptstadt der Highlands, beenden. Etwas früher als geplant, aber nicht weniger glücklich, ganz im Gegenteil.
Auf dem Weg nach Inverness würde ich viele gute Tage haben. Tage voller Sonnenschein, in jeglicher Hinsicht. Aber es würden auch einige schlechte dabei sein, sei es, weil ich einfach mies gelaunt war oder mal wieder den ganzen Tag lang weglos durch ein Moor stapfen musste, oder beides zusammen. Die Stimme in meinem Kopf würde sich trotzdem nie wieder melden, oder zumindest nicht so laut wie an diesem ersten Tag meiner großen Wanderung. Und ich würde nie wieder vergessen, warum ich tat, was ich tat, und selbst im nassesten Regen und stärksten Sturm noch ein bisschen Dankbarkeit und Zuversicht empfinden. Weil ich gelernt hatte, dass ich alles, was ich zum Durchhalten brauchte, bereits mit mir trug. Und es

manchmal einfach ein bisschen Zeit oder einen Blick in ein paar dunkle Ponyaugen brauchte, um dies wiederzufinden. Nach drei Monaten Wandern würde ich nach Hause zurückkehren, froh und glücklich über alles Erlebte und auch darüber, wieder zu Hause zu sein. Kurze Zeit später jedoch würde ich schon meine nächste lange Wanderung planen, denn das Fernwandern ist einfach eine große Leidenschaft von mir. An dieser Tatsache habe ich nach der Begegnung mit dem Pony im Nebel nie wieder gezweifelt.

Kapitel 6

INSEKTEN SIND FREUNDE

Sechs Beine, deutlich unterteilt in einzelne Glieder, an jedem Gelenk in eine andere Richtung gebogen. Die hinteren beiden besonders lang und besonders kräftig, die Füße wie Greifarme, immer zum nächsten Sprung bereit. Der Körper handtellergroß, dick wie ein Daumen, zur Hälfte schwarz, zur Hälfte gelblich bis giftgrün. Zwischen Kopf und Körper ein leuchtender Panzer, der sich wie eine Manschette aus poliertem Plastik schützend um den Hals legt. Auf der anderen Seite ein Kopf wie ein etwas flach gedrückter Kegel, geschmückt mit leuchtenden Streifen wie Kriegsbemalung, große, rund gewölbte Augen, anscheinend immer wach und alles sehend. Oben ragen zwei Fühler wie gezückte Waffen erst steil Richtung Himmel, an den Ausläufern nach vorne gebogen, spitz endend. Unten die deutlich erkennbaren Beißwerkzeuge. Die Flügel an den Schultern mehr angedeutet als nützlich, die richtigen entwickeln sich unter dem Panzer, der irgendwann abgestreift wird, wenn die Nymphe zur voll ausgewachsenen Heuschrecke wird. Milchig grün und eher unscheinbar wird sie dann sein, bis die Flügel bei Gefahr ausgebreitet werden und in leuchtenden Farben erstrahlen. »Friss mich nicht, sonst vergifte ich dich«, werden sie dann sagen. Und es auch so meinen.

Denn diese Heuschreckenart ernährt sich von giftigen Pflanzen, und potenzielle Fressfeinde vertragen dieses Gift deutlich weniger gut als die Heuschrecke selbst.

Ich hatte die grünschwarze Masse auf dem Boden gerade noch rechtzeitig entdecken können, war in letzter Sekunde ruckartig stehen geblieben. Einmal erkannt, war sie dann allerdings kaum noch zu übersehen. Mindestens 50 der Heuschreckennymphen bewegten sich seltsam synchron über den Waldboden, waberten in einer kuriosen Mischung aus Ordnung und Chaos über Wurzeln und Steine. Irgendwie schienen sie zusammenzugehören, aber gleichzeitig auch völlig unabhängig voneinander zu agieren. So als wüsste niemand, was die anderen tun, und doch taten alle das Gleiche. Ich betrachtete die grüne Welle auf dem Waldboden und wartete regelrecht auf den Reflex, die Flucht zu ergreifen oder mich zumindest angeekelt zu schütteln. Doch er kam nicht, obwohl ich noch ein Stück näher herantrat.

Wenn mich vor wenigen Jahren noch jemand gefragt hätte, meinen persönlichen Albtraum zu Papier zu bringen, wäre vermutlich ziemlich genau ein Bild dieser Szene dabei herausgekommen. Allein der bloße Anblick einer einzelnen afrikanischen Buschheuschrecke auf einem Foto hätte ausgereicht, um mir den Schweiß in die Handflächen und vielleicht sogar die ein oder andere Stressträne in die Augen zu treiben. Was eine ganze Horde handtellergroßer Heuschrecken bei mir bewirkt hätte, das will ich mir gar nicht so genau vorstellen. Und ob giftig oder nicht, war mir im Prinzip ziemlich einerlei gewesen. Die Vorstellung, dass etwas sechs oder mehr Beine hatte, größer war als eine Stubenfliege und sich auf irgendeine Art und Weise schnell und unvorhersehbar vorwärtsbewegte, war genug gewesen, um meine jahrelang gehegten Albträume zu nähren. Fakt ist: Die längste Zeit meines Lebens hätten mich keine zehn Pferde auf einen Wanderweg wie den Amatola Trail in Südafrika gebracht. Und doch stand ich nun hier, weniger als einen Meter von meinem persönlichen Horrorszenario entfernt, und mein Herzschlag blieb unverändert, zumindest nahezu.

Wie es einst zu meiner Insektenphobie gekommen war, ist mir nach wie vor nicht ganz klar. Ich erinnere mich nur daran, dass ich als kleines Kind zusammen mit meinem Bruder ganz unbefangen durch hohes Gras gelaufen war und Grashüpfer in meiner Hand gefangen hatte. Und ein paar Jahre später lief ich schreiend vor ihnen davon. Wenn sich eine Schnake oder ein Nachtfalter in mein Kinderzimmer verirrt hatte, mussten meine Eltern zu Hilfe eilen und sie wieder nach draußen transportieren. Lebend natürlich, so weit ging meine Insektenliebe dann doch. Als ich irgendwann alleine wohnte und niemanden mehr hatte, den ich zu jeder Tages- und Nachtzeit für diese Aufgabe einberufen konnte, musste ich mich allein der Herausforderung stellen, mit bis zum Hals klopfendem Herzen und stets bereit, alles fallen zu lassen und fluchtartig aus dem Zimmer zu stürzen. Sehr wohl wissend, dass dieses Tier im Zweifelsfall deutlich mehr Angst vor mir hatte als ich vor ihm. Und dass die Gefahr, die von einem harmlosen Weberknecht ausgeht, als sehr gering einzustufen ist. Urlaub auf dem Campingplatz in Kroatien war ziemlich nervenaufreibend gewesen. Urlaub auf dem Campingplatz in Schweden gefiel mir da schon deutlich besser, denn dort gab es vor allem Stechmücken, und die waren mir im Zweifelsfall lieber als Falter oder Hüpfer. Die Zelttür musste trotzdem immer geschlossen bleiben, der Ein- und Ausstieg so schnell vonstattengehen, dass die Statik meiner Behausung ins Wanken geriet. Und trotzdem wurde das Zelt vor dem Schlafengehen noch mal mit der Taschenlampe gründlich ausgeleuchtet – in steter Hoffnung, nichts zu finden, denn dann müsste man es ja irgendwie nach draußen befördern, ohne ihm oder sich selbst dabei wehzutun.

Es war eine irrationale Angst, wie es bei so ziemlich allen Phobien der Fall ist. Ich wusste ganz genau, dass ich von den Tieren, vor denen ich Angst hatte, nichts zu befürchten hatte. Vielmehr konnte ich mir sogar eingestehen, dass diese Tiere unglaublich faszinierend, nützlich, ja sogar schön waren. Und dennoch hatte ich Angst vor ihnen. Doch spätestens als ich damit begann, mehr Zeit in der Natur zu verbringen, als ich begriffen hatte, dass das Draußensein zu einem wichtigen, vielleicht sogar dem wichtigsten Teil meines Lebens geworden war und sich das aller Wahrscheinlichkeit nach auch nicht mehr ändern würde, wusste ich, dass das mit meiner Angst nicht so bleiben konnte. Ich wollte mich nicht die Hälfte der Zeit, die ich beim Wandern verbrachte, aus nichtigen Gründen unwohl fühlen. Einen Umweg um die Wiese machen, weil darin Grillen zirpten. Mich am abendlichen Lagerfeuer nicht so richtig entspannen können, weil der Schein der Flammen auch Nachtfalter anzog. Ich wollte beim Zelten die Beine aus dem Zelt strecken, meinen Tee trinken und die Sterne betrachten, ohne dabei ständig den Boden im Auge zu behalten. Ich wollte meine Wanderpause verbringen, wo auch immer mir es gefiel, und meine Augen für ein Nickerchen schließen, ohne sie alle paar Sekunden wieder zu öffnen, um nach Krabbeltieren Ausschau zu halten. Nicht eingeschränkt sein in der Wahl meiner Reiseziele und mich nur in Breitengraden aufhalten, die erschwerte Lebensbedingungen für Sechs- und Achtfüßer aufwiesen, welche die Größe meines Fingernagels überragten. Vor allem aber wollte ich meine Begeisterung für die Natur nicht auf ausgewählte Bereiche beschränken, ich wollte keinen Unterschied zwischen den Lebewesen machen, die mir dort begegnen konnten. Ich wollte meine Faszination für die natürliche Welt nicht davon abhängig machen, ob etwas wie ein plüschiger Teddybär oder wie ein unbekanntes Flugobjekt aus einer fernen Galaxie aussah. Zumal Insekten meine Begeisterung mehr als verdienten, denn obwohl sie oft unsichtbar und im Verborgenen arbeiten, sind sie von essenzieller Bedeutung für alles Leben auf dieser Erde.

Ein großer Teil der Pflanzen ist auf Insekten als Bestäuber angewiesen, manche von ihnen sogar auf eine einzelne oder wenige Arten. So wäre Schokolade ohne die Existenz von Bartmücken zum Beispiel sehr viel teurer. Die Kakaopflanze ist vor allem von diesen kleinen und speziell geformten Mücken abhängig, die die ebenso kleinen und engen Blüten des Kakaobaumes besonders gut bestäuben können.

Aber Insekten sind nicht nur für unsere Ernährung unerlässlich, sondern dienen auch vielen Tieren als Hauptnahrungsmittel. Allen voran den Vögeln, aber ohne Mücken und Fliegen gäbe es zum Beispiel auch keine Süßwasserfische. Fakt ist: Ohne Insekten könnten wir schlichtweg nicht überleben, auch wenn sich die Forschung uneins ist, wie viel Zeit wir ohne sie noch hätten bis zu unserem Untergang. Der namhafte amerikanische Insektenforscher Edward Wilson geht von nur wenigen Monaten aus.

Vor etwas panisch davonzurennen, das gleichzeitig von essenzieller Bedeutung war, empfand ich als nicht gerade klug und logisch. Ich wollte nicht mehr fluchtartig aufspringen, hektisch in der Luft herumfuchteln, um irgendetwas Brummendes oder Summenden zu vertreiben. Ich wollte hinsehen, fasziniert sein, mich begeistern, Käfer und Spinnen über meine Hände krabbeln lassen und mit den Augen ganz nah herangehen, um jede ihrer Bewegungen zu verfolgen. Es

war mir ein Anliegen, all den kleinen und großen Krabbel-
und Kriechtieren die Bewunderung entgegenzubringen, die
sie verdient hatten. Allein schon, weil sie mein Überleben
sicherten.

Es ist aber gar nicht so einfach, Zuneigung zu etwas zu
entwickeln, das keine großen runden Kulleraugen oder zumindest plüschiges Fell hat, allem besseren Wissen zum Trotz.
Deswegen fällt es uns Menschen vermutlich auch so leicht,
einen Falter oder eine Fliege an der Wand zu zerquetschen,
ohne mit der Wimper zu zucken. Wer das noch nie getan hat,
werfe den ersten Stein. Höchstens Honigbienen lassen wir
noch am Leben, denn die bestäuben ja immerhin die Pflanzen
und machen den leckeren, süßen Honig. Oder Marienkäfer,
weil die Glück bringen und so schön gepunktet sind. Schmetterlinge sind natürlich auch in Ordnung, aber bitte nur die
schönen bunten.

Hinzu kommt, dass vielen Insekten ihr schlechter Ruf vo-
rauseilt. Heuschreckenplagen, die ganze Jahresernten vernichten. Krankheiten übertragende Blutsauger, die juckende
Beulen auf der Haut hinterlassen. Motten, die unsere Kleidung fressen. Ameisen, die in unsere Küchen und Vorrats-
schränke eindringen. Hornissen, die Nester in unseren Fens-
terkästen bauen. Die Liste ist lang, und mit jedem Punkt auf
dieser Liste sinkt die Fähigkeit, Empathie mit der mit Abstand
artenreichsten Spezies auf diesem Planeten zu empfinden. Dabei sind es nicht zuletzt genau diese als lästig empfundenen
Tiere, die tagtäglich unsere Umwelt für uns in Ordnung halten. Das ist uns einfach nicht bewusst, denn es ist oft nicht
offensichtlich, und zudem ist die Welt der Insekten nicht nur
Laien, sondern selbst Experten immer noch erstaunlich unbekannt.

Über eine Million Insektenarten wurde bisher wissenschaftlich erfasst, die Dunkelziffer der Arten ist um ein Vielfaches höher: Sie leben oft gut versteckt, insbesondere in den tropischen Regenwäldern dieser Welt, über deren Artenreichtum wir immer noch so wenig wissen. Täglich werden neue Spezies entdeckt, gleichzeitig sterben jeden Tag auch welche aus. Bis heute wurde in den letzten 500 Millionen Jahren insgesamt fünf Mal fast alles Leben auf der Erde ausgelöscht. Ursachen waren Vorkommnisse wie Eiszeiten, Vulkanausbrüche oder der Meteoriteneinschlag, der unter anderem die Dinosaurier ausrottete. Und nun sieht alles so aus, als würde uns das sechste große Artensterben bevorstehen. Und zwar eines, das von Menschen verursacht ist: Regenwälder werden in unvorstellbar rasantem Tempo abgeholzt, zum Beispiel, um Soja anzubauen, welches überwiegend für die Massentierhaltung verwendet wird. In einem Monat fällt so mal schnell eine Waldfläche, die mehr als doppelt so groß ist wie Berlin, der Kettensäge zum Opfer. Aber auch der blauen Lunge unseres Planeten – die übrigens für rund 70 Prozent unseres Sauerstoffs verantwortlich ist – ergeht es nicht besser: Schätzungen zufolge gelten nur zehn Prozent der weltweiten Fischbestände als noch nicht an ihre Belastungsgrenze befischt – falschen Fangquoten, immer effektiveren Fangmethoden mit hoher Anzahl an Beifang und einer enormen Belastung durch illegale, undokumentierte und unregulierte Fischerei sei Dank. Ohne Fische kein Leben im Ozean, ohne Leben im Ozean kein Leben an Land. Oder um es mit den Worten der legendären Ozeanografin und Umweltaktivistin Dr. Sylvia Earle zu sagen: »*No ocean, no life. No blue, no green. No ocean, no us.*«

Doch auch vor unserer Haustür ist das Artensterben in vollem Gange, wobei insbesondere das Sterben der Insekten für uns sichtbar ist. »Früher klebten irgendwie viel mehr Insekten an unserer Windschutzscheibe«, hört man die Leute dann sagen, während sie ihre für Bienen oder Schmetterlinge ungenießbaren Geranienkästen gießen und den grünen Einheitsbrei, den sie Garten nennen, noch kürzer mähen. Unsere Landschaften werden zu leblosen Wüsten, genauso wie der Regenwald oder der Ozean. Während wir hierzulande den Arten regelrecht beim Aussterben zusehen können, sind viele andere Arten bereits ausgestorben, bevor wir überhaupt von ihrer Existenz wussten, irgendwo in den großen Wäldern auf der anderen Seite der Welt.

Auch die bewaldeten Hänge der Amatola-Berge wurden einst teilweise für die Forstwirtschaft abgeholzt und mit schnell wachsenden und damit möglichst gewinnbringenden Nadelbäumen wieder aufgeforstet. Aber was übrig war, zählte zu den ältesten Wäldern Südafrikas, und die stehen als solche glücklicherweise unter besonderem Schutz. Auf großen Teilen des Amatola Trail wirkten diese Wälder gänzlich unberührt, waren nur schwer zugänglich und mühsam bewanderbar. Sie hatten augenscheinlich viel mit den großen tropischen Regenwäldern dieser Erde gemeinsam, auch wenn die klimatischen Bedingungen eher subtropisch und ihre Ausmaße deutlich geringer waren. Große Farne überwucherten den Boden, Lianen hingen von den großen Bäumen, deren Baumkronen von oben betrachtet einen einzigen dichten grünen Teppich, von unten betrachtet eine undurchdringliche grüne Decke abgaben. Alles war moosgrün, braungrün, laubgrün, olivgrün, schwarzgrün, schilfgrün, gelbgrün, blassgrün, tannengrün, türkisgrün, kieferngrün, flaschengrün, grauoliv, schwarzoliv, weißgrün, minzgrün oder gelboliv. Alles bis auf den kleinen Pfad, der sich in gleichbleibendem Braun durch das Dickicht schlängelte – zumindest, wenn er sichtbar und nicht von weiterem Grün überwuchert war. Letzteres war ziemlich oft der Fall, und das Vorankommen auf dem Amatola Trail ging langsam vonstatten. Mal versperrten Farne (im besten Fall) oder Disteln (im schlechtesten Fall) den Weg, noch häufiger allerdings die Netze von Spinnen, die auf dem verhältnismäßig wenig begangenen Pfad genug Zeit hatten, um ihre Kunstwerke zu spannen.

War ich aufmerksam und die Netze sichtbar genug, nutzte ich meine Trekkingstöcke, um den Weg vor mir von den Spinnen zu befreien. An Spinnen-Hotspots führte das dazu, dass ich meine Stöcke wie eine wütende Nordseekrabbe vor mir auf und ab schwang. Es tat mir leid um die Netze. Ich entschuldigte mich mehr als einmal bei den Spinnen für die Zerstörung ihrer Wunderwerke, auch wenn ich wusste, dass diese wohl schon am nächsten Tag wieder an Ort und Stelle neu errichtet sein würden. Ich hatte keine andere Wahl, wenn ich auch nur annähernd vorankommen wollte.

Wären die Dimensionen anders verteilt und ich so groß wie eine Spinne, wäre es nicht so einfach für mich, den Netzen Schaden zuzufügen. Denn Spinnenseide ist, im Verhältnis gesehen, viermal so belastbar wie Stahl und kann auf das Dreifache ihrer Länge gedehnt werden, ohne Schaden zu nehmen. Deswegen kann das Spinnennetz in den meisten Fällen auch der Wucht des Aufpralls eines fliegenden Insekts widerstehen, ohne zu zerreißen. Dabei sind die Fäden gleichzeitig leicht und wasserfest – ein Element, dass es im Amatola-Gebirge, einem der regenreichsten Gebiete Südafrikas, reichlich gibt. Und nicht zuletzt ist Spinnenseide biologisch abbaubar, aber gleichzeitig von Natur aus steril; sie bietet Bakterien keinen guten Nährboden.

Seit Jahren arbeiten Biotechniker daran, die Proteinstruktur der Spinnenseide zu entschlüsseln, um diese anschließend nachbilden zu können. Dankbare Abnehmer von künstlich hergestellter Spinnenseide gäbe es reichlich – von Konstrukteuren der Raumfahrtbehörden über Mediziner, die diese beispielsweise als Nahtmaterial oder Beschichtung für Transplantationsorgane verwenden könnten, bis hin zu Herstellern von schusssicheren Westen. 2017 gelang dieser Forschung ein großer Durchbruch, als Forscher der University of Pennsylvania erstmals das komplette Erbgut einer Webspinne entschlüsselten – und zwar keiner Geringeren als das der Goldenen Seidenspinne. Diese Spinnenart produziert große, besonders widerstandsfähige Netze, deren Fäden sie je nach benötigter Funktion individuell anpassen kann. Dafür nutzt sie 28 verschiedene Seidenproteine, was der Anzahl aller bisher bei Webspinnen bekannten Proteine entspricht.

War ich nicht aufmerksam genug oder die Netze im Schatten verborgen, konnte ich die Widerstandskraft der Spinnennetze deutlich spüren, bevor sie sich um meine Hose, meine Hände, mein Gesicht wickelten. Mal mit, mal ohne ihre Erbauerin darin. Und zugegebenermaßen konnte ich mir nach wie vor angenehmere Dinge vorstellen, als mit Spinnen und ihren Weben auf Tuchfühlung zu gehen. Doch anstatt mich in diesem Fall wie früher panisch zu schütteln, blieb ich ruhig und entfernte sachlich Spinnennetze und gegebenenfalls Achtbeiner von mir. Auf eine Art genoss ich es sogar. Nicht so sehr die klebrigen Fäden selbst, aber die Tatsache, dass sie mir nichts ausmachten. Und dass ich ganz entspannt ein grünes Dickicht in einem der artenreichsten Länder der Erde erkunden konnte. Noch nie vorher war ich mit dem durchdringenden Kreischen von Zikaden gewandert. Noch nie vorher war plötzlich ein kleines grünes Chamäleon in Zeitlupentempo vor mir über den Wanderweg geschlichen. Noch nie vorher hatte ich beim Wandern in der Ferne das Geschrei von Affen gehört. Doch geträumt hatte ich schon oft davon, und meistens war dieser Traum von meinen Ängsten schnell wieder zerschlagen worden.

Um diese Angst vor Insekten loszuwerden, habe ich mich im Prinzip der gleichen Taktik bedient wie zum Beispiel im Falle der Grizzlybären. Getreu meiner Erkenntnis, dass man vor etwas, das man kennt, eigentlich keine Angst haben kann. Also habe ich versucht, Insekten kennenzulernen. Ich habe mehr über sie und ihre Welt gelesen und gelernt. Ganz bewusst hingeschaut, wenn ich beim Wandern eine Spinne sah oder ein Falter sich in meine Wohnung oder mein Zelt verirrte. Und ich habe mir die Zeit genommen, in ihre Augen zu blicken. Denn wenn man einmal tiefer in die Augen eines Insekts geblickt hat, kann man sie einfach nicht mehr nicht mögen, egal ob Stubenfliege, Libelle oder Grashüpfer. Es sind die Augen von denjenigen Lebewesen, die lange vor uns da waren und auch lange nach uns noch da sein werden. Sie leisten schier Unglaubliches, um nicht nur ihre Art, sondern damit auch diesen Planeten am Leben zu erhalten. Jede Kriebelmücke, jeder Weberknecht trägt zum natürlichen Gleichgewicht und zur Gesundheit dieser Erde bei. Wenn man das einmal erkannt hat, kann man nichts anderes als Ehrfurcht empfinden. Und durchaus viele Insekten haben – ganz nebenbei bemerkt – die großen runden Kulleraugen, die wir Menschen gemeinhin als liebenswert erachten. Die meisten Spinnen haben sogar gleich acht Stück davon.

Die Woche auf dem Amatola Trail war wie Dschungelwandern für Anfänger, und Dschungelwandern war etwas, von dem ich lange Zeit nicht wusste, ob ich es jemals tun könnte. Meine Angst hatte mich jahrelang davon abgehalten. Glücklicherweise habe ich diese Angst nicht als Tatsache akzeptiert, sondern als das, was sie ist, gesehen: ein Hindernis, welches allein in meinem Kopf existiert. Ein Hindernis, das ich überwinden will und das ich überwinden kann.

Ängste zu haben, ist etwas ganz Natürliches, jeder von uns trägt mindestens eine mit sich herum. Manche sind rational und begründet, von anderen aber wissen wir ganz genau, dass wir sie eigentlich nicht haben müssten. Nahezu täglich bekomme ich Nachrichten von Leserinnen und Lesern meines Blogs, die Ängste haben, welche sie vom Abenteuer ihrer Träume abhalten. Und oft ist es die typische Angst vor dem berühmten »bösen Wolf«, den wir alle seit Kindheitstagen kennen. Wer allein in den dunklen Wald geht, kommt vielleicht nicht lebend zurück, das haben wir nicht nur durch die Gebrüder Grimm gelernt. Fakt ist jedoch: So ziemlich jeder dunkle Wald ist sicherer als die Innenstadt Münchens, und selbst die ist schon ziemlich sicher.

Nein, was uns von unseren Abenteuern abhält, ist meistens keine Angst vor realer Bedrohung, sondern die Angst vor dem Unbekannten. Dennoch kann diese Angst sich sehr real anfühlen. Das Gute ist jedoch, dass sie nicht bleiben muss. Wir können sie überwinden, indem wir erkennen, was uns Angst macht, und dem dann ganz bewusst begegnen, uns langsam herantasten und auf diese Art Stück für Stück Freunde werden. Eine Freundschaft mit Insekten eingehen, mit der Nacht, dem dunklen Wald oder dem eigentlich überhaupt nicht bösen Wolf. Vor allem Letzterer könnte aktuell noch ein paar mehr Freunde gebrauchen.

Kapitel 7

SPUREN IM WATT

Ich bin mit meiner Familie nie nach Amerika gefahren. Nach Tunesien auch nicht. Und wie es in Thailand aussah, konnte ich mir in meinen kühnsten Träumen nicht vorstellen. Dafür wusste ich sehr genau, wie es sich anfühlt, eine Ohrenqualle aus dem Sand aufzuheben, ihre glatte, kühle, gallertartige und gleichzeitig feste Oberseite in meiner Handfläche zu halten, die ringförmigen, blass purpurfarbenen Organe in ihrem Inneren zu betrachten und sie anschließend zurück ins Meer zu setzen – wohl wissend, dass die Brandung sie vermutlich nach kurzer Zeit wieder an den Strand spülen wird.

Es war eines der Dinge, die ich als Kind getan hatte, wenn alle Sandburgen gebaut und wieder zerstört waren, ich die letzten Pommes im Strandkorb aufgegessen hatte und das Meer mal wieder viel zu kalt und die Wellen zu hoch waren, um so richtig schwimmen zu gehen. Manchmal fand ich auf der Suche nach Quallen auch eine Muschel am Strand, und zwar eine derjenigen, aus denen eine kleine Schere wütend schnappend hervorlugte, nachdem man sie in die Hand genommen und umgedreht hatte. Sie kam ebenfalls zurück ins Meer, besonders schöne Exemplare ohne aufgebrachte Bewohner landeten dagegen in meiner Jackentasche.

Einmal fuhren wir nach Italien, nur für ein paar Tage, an einen dieser typischen Ferienorte am Meer. Dort konnte man zwar ohne Gefahr von Unterkühlung baden gehen, dafür gab es aber sonst nicht viel zu tun, und zu voll war es mir dort auch. Ich mochte unsere Familienurlaube an der Küste sehr, und wenn die alljährliche Diskussion rund um die nächste Reise sich nicht darum drehte, auf welchen Kontinent wir fliegen, sondern ob es wieder an die Nordsee oder zur Abwechslung doch mal an die Ostsee gehen sollte. Ich glaube, ich habe mich nie beschwert, oder nur selten; nur, wenn meine Schulfreunde nach den Sommerferien braun gebrannt auf den Bänken saßen und von ihren Abenteuern in fernen Ländern erzählten, während ich verhältnismäßig bleich und schweigend an meine noch sehr viel farbloseren Quallen dachte.

Es war nicht so, dass wir nicht die Möglichkeit gehabt hätten, große Reisen in ferne Länder zu unternehmen. Meine Eltern hatten wohl einfach nur von Anfang an verstanden, dass die beste Art von Urlaub für sie selbst und auch für meinen Bruder und mich die war, in der wir neben gemeinsamen Aktivitäten alle ein bisschen tun und lassen konnten, was wir wollten. Bis wir irgendwann alt genug waren, um tun zu können, was wir wollten, ohne unsere Eltern dabeizuhaben. Dann war es vorbei mit dem Urlauben an der See, dann fuhr ich mit Freunden im Bus nach Südfrankreich oder zumindest an den Gardasee.

Wenn ich sage, dass ich damals auf meiner ersten großen Reise in die USA keine Ahnung von der ganzen Sache mit der Natur hatte, dann stimmt das wohl nicht so ganz. Denn ich war ein Kind, das draußen sein durfte. Ich durfte waghalsig auf Bäume klettern, Staudämme an Bächen bauen, ohne Sattel auf Pferden vom Sonnenaufgang in den Sonnenuntergang reiten, allein zum See radeln und im Wasser bleiben, bis ich müde war. Ich wusste nicht nur, wie sich der Rücken von Ohrenquallen anfühlte, sondern auch die Füße von Grashüpfern und die Stacheln von Bienen in den Sohlen meiner Füße. Wie es ist, wenn man in kurzen Hosen durch eine Wiese mit Brennnesseln läuft oder barfuß über einen mit Blättern, Nadeln, Moos und kleinen Stöckchen übersäten Waldboden. Ich mochte das Draußensein, und ich mochte es so sehr, dass ich manchmal gar nicht mehr reinwollte. Wie zum Beispiel damals, als wir ausnahmsweise nicht an die deutsche, sondern an die dänische Nordseeküste fuhren und ich mich in den Dünen versteckte, um nach einem langen Strandtag nicht nach Hause zu müssen. Auch wenn dieses Zuhause alles andere als schlecht war – ein kleines, gemütliches Ferienhäuschen mit Kamin und weißem Gartenzaun, von dem aus man das Meer wegen der Dünenreihen zwar nicht sehen, aber ganz deutlich hören konnte, und darauf kam es an.

Ferienhäuser wie dieses gab es an der dänischen Küste auch zwanzig Jahre später noch, und die Dünen rundherum hatten nichts an Anziehungskraft eingebüßt. Die meisten von ihnen befinden sich an der sandigen Westküste Jütlands, der großen dänischen Halbinsel, die im Süden an Schleswig-Holstein grenzt. Und genau über, durch und entlang dieser Dünen führt der Nordseewanderweg, wegen dem ich seit meiner Kindheit zum ersten Mal wieder an die Nordsee gekommen war.

Eine Woche lang wollte ich auf diesem Fernwanderweg unterwegs sein, einem internationalen Projekt, das irgendwann die Küsten der Nordseeländer – Schweden, Norwegen, Großbritannien, Niederlande, Dänemark und Deutschland – verbinden und für Wanderer erlebbar machen soll. Verglichen mit den meisten anderen Ländern war dieses Projekt in Dänemark schon verhältnismäßig weit fortgeschritten, und so musste ich eine Woche lang quasi nichts anderes tun, als dem weißen N auf blauem Grund zu folgen. Die Wegmarkierungen zu finden, war meistens nicht besonders schwer und alles in allem die einzige »Herausforderung«, der ich mich in dieser Woche stellen musste. Anstrengende Höhenmeter waren in einem Land, dessen höchste natürliche Erhebung 170 Meter über den Meeresspiegel herausragt, quasi nicht existent. In Sachen Tierwelt musste ich mich ausschließlich vor diebischen Möwen in Acht nehmen, und meine Unterkünfte waren bereits vorgebucht. Höchstens die wegen der Nebensaison oft noch geschlossenen Pommesbuden hatten das Potenzial, sich zu einem Problem für mich zu entwickeln, welches jedoch eher emotionaler Natur war.

Wandern, das stellt man sich nur allzu gern als »einfach nur gehen« vor, bei dem die Landschaften so langsam an einem vorbeiziehen wie die eigenen Gedanken durch den Kopf und sich der Rhythmus der Welt auf maximal fünf Kilometer pro Stunde verlangsamt. Wenn all die Sorgen und Ängste, die man im Alltag ständig dabeihat, einfach nicht mehr in den Rucksack gepasst haben und man sich eigentlich auch gar keine Sorgen mehr machen muss, weil all die Dinge, die man wirklich braucht, bereits in genau diesem Rucksack sind.

Tatsächlich ist Wandern aber oft viel mehr als das, und das traf vor allem auch auf die Wanderungen zu, die ich in den letzten Jahren unternommen hatte. Wandern kann herausfordernd, anstrengend, einnehmend sein, nicht nur für den Körper, sondern auch für den Geist. Ständig gilt es, neue Herausforderungen zu bewältigen, vor allem am Anfang. Und selbst wenn es keine offensichtlichen Hindernisse wie hungrige Grizzlybären oder zu dunklen Türmen aufgeschichtete Gewitterwolken, müde Beine oder einen müden Kopf gibt, die man bewältigen müsste – viel zu oft drehen sich die Gedanken beim Wandern nicht um die bunten Blumen am Wegesrand oder die weißen Schäfchenwolken am Himmel, sondern um ziemlich genau alles andere als das. Nicht zuletzt, weil eine Wanderung immer auch eine kleine oder auch größere logistische Meisterleistung ist, bei der einen Dinge wie Einkaufen oder Schlafen plötzlich vor ungeahnte Herausforderungen stellen können.

»Ob ich wohl noch auf dem richtigen Weg bin? Ich hab schon seit mindestens zehn Minuten keinen Wegweiser mehr gesehen. Vielleicht hätte ich an der Kreuzung doch links abbiegen sollen? Soll ich jetzt zurückgehen oder doch noch ein paar Minuten weiterlaufen, um den nächsten Wegweiser zu suchen? Eigentlich will ich nicht noch mal umdrehen, denn dann muss ich wieder über die Kuhweide laufen, und die Kühe haben schon beim ersten Mal ziemlich angriffslustig geguckt. Aber ich wollte es ja eigentlich vor sechs Uhr noch zu dem kleinen Supermarkt schaffen, der laut meiner Karte im nächsten Ort zu finden ist, sonst gibt es heute wieder Couscous, und ich kann keinen Couscous mehr sehen. Der letzte Supermarkt, der auf meiner Karte eingezeichnet war, hatte allerdings bereits seit mehreren Jahren geschlossen, vielleicht gibt es also so oder so Couscous. Und vielleicht sollte ich auch lieber noch mal eine Pause machen, denn das Brennen an meinem Fußballen verheißt nichts Gutes. Druckstelle oder doch Blase? Egal, das eine führt zum anderen. Keine Pause, der Supermarkt ruft. Aber vielleicht schnell ein Blasenpflaster für die Schadensbegrenzung. Hab ich überhaupt noch Blasenpflaster? Und wenn ja, wo hab ich sie hingepackt? Ich habe schon länger keine Blasenpflaster mehr gesehen, vielleicht habe ich sie verloren? Ob der kleine Supermarkt wohl Bla-

senpflaster hat? Falls er überhaupt aufhat. Wo ist eigentlich der nächste Wegweiser? Und ob das da oben wohl Regenwolken sind? Irgendwie hab ich Durst ...«

Gedanken wie diese waren manchmal eine stundenfüllende Aktivität in meinem Kopf gewesen und hatten sich schier endlos im Kreis gedreht, wenn ich den Absprung nicht geschafft hatte oder so vertieft in das Denken gewesen war, dass ich überhaupt nicht auf die Idee gekommen war abzuspringen. Sie wurden zu einem unaufhörlichen Strudel, den ich erst bemerkte, wenn ich schon viel zu tief in ihm steckte.

Zudem war das Wandern für mich, seitdem ich hauptberuflich darüber berichtete, oft mit Arbeit verbunden, auch wenn mir diese Arbeit großen Spaß machte. (Ich kann mir bis heute nichts Besseres vorstellen.) Gerade in besonders schönen Momenten griff ich fast schon automatisch zur Kamera oder legte eine Notiz, wenn auch nicht in einem Buch, aber zumindest in meinem Kopf zurecht. So richtig abzuschalten war viel zu oft nicht möglich gewesen.

An der Nordsee jedoch waren es allein die Möwen, die kreisten, hoch oben über meinem Kopf, und die feinen, vom Wind zu Wirbeln zusammengetriebenen Sandkörner auf der weiten Fläche zwischen Dünen und Meer. Es gab nichts zu bedenken, nichts zu überlegen oder zu überwinden, und als ich zum Start meiner Wanderung zum ersten Mal seit meiner Kindheit die vorderste Dünenreihe durchquerte und die Nordsee sah, konnte ich nicht anders, als mich an Ort und Stelle in den Sand fallen zu lassen, die Augen zu schließen und einfach nur tief einzuatmen – still hoffend, nie wieder ausatmen zu müssen, damit der Salzgeruch für immer in meiner Nase blieb. Schon in diesem ersten Moment des Wiedersehens gab es nur noch mich und die Dünen und das Meer und dieses fast schon unfassbare Gefühl von Sorglosigkeit, das ich vielleicht seit den Sommerferien von damals nicht mehr gespürt hatte. Und dieses Gefühl blieb bei mir, obwohl ich mich irgendwann doch meinem Körper geschlagen geben und wieder ausatmen musste. Dieser Geruch war es, warum ich schon als Kind die Nordsee immer noch ein bisschen lieber gemocht hatte als die Ostsee.

Die Ostsee ist ein Binnenmeer und nur durch relativ enge Wasserstraßen mit der Nordsee verbunden. Ihre Entstehung begann vor rund 12 000 Jahren, als Nordeuropa noch von riesigen Gletschermassen bedeckt war, die sich langsam zurückzogen und einen gigantischen Schmelzwassersee hinterließen, den sogenannten Baltischen Eisstausee. Es folgte ein Zusammenspiel aus Landhebungen und Anstiegen des Meeresspiegels, das der heutigen Ostsee mal eine Verbindung zum Meer bescherte und diese dann wieder verschloss. Vor rund 8 000 Jahren bekam die Ostsee dann eine ständige Verbindung zur Nordsee, die bis heute besteht und sie zum größten Brackwassermeer der Erde macht. Denn die Nordsee speist ihren Nachbarn mit Salzwasser, welches sich mit dem Süßwasser von Flüssen und Regen vermischt. In der Nähe der Mündungen liegt der Salzgehalt der Ostsee noch bei rund zwei Prozent, nach Osten und Norden hin nimmt er jedoch deutlich ab. Während er an der Küste Schleswig-Holsteins noch rund 1,5 Prozent beträgt, können die oberen Gewässerschichten der Ostsee zwischen Finnland und Schweden fast schon als Süßwasser bezeichnet werden. Aber auch die Nordsee wird durch diese Verbindung mit Süßwasser gespeist, weshalb ihr durchschnittlicher Salzgehalt mit drei Prozent etwas geringer ausfällt als die relativ einheitlichen 3,5 Prozent der großen Ozeane. Dieses fehlende halbe Prozent tat meinem Nordseeglück allerdings keinen Abbruch, vielleicht lag in ihm ja sogar genau das Geheimnis, warum mich die Nordsee so froh machte. Die perfekte Dosis Salz, kombiniert mit einigen Haufen Sand, aus denen borstiges Dünengras wuchs, dem Geschrei von Möwen und dem regelmäßigen Auftauchen ausgebleichter Metallschilder mit noch ausgebleichteren Eiskugeln darauf.

Ich stapfte durch den lockeren Sand, bis ich die dunkleren, von der zurückgehenden Brandung noch feuchten Schichten erreichte. Hier war der Nordseewanderweg kein Weg, sondern vielmehr eine Idee, eine Ansammlung von Koordinaten, eine grobe Richtung: immer an der Brandung entlang. Hier fiel das Laufen ganz leicht, denn der Sand war so hart, dass ich kaum einsank, und doch weich genug, dass meine Wanderschuhe leichte Abdrücke im Sand hinterlassen konnten. Am Startpunkt meiner Wanderung hatten sich diese noch mit den Spuren vereinzelter Strandurlauber und sogar denen von Autoreifen vermischt. Doch bald schon waren meine Fußabdrücke die einzigen weit und breit. Später am Tag würde die Brandung zurückkommen und meine Spuren verwischen wie ein nasser Schwamm die Kreide auf einer Tafel, den Strand ganz glatt waschen und Platz machen für neue Wanderer und ihre Geschichten. Für den Moment jedoch waren die Abdrücke die Zeugnisse meiner Gegenwart und dafür, woher ich kam und wohin ich ging. Sonst gab es nur noch einige Strandläufer, die in der Brandung emsig nach Nahrung suchten und damit viel zu sehr beschäftigt waren, als dass sie mich auch nur eines Blickes würdigten. Sobald die nächste Welle kam, nahmen die kleinen, weißbäuchigen Vögel mit den langen Beinen flink Reißaus, nur um ihr dann direkt hinterherzulaufen und nachzusehen, was sie Essbares angespült haben mochte. Ich hingegen hatte nichts anderes zu tun, als ihnen dabei zuzusehen, denn es gab absolut nichts, was meine Aufmerksamkeit von ihnen hätte ablenken können. Ich musste noch nicht einmal darauf achten, wohin ich meine Füße setzte, obwohl diese schon bald nicht mehr in den Wanderschuhen steckten, sondern mich blank über die feuchte, kühle, glatte Fläche trugen. Eine Fläche, die augenscheinlich nichts weiter war als genau das, und doch das Ergebnis tausendjahrelanger Arbeit der Natur.

Mein Wanderweg war aus einer unvorstellbaren Anzahl kleiner Körnchen gemacht, die einst Felsen im Meer waren, zersetzt und klein gerieben, bis sie so klein waren, dass die Wellen sie an Land tragen konnten. Erst wenn diese Körnchen kleiner als zwei Millimeter sind, spricht man von Sand, ansonsten heißen sie Kies. Die Körnchen unter meinen Füßen waren allerdings so fein, dass ich sie kaum als solche wahrnehmen konnte. Sand kann viele Formen annehmen. Glatt und eben, weich und wellig, hoch aufgetürmt zu Dünen und Burgen oder sich in Form von feinen Sedimenten mit Wasser vermischend und zu Schlickwatt werdend.

Als Kind bin ich darin einmal bis zu den Knien eingesunken und musste vom Wattführer wieder herausgezogen werden, der Gummistiefel kam dann irgendwann nach. Es gibt diese Dinge, die muss man einfach erlebt haben, um wirklich an der Nordsee gewesen zu sein. Und einmal in seinem Leben im Watt stecken geblieben zu sein, gehört irgendwie dazu. Auch wenn man, das sei an dieser Stelle vorsichtshalber angemerkt, unbedingt darauf achten sollte, dies nicht allein zu tun, denn der Schlick kann lebensgefährlich sein, wenn die Flut zurückkommt. Und die Flut kommt immer zurück, in dieser Hinsicht ist auf den Mond Verlass.

Auch knirschende Sandpommes im Strandkorb essen gehört zu einem echten Nordseeaufenthalt. Und natürlich lange Strandspaziergänge, obenrum dick eingepackt, aber auf jeden Fall immer barfuß, solange es die Temperaturen irgendwie zulassen (leicht bläulich verfärbte Zehen sind noch im Bereich des Akzeptablen). Diese Spaziergänge müssen mindestens zwei Stunden dauern und immer mit einer Tasse Tee mit sehr viel Zucker, idealerweise vor dem Feuer eines Kamins, enden. Je schlechter das Wetter in der Zeit dazwischen, desto besser. Auch wenn das Wetter an der Küste oft besser ist, als man glauben mag, erinnere ich mich doch vor allem an die Tage an der See, an denen ich mir die Kapuze besonders tief ins Gesicht zog, weil die mit Salz und Sand gefüllte Luft mit ganzer Kraft über den Strand donnerte und das Pfeifen des Windes sogar das Grollen der wütenden Nordsee übertönte, zusammen mit den prasselnden Regentropfen auf der gelben Plastikjacke. Wenn Gespräche unmöglich waren, weil ich sowieso nichts hören konnte und außerdem damit beschäftigt war, mich mit aller Kraft gegen den Wind zu lehnen, und für das Vorankommen am liebsten noch die Arme zu Hilfe genommen hätte; Kraulen im Wind.

Wenn ich sage, dass ich schlechtes Wetter mag, und das erwähne ich ziemlich oft, weil es so wahr ist, dann denke ich vor allem daran, wie es sich anfühlt, an der Nordsee zu sein. Wenn meine Haare vom Sturm erst einmal zerzaust sind, die Kleidung durchgeweicht und irgendwie alles egal ist – im positivsten Sinne. Wenn das Meer und der Strand und die Dünen um mich herum toben und ich dadurch fast schon automatisch selbst zum Fels im der Brandung werde, denn einer muss es ja sein. Je stärker die Elemente um mich tosen, desto stärker fühle ich mich selbst, denn ich werde unweigerlich ein Teil von ihnen, nehme ihre Kraft, ihre Kompromisslosigkeit in mir auf, und dort bleiben sie, auch nachdem der Sturm wieder nachgelassen hat.

Vielleicht ist das der Grund, warum ich bis heute nicht an der Südsee war. Ich hab den Regenschirm einfach lieber in der Hand als im Cocktail und am allerliebsten gar nicht erst dabei, weil der Wind so stark ist, dass der Schirm keine fünf Minuten überleben würde. Auch wenn der Nordseesand nicht ganz so weiß ist wie der in der Karibik, der vor allem von Korallen und Muscheln stammt, und das Wasser nicht annähernd so klar und mit deutlich weniger bunten Fischen und gemütlichen Schildkröten durchsetzt. Dafür gibt es an der Nordsee Wattwürmer, die vor allem durch die kleinen spaghettiartigen Häufchen aus Sand sichtbar sind und in kleinen Röhren in etwa 20 Zentimeter Tiefe leben. Jeder einzelne Wurm kann pro Jahr bis zu 25 Kilogramm Nordseesand umschichten, und alle Würmer zusammen damit das komplette Watt der Nordsee. Dabei bauen sie abgestorbenes Pflanzenmaterial ab, bringen neuen Sauerstoff in den Boden und schaffen so eine Lebensgrundlage für viele andere Bewohner der Nordsee. Gleichzeitig sind sie selbst ein willkommener Snack für die rund zehn Millionen Zugvögel, die jedes Jahr im Wattenmeer zwischen den Niederlanden und Dänemark Station machen und ihre Energiereserven auffüllen. Doch wohl keiner von ihnen hat diese Reserven so nötig wie die Küstenseeschwalben, die jedes Jahr ihre arktischen Brutplätze gegen die antarktischen Winterquartiere eintauschen. Im Jahr 2016 absolvierte eine mit Sensor ausgestattete Küstenseeschwalbe eine weltrekordverdächtige Strecke von 96 000 Kilometern – eine Distanz, die sie ohne das Wattenmeer und seine reichhaltigen Nahrungsgründe vielleicht nie geschafft hätte.

Aber nicht nur für die Tiere ist diese Küste eine wichtige Tankstelle für Kraft und Energie, sondern auch für mich. Ich hatte in den vergangenen Jahren zwar weitaus weniger Kilometer als eine Küstenseeschwalbe zurückgelegt, aber auch die hatten es in sich gehabt. Zumal ich keine Flügel hatte, mir diese aber manchmal sehnsüchtig herbeigewünscht hatte, wenn das Feld aus Matsch vor mir mal wieder zu weit oder der Berg zu hoch erschien.

Das Wandern war zu meiner Passion und dann auch zu meinem Beruf geworden, und auch wenn es mir nie wirklich darum ging, immer weiter, höher und schneller zu wandern, hatte ich einen gewissen Ehrgeiz entwickelt, mich immer neuen Herausforderungen zu stellen. Im Prinzip war das sogar notwendig gewesen, denn wenn man etwas zum ersten Mal macht, sind viele Dinge eine große Herausforderung, die schon wenig später zur normalsten Sache der Welt werden können.

Während ich meinen Wanderrucksack mittlerweile im Schlaf füllen und meine Packlisten quasi auswendig und in alphabetischer Reihenfolge runterbeten kann, fühlten sich die Vorbereitungen für meine ersten Wanderungen unglaublich kompliziert und manchmal überwältigend an. Während ich in meinem Zelt mittlerweile oft besser schlafe als in meinem eigenen Bett, waren die ersten Nächte draußen immer eine gewisse Überwindung. Während ich Wanderkarten und Geländeformen mittlerweile quasi blind lesen kann, wanderte ich am Anfang in ständiger Angst, den Weg zu verlieren und nicht wieder zurückzufinden.

Früher war Wandern für die Menschen vor allem Mittel zum Zweck, Fortbewegung für alle, die sich keinen Esel oder gar eine Pferdekutsche leisten konnten. Es ging einfach nur darum, von einem Ort zum anderen zu kommen. Auch heute ist das noch für viele Menschen Alltag. Daher wird man in zahlreichen Gegenden der Welt auch mit einigem Argwohn betrachtet, wenn man freiwillig zu Fuß läuft, und dann auch noch zum Spaß und mit mitunter schwerem Gepäck auf dem Rücken.

Bestimmt gab es schon Menschen vor ihm, aber der Italiener Francesco Petrarca gilt als der erste dokumentierte Wanderer, der dies ganz ohne Zwang tat, rein zum Vergnügen eben. 1336 bestieg er mit seinem Bruder den 1 900 Meter hohen Mont Ventoux in der französischen Provence:

»*Den höchsten Berg dieser Gegend, den man nicht unverdientermaßen Ventosus, den Windigen, nennt, habe ich am heutigen Tage bestiegen. Dabei trieb mich einzig die Begierde, die ungewöhnliche Höhe dieses Flecks Erde durch Augenschein kennenzulernen.*«

Aber erst mit der Epoche der Romantik, ab etwa 1800, wurde das Wandern zu dem, wie wir es heute kennen. Wandern, allein zu dem Zweck, in der Natur zu sein. Draußensein als Weg zur Selbsterkenntnis. Landschaften als Spiegel des eigenen Selbst, möglichst einsam und naturbelassen sollten sie dabei sein. Es ging darum, im Einklang mit der Natur zu sein, Freiheit zu spüren und dabei vielleicht manchmal von einer besseren oder gar perfekten Welt zu träumen. Doch auf dem Weg dorthin ist der Weg das Ziel, auch weil diese perfekte Welt dann doch zu schön wäre, um jemals wahr zu sein.

Ab Mitte des 19. Jahrhunderts wurde das Wandern dann mehr und mehr institutionalisiert. Wanderhütten, Wegweiser, Geländekarten und natürlich Wege und Pfade wurden geschaffen, um die sich stetig vermehrenden Wanderer in die richtigen Bahnen zu lenken und ihnen das Wanderleben zu vereinfachen. 1883 wurde der Deutsche Wanderverband gegründet, der heute der Dachverband von rund 60 regionalen Wanderverbänden und mehr als 3 000 Ortsgruppen ist. Und längst gibt es nicht mehr einfach nur das Wandern. Man muss zwischen Bergwandern und Fernwandern unterscheiden, zwischen Speed Hiking und Nordic Walking, Pilgern und Geocaching oder auch Barfuß- und Nacktwandern. Es gibt Wandermarathons und 100-Kilometer-Märsche, Waldbaden und Kräuterwandern, Lamatrekking und Eselwandern. Die Sehnsucht nach dem ungetrübten Naturerlebnis der Romantik, das Fluchtbedürfnis weg von der modernen, technisierten Welt hin zu unseren natürlichen Ursprüngen, ist nach wie vor tief in uns verwurzelt. Doch dazu gesellen sich heutzutage viele weitere Motive, die uns in Wanderschuhen nach draußen treiben. Das Austesten von mentalen und körperlichen Grenzen, Nervenkitzel und Vergnügung, das Naturerlebnis in einer Gruppe und immer mehr auch: möglichst viele Likes für das nächste Bild in den sozialen Medien.

Ich habe bis heute noch an keinem Wandermarathon teilgenommen, und die Anzahl der Likes, die ich auf Instagram bekomme, ist mir weniger wichtig, als sie es vielleicht sein sollte. Und dennoch ist das Wandern selbst, dieses langsame Bewegen durch die Natur, das ich auf meinen Social-Media-Kanälen und meinem Blog immer als Maß allen Glücks herausstelle, viel zu oft in den Hintergrund geraten.

Mein Wanderleben war in den vergangenen Jahren aufregend gewesen und schön und anstrengend. Und jetzt war es an der Zeit, etwas Langeweile in dieses Leben zu bringen. Und was war dafür besser geeignet als ein Meer, dessen Würmer seine vielleicht größte Attraktion sind, und ein breiter Streifen Sand, der auf der einen Seite von salzigen Wellen und auf der anderen Seite von großen Haufen Sand begrenzt wird?

Nein, die Nordsee war in vielerlei Hinsicht wirklich kein besonders aufregender Ort. Aber genau deshalb war ich hierhergekommen, und zwar genau zur richtigen Zeit. Das wurde mir spätestens in dem Moment bewusst, als ich feststellte, dass ich ungefähr drei Kilometer zu weit den Strand entlanggelaufen war und irgendwo die Abzweigung durch die Dünen ins Inland verpasst hatte. Und dann stellte ich es noch einmal fest, als mir beim Zurücklaufen bewusst wurde, dass mir das komplett egal war, denn ich musste nirgendwohin, und ich musste nichts erreichen außer mein Ferienhaus am Ende des Tages, das irgendwo hinter der ersten Dünenreihe lag.

Kapitel 8

ALLEIN UNTER BÄUMEN

Weite Sandstrände und Dünen gibt es auch im Südwesten Australiens reichlich. Doch vor allem gibt es dort auch eines: Bäume. Bäume in unendlicher Fülle. Auch wenn in der Vergangenheit viele von ihnen Äxten und Motorsägen zum Opfer gefallen sind, sind die Eukalyptuswälder nach wie vor das Herz und die Seele von diesem Teil des Kontinents, dessen Landschaften übrigens weitaus vielfältiger sind, als man vielleicht meinen mag. Und der ziemlich genau 1 000 Kilometer lange Bibbulmun Track führt auf großen Teilen mitten durch dieses Herz hindurch, bevor er nach rund drei Viertel des Weges auf das Südpolarmeer trifft.

Dies war der Weg, den ich mir für meine zweite lange Fernwanderung ausgesucht hatte. Und selbst Monate, nachdem ich den Flug nach Perth, der Hauptstadt Westaustraliens, gebucht hatte, war ich von dieser Entscheidung noch nicht hundertprozentig überzeugt gewesen. Zum einen befürchtete ich, dass mir die Weite und Leere fehlen würden, die ich bisher so oft auf meinen Reisen und Fernwanderungen gesucht hatte. Gleichzeitig, und das wahrscheinlich noch ein bisschen mehr, fürchtete ich auch, dass mir die Monotonie der Landschaft zu viel werden könnte. Denn es gab einen ganz großen Unterschied zwischen nichts sehen und immer das Gleiche sein.

Wie lange würde es wohl dauern, bis ich mich an die Enge der Wälder gewöhnt hatte, in denen selbst die Weite des Himmels oft von dichten Baumkronen verborgen blieb? Und wie lange würde es dann dauern, bis dieser Gewohnheitseffekt in so etwas wie Langeweile umschlug, jene unangenehme Seite der Monotonie? Diese Gedanken waren während der Vorbereitung für meine zweimonatige Wanderung deutlich präsenter in meinem Kopf als die Existenz von potenziell tödlichen Schlangen, handtellergroßen Spinnen oder Waldbränden. Gleichzeitig waren diese Fragen aber auch genau der Grund dafür, warum ich mich trotz meiner Zweifel ziemlich schnell für den Bibbulmun Track entschieden hatte. Denn ich wollte wissen, was diese Monotonie mit mir macht, auch auf die Gefahr hin, dass es vielleicht nicht immer angenehm sein würde. Und ich wollte lernen, Bäume zu lieben.

Der berühmte amerikanische Appalachian Trail diente als Vorbild für den Bibbulmun Track, und neben den in regelmäßigen Abständen errichteten Holzhütten waren es vor allem die Bäume, die die beiden Wanderwege gemeinsam hatten. Der Appalachian Trail wird von den Fernwanderern, die ihn bestritten haben, oft als langer, grüner Tunnel bezeichnet, nur hier und da unterbrochen durch einen Berggipfel mit Aussicht. In dieser Beschreibung schwingt stets eine Mischung aus Ehrfurcht und Verzweiflung mit. Ein paar Berge gab es auf dem Bibbulmun Track auch, allerdings deutlich niedrigere als die Appalachen. Und schon kurz nach meinem Start auf dem Bibbulmun Track sollte mir auf dem Gipfel eines solchen Berges bewusst werden, dass ich keine bessere Wahl für mein

Abenteuer hätte treffen können als diesen Tunnel aus Bäumen.

Wenn man am nördlichen Ende des Tracks startet, ist der erste Abschnitt gleichzeitig auch der längste ohne Versorgungsmöglichkeiten oder die Aussicht auf ein warmes, weiches Bett zwischendurch. Die Verpflegung für die rund 200 Kilometer und elf Tagesetappen hatte mich beim Packen meines Rucksacks im Hotelzimmer in Perth fast an den Rand der Verzweiflung getrieben. Doch irgendwann hatte es zweimal »klick« gemacht, der Rucksack war zu.

Ich hätte dem Taxifahrer, der mich zum Startpunkt des Weges etwas östlich von Perth fuhr, gerne erklärt, dass ein großer Teil meines Rucksackinhalts nur Essen sei und meine Ausrüstung selbst natürlich bestens durchdacht und aufs Minimum reduziert war. Doch der Taxifahrer fragte gar nicht erst, was ich vorhatte, und deswegen schwiegen wir uns 45 Minuten lang an, während ich darüber nachdachte, dass die vielleicht letzte Möglichkeit auf zwischenmenschliche Konversation für die nächsten elf Tage ungenutzt vor mir im Taxi saß.

Auf dem Supermarktparkplatz gegenüber des Startpunktes wünschte er mir dann doch noch viel Glück, und ich widerstand der Versuchung, den Supermarkt zu betreten und noch mehr Essen zu kaufen – nur für den Fall der Fälle, dass dieses Glück mich verlassen sollte, natürlich. Stattdessen überquerte ich auf direktem Weg die Kreuzung und sah den ersten Wegweiser des Bibbulmun Track vor mir, eine schwarze Schlange auf gelbem Grund. Er zeigte in die Richtung eines kleinen, unscheinbaren Weges, der mittenrein in die Reihen aus Eukalyptusbäumen führte, die ich mir so oft vorgestellt hatte und die nun hier leibhaftig vor mir standen, bereit, mich zu verschlucken und mich erst in rund sieben Wochen wieder auszuspucken.

Nach nur wenigen Metern hatten mich die Bäume fest umschlossen, in ihren Kronen saßen Vögel, die so laut und exotisch zwitscherten, dass ich mir eher vorkam wie in einer Zoohandlung als auf einem Wanderweg. Ich fühlte mich wie betört, aber auch seltsam verfolgt, denn alles um mich herum schien zu leben und sich zu bewegen. Blätter wippten, Flügel flatterten, und manchmal war ich mir nicht sicher, ob ich mich nun durch die Bäume bewegte oder die Bäume um mich herum, wie als wäre ich in einem Daumenkino gefangen. Vielleicht bewegte ich mich nur im Zeitlupentempo vorwärts, vielleicht war ich auch deutlich schneller unterwegs. Das war schwer zu sagen, denn es gab um mich herum keine Anhaltspunkte, alles sah irgendwie gleich aus. Und hinter den Bäumen kamen nur noch weitere Bäume.

Die erste Tagesetappe war relativ kurz, schon nach wenigen Stunden erreichte ich die Schutzhütte, mein Lager für die erste Nacht im westaustralischen Busch. Und ich war nicht alleine hier. Zwar musste ich mir diesen Unterschlupf zu meiner Erleichterung nicht mit anderen Lebewesen wie Schlangen oder Spinnen teilen, dafür aber mit einem fröhlich vor sich hinsummenden Australier Mitte sechzig, der gänzlich unbeeindruckt von seinem ersten Wandertag auf dem Bibbulmun Track schien. Und innerhalb kürzester Zeit brachte er mich mit seiner typisch australischen Gelassenheit dazu, all meine guten Vorsätze über Bord zu werfen.

Ich hatte mir extra ein frei stehendes, schmales Zelt gekauft, dessen größtenteils aus feinmaschigem Netz bestehendes Innenzelt ich zum Schutz gegen ungebetene Gäste auf den Holzplattformen der Schutzhütten aufstellen wollte. Auch hatte ich einen Wasserfilter dabei, mit dem ich gemäß offizieller Handlungsempfehlung immer das an den Hütten zur Verfügung stehende Wasser aus den Regentonnen filtern wollte.

Tony tat all das nicht. Stattdessen setzte er sich nach dem Abendessen, das er sich für die gesamte Zeit des Trails aus feinsten Zutaten selbst vorgekocht, anschließend dehydriert, einzeln verpackt und vorausgeschickt hatte, mit einem Zeichenblock an den Picknicktisch und begann seelenruhig, die Bäume zu malen, die mich den ganzen Tag über in latenten Stress versetzt hatten. Ich setzte mich neben ihn, mit einer Tasse heißem Apfel-Ingwer-Tee, und folgte mit meinen Augen den schwarzen Linien auf dem Papier bis zu den knorrigen, verwundenen Ästen der Bäume. Die Stämme darunter waren so schwarz wie die Kohle auf Tonys Zeichenpapier.

Waldbrände gibt es in Australien regelmäßig. Mal werden sie mit Absicht und kontrolliert gelegt, um Schlimmeres zu vermeiden, mal brechen sie ohne Vorwarnung aus und verschlingen dabei manchmal auch die ein oder andere Schutzhütte des Bibbulmun Track. Die Freiwilligen der Bibbulmun Track Foundation bauen diese dann mühevoll wieder auf. Feuer ist aber nicht gleich Feuer und die Zerstörungskraft der Flammen längst nicht immer gleich.

Man unterscheidet zwischen kalten und heißen Feuern: Ein kaltes Feuer erzeugt niedrigere Temperaturen, bewegt sich schneller und lässt widerstandsfähigere Opfer wie zum Beispiel die Stämme von Eukalytpusbäumen in der Regel am Leben. Heiße Feuer hingegen sind eben genau das, heiß, und sie bewegen sich nur langsam, wobei sie auch den stärksten Baumstämmen und den Samen und Wurzeln im Boden zum Verhängnis werden können. Trotz ihrer Zerstörungskraft haben Buschbrände aber auch Vorteile, zumindest wenn sie keine allzu verheerenden Ausmaße annehmen: Sie sind in Australien und anderen Teilen der Welt geradezu notwendig für das Ökosystem und damit auch für viele Eukalyptusarten.

Denn die Bäume sind nicht nur vergleichsweise gut darin, den Flammen zu trotzen, viele von ihnen benötigen sogar die Hitze des Feuers, damit die Kapseln mit den Baumsamen darin platzen. Diese Samen können dann in dem mit Asche frisch gedüngten und von konkurrierenden Pflanzen befreiten Boden keimen, und zwar noch vor allen anderen. Da kann es fast kein Zufall sein, dass Eukalyptusbäume ihre Blätter, Streifen ihrer Rinde und manchmal sogar ganze Äste abwerfen, die zusammen mit den darin enthaltenen ätherischen Ölen idealen Brennstoff liefern. Was man eben nicht alles tut für das Überleben der eigenen Art.

Die Natur rund um die Campsite, an der Tony und ich uns befanden, hatte sich von dem Feuer ganz offensichtlich bereits wieder bestens erholt. Farne und Grasbäume hatten sich weitflächig zwischen den Eukalypten und Felsblöcken ausgebreitet und fügten sich mit ihnen zu einem dichten Gewirr zusammen. Während Tony sich mit seiner Zeichenmappe innerlich und äußerlich ganz natürlich in die Landschaft einzufügen schien, fühlte ich mich seltsam fremd. Ich kannte keine einzige der Pflanzen um mich herum, die Stimmen der Vögel waren völlig anders als alles, was ich bisher gehört hatte. Die letzten Tage hatte ich ausschließlich innerhalb der Stadtgrenzen von Perth verbracht, war mit den letzten Vorbereitungen, etwas Sightseeing und Kaffeetrinken voll ausgelastet gewesen. Und nun saß ich plötzlich mittendrin in der australischen Wildnis. Und fühlte mich so unbehaglich wie auf einer Party, auf der sich alle kannten, nur ich kannte niemanden.

Als ich am nächsten Tag pünktlich zum Morgengrauen die Augen aufschlug und mich ein letztes Mal auf der Holzplattform ausstreckte, auf der ich Isomatte und Schlafsack ausgebreitet hatte, klangen die Stimmen der Vögel schon etwas vertrauter. Während sich ihr Gesang am Vorabend anhörte wie das Konzert eines hundertköpfigen Kirchenchors, waren zu dieser frühen Stunde nur ein paar Solisten unterwegs. Hier ein leises Piepen, da eine kurze, klare Melodie … Ich hatte zum ersten Mal die Möglichkeit, ganz bewusst zuzuhören und die Vogelstimmen in meinem Kopf zu sortieren. Und auch der Wald sah im frühmorgendlichen Nebelgrau viel aufgeräumter aus als noch am Tag zuvor, als Sonne und Wind jedes einzelne Blatt zum Leben erweckt hatten.

Ich kramte meinen Gaskocher aus dem Rucksack und machte mich daran, mir einen Tee zu kochen, ganz ohne den warmen Kokon, in dem ich lag, zu verlassen. Mit der heißen Tasse machte ich es mir im Schlafsack noch ein bisschen gemütlicher und verfolgte, wie sich der Nebel langsam, ganz langsam, zurückzog und die Vogelstimmen sich mehrten.

Die Schutzhütten entlang des Bibbulmun Track sind nur zu drei Seiten geschlossen – zu der vierten Seite hat man freie Sicht auf das, was auch immer einen umgibt, während man dennoch vor Wetter und Wind geschützt ist, solange dieser nicht gerade waagerecht bläst. Im Durchschnitt alle 20 Kilometer findet man diese Hütten, an denen es jeweils zwei Tanks mit Regenwasser, eine Buschtoilette, einen Tisch mit Bänken und oft auch eine Feuerstelle gibt. Die wesentlichen Grundbedürfnisse des Menschen – Essen, Trinken, Schlaf, Wärme und Schutz – wurden durch diese Shelter abgedeckt. Nicht mehr, aber vor allem auch nicht weniger. Wenn man morgens seine Trinkflaschen gut füllt, hat man im Prinzip alles, was man braucht, um den Tag zu überstehen, und kann in dem beruhigenden Wissen wandern, am Ende des Tages wieder einen Unterschlupf zu finden, ein warmes Feuer und einen Platz zum Schlafen. Das war genau das richtige Maß an Wander-Luxus, das ich mir für diese Reise gewünscht hatte: auf das Allerwesentlichste reduziert und doch ausreichend, um Platz im Kopf zu schaffen für andere Dinge und Gedanken.

Tony schlief noch, als ich meinen Schlafsack und meine Isomatte zusammenrollte und alles in meinem Rucksack verstaute, der nach einem Frühstück und einem Abendessen immerhin rund 500 Gramm leichter war als noch am Tag zuvor. Das würde also ab jetzt mein Alltag sein, zumindest für die kommenden Wochen.

Obwohl die warme Morgensonne langsam, aber sicher ihren Weg durch die Blätterreihen fand, zog ich den Kragen meiner Fleecejacke fröstelnd über mein Kinn. Im Süden Australiens kann es zu dieser Jahreszeit noch empfindlich kalt werden, nachts sind Temperaturen rund um den Gefrierpunkt keine Seltenheit. Während das Wetter im Norden über das Jahr immer ähnlich ist, gibt es im Süden echte Jahreszeiten, wobei die Winter eher von Regen als von Schnee geprägt sind. Meine Reise machte ich im Frühjahr; die Regenfälle nahmen nun ab, die Temperaturen zu, und die Wildblumen erwachten langsam zum Leben. Es war die ideale Jahreszeit für den Bibbulmun Track, nicht zu heiß und nicht zu kalt, die Regenwassertanks noch gut gefüllt, die Blüten farbenreich und die Waldbrandgefahr niedrig.

Bald hatte ich den nächsten Wegweiser des Bibbulmun Track gefunden, der mich weg von der Hütte und auf dem kleinen Pfad wieder mittenrein in den westaustralischen Dschungel führte. Ich blieb immer wieder stehen, betrachtete heruntergefallene Blätter, verschnörkelte Zweige, hungrige Raupen und bunt gefiederte Vögel, stets mit einer Mischung aus Argwohn und Faszination. Ich wollte mir meine Umgebung erschließen, erkennen, was mich umgab. Und das am liebsten möglichst schnell.

Eine von vielen Nächten, die ich in den letzten Jahren unter dem Sternenhimmel verbringen durfte. Hier stilecht mit kleinem gelben Zelt im Tien-Shan-Gebirge in Kirgistan.

Meine erste große Reise führte mich in den Südwesten der USA. Die Sehnsucht nach weiten, wilden Landschaften wie hier im Arches Nationalpark begleitet mich seitdem.

Einer der prägendsten Momente meines Lebens: Die erste Zeltnacht ganz allein auf dem »Hügel im Nirgendwo« der schottischen Highlands.

Meine Reise durch Alaska und den Yukon hat mein Verständnis von Natur und Wildnis in eine neue Perspektive gerückt.

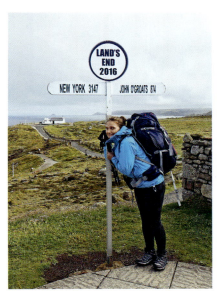

Der erste Tag meiner ersten großen Fernwanderung – drei Monate durch Großbritannien – und gleichzeitig der Start in meine Selbstständigkeit.

Das Pony im Nebel, kurz bevor es näher kam, um am Griff meines Trekkingstocks zu knabbern.

Sprachlos in einem der ältesten Wälder Südafrikas auf dem Amatola Trail. Gebiete wie diesen zu schützen ist so wichtig.

Endlich Freundschaft geschlossen! Die Insekten und ich. (Ein klitzekleiner Sicherheitsabstand kann aber trotzdem nicht schaden.)

Einfach nur gehen auf dem Nordsee-»Wanderweg« in Dänemark. Schon seit meiner Kindheit kann ich mir wenig schönere Landschaften vorstellen.

Eukalyptuswald, wohin das Auge reicht, auf dem nördlichen Abschnitt des Bibbulmun Tracks in Westaustralien. Und irgendwo lacht immer ein Kookaburra …

Patagonisches Nichts mit Guanako, stellvertretend für meine Wanderung, von der es keine Fotos gibt.

Stille, die man sehen, fühlen, hören kann. Wenn es nicht irgendwann trotz der vielen Schichten zu kalt geworden wäre, würde ich vielleicht heute noch im Norden Finnlands stehen.

Heimat, seltsam fremd und doch vertraut, und das nicht nur, weil ich dort als Bayerin durch Brandenburg wandere.

»Beim Wandern lernen wir, das Leben mit Leben zu füllen. Und dafür müssen wir einfach nur loslaufen.«

(Ich, definitiv sehr lebendig, aber auch durchgefroren und hungrig beim Trekking im patagonischen Los Glaciares Nationalpark.)

Irgendwie hatte ich zwischen all den Bäumen mein Zeitgefühl wiedergefunden und stellte nicht ohne Genugtuung fest, dass ich langsam lief. Das war ein ziemlich gutes Zeichen. Wenn ich mich unwohl fühlte, wenn ich angespannt war oder irgendwo nicht sein, irgendetwas nicht tun wollte, dann waren meine Beine kaum zu halten, auch wenn das in der Regel keinen Sinn ergab, weil ich am Ende des Tages immer noch auf der gleichen Wanderung unterwegs war. Es war wohl mein natürlicher Fluchtinstinkt, der in solchen Momenten zum Vorschein kam und gegen den ich nur wenig auszurichten hatte, selbst wenn ich wollte. Fast war es dann so, als würden meine Beine ein Eigenleben führen, bei dem ich nicht viel mitzureden hatte. Aber ausgerechnet hier, im australischen Busch, umgeben von Schlangen und Spinnen und Bäumen und Büschen und allerlei Dingen, die ich nicht kannte, waren meine Beine zur Ruhe gekommen, ganz von allein, und das schon am zweiten Tag meiner Wanderung. Sie waren sogar so sehr zur Ruhe gekommen, dass ich bereits nach einer Stunde die erste Pause einlegte und einen Löffel Erdnussbutter aß und dann noch einen, weil ich fand, dass ich mir das verdient hatte. Plötzlich raschelte es im Gebüsch nicht weit entfernt von mir, und ein kleines, graues Wallaby starrte mich erschrocken an, während ich verzückt zurückstarrte. Wallabys sind letztendlich nichts anderes als eine kleinere Unterart der Kängurus, und damit bestand kein Zweifel mehr: Ich war in Australien.

Mein Glas Erdnussbutter wurde in den kommenden Tagen zu meinem wichtigsten Begleiter, denn die Hügel der Darling Range, einer weitläufigen Bergkette in diesem Teil Westaustraliens, hatten es auf mich abgesehen. Sie waren zwar nie besonders hoch, dafür aber zahlreich und allgegenwärtig, und das viele Auf und Ab zehrte an meiner Kondition und meinen Nerven. Ein Löffel Erdnussbutter mit all ihren Kalorien zwischendurch konnte da wahre Wunder wirken. Gleichzeitig waren diese Hügel aber auch eines der besten Attribute des Bibbulmun Track, denn von einigen ihrer Gipfel konnte man gucken, und zwar ausnahmsweise weit. Ich werde das Gefühl nie vergessen, als ich den ersten dieser Gipfel bestieg und von oben nichts anderes sah als Bäume, die sich endlos ausdehnten, egal in welche Richtung ich mich auch drehte. Ich saß dort oben wie auf einer Insel im Meer, nur dass dessen Wellen nicht aus Wasser, sondern aus unzähligen, sich im Wind wiegenden Baumkronen bestanden. Dieser Anblick hätte einschüchternd wirken können und der Gedanke daran, dass das, was ich sah, nur ein kleiner Ausschnitt dessen war, was noch vor mir lag, geradezu beängstigend. Doch genau das Gegenteil war der Fall. Als ich auf diesem Gipfel stand, konnte ich es genau genommen gar nicht erwarten, auf der anderen Seite wieder herunterzugehen und einzutauchen in den Kosmos aus Eukalypten und Grasbäumen und Wildblumen. Ein Kosmos, der so fremd war und doch mit jedem Tag ein bisschen vertrauter wurde.

Spätestens ab diesem Moment liebte ich mein Leben in den Wäldern – und mit ihm die Monotonie, die die Bäume und das Fernwandern gleichermaßen mit sich brachten. Die schönste Zeit des Tages war für mich dabei der Morgen. Wenn ich mit dem allerersten Licht des Tages aufwachte, und damit meine ich nicht die ersten hellgelben Strahlen der Sonne zwischen den Bäumen, sondern den Moment, wenn die Nacht plötzlich nicht mehr schwarz ist, sondern blau, und die Bäume damit wieder mehr als nur dunkle Schatten. Dazu die Wärme des Schlafsacks, die kühle Morgenluft, das zögernde Erwachen der gefiederten Bewohner der westaustralischen Wälder.

Manchmal las ich etwas auf meinem E-Book-Reader oder hörte ein bisschen Musik, meistens betrachtete ich aber einfach nur den immer gleichen und doch mit jedem Tag noch ein bisschen schöneren Start eines neuen Tages. In diesen Momenten war das Leben stets perfekt, egal wie anstrengend der Vortag gewesen war oder wie sehr mir das Porridge, das mich zum Frühstück erwartete, zum Hals raushing. (Und ja, ich hätte es mittlerweile eigentlich besser wissen müssen.) Alles war ruhig und friedlich. Zumindest so lange, bis die Kookaburras erwachten.

Auf Deutsch heißen diese Vögel Jägerlieste, besser bekannt sind sie allerdings unter dem Namen Lachender Hans, und dieser Name kommt nicht von ungefähr. Um ihr Revier zu markieren und zu verteidigen, nutzen die zur Familie der Eisvögel gehörenden Tiere lauthals ihre Stimme, die als leises Kichern beginnt und in schrillem, hysterischem Lachen endet. Hat ein Vogel damit begonnen, wartet er darauf, dass die anderen im näheren Umkreis es ihm nachtun, vorzugsweise in den frühen Morgen- und späten Abendstunden. Und wenn sie damit begonnen hatten, wusste ich, dass es Zeit war, aus dem Schlafsack und in die Wanderschuhe zu schlüpfen. Die *bushman's clock*, die Uhr der Buschmänner, wie die Tiere in Australien auch genannt werden, tat ihren Dienst.

Baiame, eine Figur der Schöpfungsgeschichte der Aborigines, soll ihnen der Legende nach befohlen haben, bei Sonnenaufgang laut zu lachen, damit die Menschen aufwachen und diesen Sonnenaufgang nicht verpassen. Gleichzeitig ist es Menschen laut einer anderen Legende der australischen Ureinwohner nicht angeraten, den Kookaburra zu beleidigen, zumindest wenn man keine schiefen Zähne haben möchte. Die Vögel zu beleidigen, wäre mir niemals in den Sinn gekommen, auch wenn ich schnell eine gewisse Hassliebe zu ihnen entwickelte. Aber das ging wohl den meisten Wanderern auf dem Bibbulmun Track so.

Manchmal brachten mich ihre überschwänglichen Laute zum Schmunzeln, ihre illustre Escheinung mit dem überdimensionierten Schnabel, etwas zu groß geratenen Kopf, gedrungenen Körper und den kurzen Beinchen, auf denen der Vogel oft ganz hochgesteckt und aufrecht saß, erinnerte an einen Pinguin und machte sie liebenswert komisch. Gleichzeitig klangen ihre Laute oft so absurd und übertrieben, dass ich Mühe hatte, sie nicht als mutwillige Störenfriede wahrzunehmen, sondern als natürlichen Teil dieser Umgebung, auch wenn sie in diesem Teil Australiens eigentlich gar nicht natürlich vorkamen. Ab Ende des 19. Jahrhunderts wurden sie vom östlichen Teil des Kontinents in den Westen sowie auf die Insel Tasmanien importiert, denn die kühnen Vögel ernähren sich nicht nur von Insekten, Würmern und Schnecken, sondern jagen auch bei der Bevölkerung weniger beliebte Bewohner wie Schlangen, Mäuse und Ratten. Einmal während einer Mittagspause konnte ich auf einem Baumstamm sitzend einen Kookaburra dabei beobachten, wie er im Sturzflug eine gar nicht mal so kleine Echse anvisierte, mit seinem kräftigen Schnabel packte und sie anschließend so oft gegen einen Ast schlug, bis die Echse sich nicht mehr bewegte. Es war ein faszinierendes Schauspiel, das den Kookaburra jedoch nicht gerade sympathischer erscheinen ließ. Und nach diesem Erlebnis fiel es mir noch ein bisschen schwerer, das Lachen des Vogels nicht auf mich zu beziehen. Vor allem, wenn es mal wieder ertönte, während ich mich gerade von Hitze und Luftnot geplagt irgendeinen steilen Anstieg hinaufschleppte.

Insgesamt deutlich lieber waren mir da die kleinen Türkisstaffelschwänze, die oft vor mir den Weg entlanghüpften, immer auf der Suche nach Ameisen, Käfern und anderem Getier.

Zur Paarungs- und Brutzeit während des australischen Frühlings erstrahlten die Männchen in prächtigstem Blau und zogen damit nicht nur die Aufmerksamkeit der deutlich weniger auffällig gefärbten Weibchen, sondern auch meine Blicke auf sich. Sie brachten Abwechslung in meinen Wanderalltag, der abgesehen von meinen rationierten bunten Gummibärchen, auf die ich mich oft den ganzen Vormittag freute, vor allem aus Braun- und Grüntönen bestand – Wildblumen und Wallabys hin oder her.

Diese Abwechslung kam in kleinen, aber dafür umso bedeutsameren Dosen: ein kühles Bad im Fluss, bei dem ich zwar nicht das Fett aus den Haaren, aber immerhin den Staub vom Körper waschen konnte. Kartoffelbrei mit gerösteten Zwiebeln statt des sonst auf meinem Speiseplan üblichen Couscous mit getrocknetem Gemüse zum Abendessen. Ein Gespräch mit anderen Wanderern, auch wenn diese sich in der Regel eher wenig abwechslungsreich um immer die gleichen Dinge drehten: Routenplanung, Essen, Wetter. Oder die Sichtung eines Ameisenigels, der zwar eher scheu, aber gleichzeitig zu langsam ist, um sich schnell aus dem Staub zu machen.

Echidnas, wie sie auch heißen, sind die an Land lebende Version der Schnabeltiere. Die beiden Spezies sind die einzigen Säugetierfamilien auf diesem Planeten, die ihre Nachkommen nicht lebend zur Welt bringen, sondern Eier legen. Echidnas kommen nur auf dem australischen Kontinent sowie in Neuguinea vor, und das ist bezeichnend für die Tierwelt Australiens. Rund 83 Prozent der Säugetiere, 89 Prozent der Reptilien, 93 Prozent der Amphibien und 90 Prozent der Süßwasserfische und Reptilien sind endemische Arten. Das bedeutet, dass sie nur in einem bestimmten Gebiet auftreten. Die bekanntesten Vertreter Australiens sind wohl die Beutelsäuger, zu denen Kängurus, Tasmanische Teufel und Wombats gehören.

Die hohe Einzigartigkeit der australischen Natur ist vor allem durch die abgeschiedene Lage des Kontinents bedingt, dessen Isolation erst im Jahr 1770 durch die Ankunft von Kapitän James Cook an der Ostküste Australiens durcheinandergebracht wurde. Je geschlossener ein Ökosystem ist, desto gefährdeter ist es auch. Und die durch europäische Einwanderer importierten Tiere und Pflanzen bedrohen die australische Fauna und Flora bis heute. So brachte zum Beispiel Mitte des 18. Jahrhunderts ein solcher Einwanderer 24 Kaninchen nach Australien, um seiner Jagdleidenschaft auch dort frönen zu können. Diese vermehrten sich durch günstige klimatische Bedingungen und fehlende Fressfeinde rasant, sodass sich der riesige Kontinent bereits Ende des 19. Jahrhunderts einer wahren Kaninchenplage ausgesetzt sah. Die Kaninchen verdrängten und verdrängen die einheimischen Arten seitdem aus deren Lebensraum, indem sie die vielerorts sowieso schon knappe Nahrung bis zu den Wurzeln niederfressen. Der *rabbit proof fence*, ein (angeblich) kaninchensicherer Zaun, welcher den Kontinent auf einer Länge von rund 1 700 Kilometern von Nord nach Süd durchzieht, konnte ihre Verbreitung nicht aufhalten. Der Myxoma-Virus, der in den Fünfzigerjahren gestreut wurde, konnte »nur« die Hälfte von ihnen vernichten, während die andere Hälfte eine Resistenz entwickelte und sich munter weitervermehrte.

Bis heute arbeiten Wissenschaftler an Methoden, um der Heerscharen an Kaninchen Herr zu werden, genauso wie zum Beispiel auch wild lebender Füchse und Katzen. Entlang des Bibbulmun Track weisen immer wieder Schilder auf Köder mit dem sogenannten 1080-Gift hin, welches ungefährlich für Menschen und heimische Tierarten ist, Füchsen allerdings zum Verhängnis wird. Das mag nach drastischen, ja sogar grausamen Maßnahmen klingen. Wenn man allerdings bedenkt, dass allein in den letzten 200 Jahren mehr als zehn Prozent der einst heimischen Landsäugetiere ausgestorben sind und deren Schwund mutmaßlich vor allem auf wilde Katzen und Füchse zurückzuführen ist, ist dieses Vorgehen nicht nur verständlich, sondern geradezu unumgänglich, damit nicht noch mehr Säugetiere es Arten wie dem Nacktbrustkänguru oder der Bramble-Cay-Mosaikschwanzratte nachtun. Die Bekämpfung von nach Australien eingeschleppten Arten ist ein eindrucksvolles Beispiel für den Unterschied zwischen Artenschutz und Tierschutz.

Neben Tieren wie Füchsen und Katzen stellen aber natürlich auch der Mensch sowie der vom Menschen gemachte Klimawandel eine große Bedrohung für die australische Flora und Fauna dar. Der ikonische Koala ist beispielsweise akut vom Aussterben bedroht, und das nicht erst seit den großen Bränden des Winters 2019/2020. Sein Lebensraum wird durch Abholzung immer knapper, Autounfälle stellen eine zunehmende Bedrohung dar, Tausende Tiere sterben regelmäßig durch Hitzewellen, zudem entzieht der zunehmende CO_2-Ausstoß den Blättern der Eukalyptusbäume wichtige Nährstoffe. Diese Blätter aber sind die einzige Nahrungsquelle für Koalas – eine Nahrungsquelle, die von Haus aus schon derart nährstoffarm ist, dass die Koalas bis zu 22 Stunden pro Tag schlafen, um Energie zu sparen. Koalabären, die in Wahrheit keine Bären, sondern Beuteltiere sind, sind entlang des Bibbulmun Track nicht zu finden. Die Tiere kommen in freier Wildbahn ausschließlich im Osten des Landes vor, auch wenn es im Südwesten mehr als reichlich Eukalyptusblätter zum Fressen gäbe.

Diese Blätter raschelten und knacksten bei jedem meiner

Schritte unter den Sohlen meiner Wanderschuhe. Ihre holzigen, kegelförmigen Kapselfrüchte wurden schnell zu einer deutlich größeren Bedrohung für mein leibliches Wohl als Schlangen oder Spinnen. Und zwar, indem sie entweder vom Baum direkt auf meinen Kopf fielen oder ich derart ungünstig auf sie trat, dass die Bänder und Sehnen meiner Füße schmerzhaft überdehnt wurden. Diese *gum nuts* waren eine der Konstanten auf meiner Wanderung, während der vermeintlich so monotone Wald um mich herum sich mit der Zeit wandelte.

Zu Anfang waren die verhältnismäßig kleinen, verschnörkelten und bis weit nach unten belaubten Jarrah- und Marri-Eukalyptus-Bäume vorherrschend, die dem Wald zusammen mit dem üppigen Unterwuchs aus Banksien, Grasbäumen und vielen anderen Büschen, Bäumen und Blumen das Aussehen eines unaufgeräumten Kinderzimmers gaben. Irgendwann stellte ich fest, dass die Grasbäume um mich herum größer wurden, der Boden sandiger. Bis sich der Wald ganz plötzlich – zumindest für die Zeitrechnung einer 1 000 Kilometer langen Fernwanderung – öffnete, luftiger wurde und Platz machte für die majestätischen Karri-Eukalyptus-Bäume. Diese haben im Gegensatz zu anderen Arten den typischen, unbewachsenen und weit hinaufragenden Stamm, der sich erst in luftiger Höhe zu ausladenden Kronen auffächert.

Ab hier änderte sich nicht nur der Anblick des Waldes, sondern auch die Lichtstimmung und die Geräusche. Man kann sich das ein bisschen so vorstellen, wie wenn man aus einem engen, dunklen Kirchenvorraum plötzlich in die in diffuses Licht getauchte, hallende Kathedrale eintritt. Mein Vorraum war der Jarrah-Eukalyptus-Wald und meine Kathedrale mit Karri-Bäumen bewachsen. Die Vogelstimmen tönten plötzlich nicht mehr gedämpft, sondern glasklar. Manche vertrauten Stimmen fehlten, dafür gesellten sich neue hinzu, weil diese

Art von Habitat von anderen Arten bevorzugt wurde. Ich wanderte durch einen völlig neuen Wald, ja durch eine völlig neue Welt, obwohl ich doch nach wie vor »nur« von Bäumen umgeben war.

Wochenlang durch Wälder zu wandern, hatte tatsächlich etwas mit mir gemacht, und es war entgegen meinen Befürchtungen etwas Gutes gewesen. Eine fremde Umgebung war zu meinem Zuhause geworden, ich hatte sie mir allein durch Hinhören, Hinsehen und Hinfühlen erschlossen. Und die vermeintliche Monotonie hatte das überhaupt erst möglich gemacht, hatte mir die innere und äußere Ruhe dafür gegeben. Monotonie existiert jedoch in Wirklichkeit da draußen überhaupt nicht, wo selbst der tausendste Eukalpytusbaum noch neue Geheimnisse preisgeben kann. Aber sie existierte irgendwann in mir, dank genau dieser Bäume. Und dank dieser Monotonie konnte ich überhaupt erst damit beginnen, meinen Blick zu schärfen und ihn nach innen, aber auch nach außen zu richten.

Nach rund 760 Kilometern und sechs Wochen in den Wäldern stand ich mit einem Mal vor der türkisblauen Weite des Südpolarmeers, inmitten flach bewachsener hügeliger Dünenlandschaft, nur durch einen schmalen Streifen ziemlich weißen Sandes von den tosenden Wellen getrennt. Die Luft roch nach Salz und nach so viel mehr, das ich nicht zuordnen konnte. Das Rauschen der Brandung war nahezu ohrenbetäubend, nachdem der Kookaburra in den letzten Wochen so ziemlich die einzige Lärmquelle gewesen war. Die Sonne schien mit voller Kraft auf mich herunter, doch ich spürte sie kaum, denn der Wind vertrieb jede aufkeimende Wärme sofort. Das strahlende Blau des Ozeans blendete mich nach wochenlangem Wandern inmitten von Grün und Braun und

Grau, und dennoch konnte ich meinen Blick nicht abwenden. Er blieb hängen, irgendwo am Horizont, welchen ich gefühlt seit den Hügeln der Darling Range in den ersten Wochen meiner Wanderung nicht mehr gesehen hatte. Es war ein erhabener Moment, den ich nie vergessen werde. Allein schon für dieses intensive Gefühl von Überwältigung hatte sich die ganze Wanderung gelohnt. Und doch war da auch Wehmut.

Neben dem Erreichen der Halbzeitmarke war der Ozean wohl der wichtigste Meilenstein im Wanderleben eines jeden Bibbulmun-Wanderers, der den Weg von Norden nach Süden geht. Es war der Moment, an dem man das Ende des langen grünen Tunnels erreicht hatte und sich das Gesicht des Track radikal veränderte, sich neue Formen, Farben, Gerüche und Geräusche in den Wanderalltag mischten. Das Wandern wurde allerdings nicht gerade einfacher, denn immer wieder führte der Weg direkt über die Sanddünen oder Strände. Auch war man dem an der Südküste Australiens sehr wechselhaften Wetter oftmals schutzlos ausgeliefert. Aber alles war wieder neu und aufregend, und bis zum Ende des Track waren es nur noch rund zwei Wochen.

Als ich die ersten Etappen entlang der Küste wanderte, dachte ich oft zurück an die Momente vor und während der ersten Wochen meiner Wanderung, in denen ich diesem Moment manchmal regelrecht entgegengefiebert hatte. Nach der langen Zeit im Wald wieder Weite spüren und etwas anderes sehen als unendliche Reihen von Bäumen. In gewisser Weise fühlte sich das Erreichen des Ozeans auch wie eine Befreiung an. Doch gleichzeitig war alles auch wieder fremd, nachdem mich in den Eukalyptuswäldern irgendwann nur noch eine neue Orchideenart, die ich entdeckte, überraschen konnte. Immerhin wuchsen Orchideen auch hier in den sandigen Dünenlandschaften, wie zum Beispiel die Donkey Orchid, die ihren Namen aufgrund ihrer wie große Eselsohren abstehenden Blütenblätter trägt.

Nach einigen Tagen an der Küste machte der Bibbulmun Track noch einmal einen Abstecher durchs Inland, hin zum Valley of the Giants, wo die letzten Red-Tingle-Eukalypten zu finden sind. Diese Bäume können bis zu 400 Jahre alt und bis zu 75 Meter hoch werden. Und als ich dort den ersten Kookaburra seit Tagen durch die Baumwipfel lachen hörte, war ich wieder zu Hause.

Kapitel 9

SEHEN IM DUNKELN

Die Gipfel der Pioneer Mountain Range waren auch im Frühsommer noch mit Schnee bedeckt und schienen unendlich weit weg in der Ferne aufzuragen. Ihre weißen Spitzen waren jedoch längst nicht der einzige Kontrast, der sich gegen die schwarzbraune Einöde des Craters of the Moon National Monument & Preserve durchsetzen konnte: Büschel von Gräsern übersäten den Boden wie vom Fernsehmaler Bob Ross persönlich in die Prärie getupft, mithilfe eines ausgefransten Pinsels, der vorher in weiße Farbe getaucht war, zusammen mit einer kleinen Prise Rot. Dazu kleine Tupfer von Gelb, Purpur und Rosa, die Blüten von Pflanzen wie der Phacelia hastata oder der wilden Zwiebel, die besonders gut an die rauen und trockenen Bedingungen angepasst waren. Sogar Bäume sprossen aus den Feldern aus bröckligem Gestein. Douglasien, Wacholder, Zitterpappeln. Und natürlich der für die trockenen Gebiete der westlichen USA so typische Wüstensalbei, dessen scharfer, erdiger Geruch nach einem Regenschauer zu meinen liebsten Dingen auf der ganzen Welt gehört.

Nahezu überall waren Anzeichen von Leben zu erkennen. Auf einem Boden, der unter meinen Wanderschuhen leblos und monoton knirschte. Es war das einzige Geräusch, das in der heißen Luft hing. Kein Windzug regte sich, kein Vogel sang. Die Atmosphäre war fast schon ein bisschen unheimlich, obwohl es noch helllichter Tag war. Nichts bewegte sich, nichts atmete, außer mir und einem Truthahngeier, der sich lediglich durch seinen rot gefärbten, ungefiederten Kopf von dem schwarzen Stein abhob, auf dem er saß. Irgendwo zwischen dem Geröll konnte ich ein Murmeltier entdecken, welches, zumindest solange es lebte, vor dem Geier weitestgehend sicher war. Auch wenn dieser sich in Ausnahmefällen nicht nur von Aas, sondern auch von kleinen Nagern oder Reptilien ernähren konnte. Ansonsten gehörte Craters of the Moon augen- und ohrenscheinlich ganz mir. Doch das sollte nicht mehr lange so bleiben.

Die Lavawüste liegt im Zentrum der Ebene des Snake River im US-Bundesstaat Idaho und damit in einer der abgelegensten Regionen der »Lower 48«, also aller Staaten ausgenommen Alaska und Hawaii. Das knapp 3 000 Quadratkilometer große Gebiet besteht aus großflächigen, erkalteten Lavaströmen, die ältesten von ihnen bis zu 15 000 Jahre alt, die jüngsten bis zu 2 000 Jahre alt. Die vulkanische Aktivität in diesem Gebiet ruht zwar seitdem, erloschen ist sie aber nicht. Der nächste Ausbruch steht vielleicht schon kurz bevor, vielleicht passiert er auch erst in tausend Jahren. So genau weiß das niemand. Was man weiß, ist, dass sich vor rund elf Millionen Jahren der vulkanische Hotspot direkt unter dem Gebiet des Snake River befand. Mittlerweile ist er durch Verschiebungen der nordamerikanischen Platte weitergewandert und liegt jetzt unter den brodelnden Geysiren des rund 250 Kilometer Luftlinie entfernten Yellowstone Nationalpark.

Für viele Besucher ist Craters of the Moon nur ein kurzer

Zwischenstopp auf der langen Fahrt von Yellowstone zurück an die Westküste der USA. Dennoch ist das Monument das wichtigste touristische Ziel in der dünn besiedelten Region.

Ich hatte Craters of the Moon ganz bewusst in meine Route eingeplant und mich vielleicht sogar mehr darauf gefreut als auf die Bisons in Yellowstone oder die alpine Bergwelt des Glacier Nationalpark. Und ich hatte gewusst, dass ich mindestens eine Nacht dort verbringen wollte und musste, um die ganze Schönheit und Vielfalt dieses Ortes erleben zu können. Erst wenn der Blick nicht mehr von grellem Licht getrübt, das Leben nicht mehr von der Hitze gelähmt wird, entfaltet diese Gegend ihren vollen Zauber. An einem Ort wie Craters of the Moon sind die Tageszeiten für unser Verständnis umgekehrt. Tagsüber schläft die Lavawüste, nachts erwacht sie zum Leben. Und genau davon wollte ich Zeugin werden.

Den heißen Tag hatte ich in meinem Campingstuhl auf dem kleinen Campingplatz im Park verbracht und abwechselnd in einem neu erstandenen Buch über Fledermäuse und in einem Kochbuch, welches ausschließlich Rezepte mit Kartoffeln enthielt und selbst die Form einer Kartoffel hatte, geblättert. Immerhin ist der Bundesstaat Idaho berühmt für seine Kartoffeln, und der Schriftzug »*famous potatoes*« ziert das Nummernschild der meisten in Idaho zugelassenen Autos – so wie das Gesicht von Abraham Lincoln auf den Schildern in Illinois oder sonnengereifte Orangen auf denen in Florida zu finden sind.

Erst gegen Abend beendete ich meine Lektüre, schnürte die Wanderschuhe und begab mich mit meinem kleinen, alten Campervan zum Ausgangspunkt der Wanderung am hinteren Ende der kleinen Rundstraße.

In einigen Kilometern würde sich der Wilderness Trail, auf dem ich von dort aus gestartet war, im Nichts verlieren. Ab dann mussten sich Wanderer ihren eigenen Weg durch das Ödland suchen, denn selbst Fußspuren hatten in dem lockeren, ungeschützten Boden wenige Chancen auf Dauerhaftigkeit. Ich wollte einfach für eine Weile laufen, mich dann irgendwo hinsetzen, den Sonnenuntergang bewundern. Und sehen, was passiert, wenn die Nacht über den irdischen Mondkratern hereinbricht oder sich besser gesagt langsam, aber unaufhaltsam von Osten nach Westen über die sonderbare Landschaft stülpt.

Noch aber war es viel zu schön und auch zu hell, um nach einem geeigneten Sitzplatz zu suchen. Und in so einer Vulkanlandschaft gibt es zudem einiges zu entdecken. Rund 60 erkaltete Lavaströme sind in den Craters of the Moon zu sehen. Diejenigen von ihnen, die einst besonders zähflüssig waren, sind heute als scharfkantige, zackige und ungleichmäßig geformte Schollen und Brocken zu erkennen.

Diese ʻAʻā-Lava oder auch Brockenlava befindet sich häufig am Ende der Lavaströme, die durch die Abkühlung an Zähigkeit zunehmen. Andere Ströme bestehen aus kantigem Geröll, der Blocklava, die eine etwas geringere Zähigkeit beim Fließen aufweist. Der dünnflüssigere Teil der Ströme heißt Pāhoehoe, was genauso wie ʻAʻā aus dem Hawaiianischen kommt. Eine hohe Temperatur und Fließgeschwindigkeit führen hier nach Erkaltung der Lava zu einer relativ glatten Oberfläche. Während diese Oberfläche bereits erstarrt ist, fließt die heiße Lava darunter aber oft noch weiter, wodurch sich Lavaröhren bilden. Einige dieser Röhren in den Craters of the Moon sind heute als Höhlen erkundbar. Rund 450 Lavahöhlen im Park sind insgesamt bekannt, viele weitere sind vermutlich irgendwo da draußen in dem riesigen und gleichzeitig vielerorts immer noch unerforschten Gebiet zu finden. Das gilt auch für *tree molds*, Abdrücke von Baumstämmen, die einst von der heißen Lava umflossen und in Brand gesetzt wurden, während das heiße Gestein darum herum abkühlte und die Formen der Bäume hinterließ. Wandern in den Craters of the Moon ist eine Reise zurück in die Vergangenheit, zu dem Moment, an dem sich die Erde aufgetan, die Oberfläche für eine Weile in Aufruhr versetzt hat und anschließend erstarrt ist.

Unmittelbar nach einem Vulkanausbruch ist alles Leben auf den mit Lava überzogenen Flächen verschwunden. Keine Pflanze sprießt mehr, kein Käfer krabbelt. Mit der Zeit wird das Gestein jedoch von den Elementen zerkleinert. Wasser, Wind, Sonne und Frost schaffen nach und nach eine neue Lebensgrundlage, eine neue Bodenschicht entsteht auf dem Gestein. Dieser Boden ist locker und vor allem auch sehr mineralstoffreich. Ideale Bedingungen für die Ansiedlung neuer Pflanzen, die gleichzeitig die Grundlage für die Rückkehr von Tieren bieten.

Manche der Schlacken- und Aschekegel in den Craters of the Moon sind immer noch schwarz und unbelebt, andere bereits mit einem zarten, halb durchsichtigen Schleier aus hellem Grün überzogen, andere wiederum sogar mit Büschen und Bäumen. Die Kegel sind sozusagen Minivulkane, die eine Höhe von zehn bis einigen Hundert Metern erreichen können. Der höchste dieser Kegel in den Craters of the Moon, Big Cinder Butte, ist etwas mehr als 200 Meter hoch. Und der Wilderness Trail führte mich direkt an ihm vorbei.

Immer wieder blieb ich stehen, sah mich zu allen Seiten um oder bückte mich, um eine neue Pflanze, einen Käfer oder ein Stück skurril geformtes Gestein genauer zu inspizieren. Ich kam langsam voran, aber ich hatte es nicht eilig. Ich genoss es, in einer Gegend zu sein, die so anders war als all das, was man gemeinhin als irdisch bezeichnen würde. Eine Wanderung in den Craters of the Moon ist nicht nur eine Reise zurück in die geologische Vergangenheit, sondern eine auf einen anderen Planeten.

Am Tag zuvor noch war noch alles ganz anders gewesen, als ich am Ufer des Jackson Lake stand, mir gegenüber die zackigen Gipfel der Teton-Kette, der Ruf des Fischadlers im Ohr, die Stiche von Moskitos auf meiner Haut, die Anwesenheit von Bären in meinem Kopf. Am nächsten Tag schon würde auch wieder alles ganz anders sein, wenn ich die Grenze zu Oregon überqueren, vom wüstenartigen Osten des Landes über die südlichen Ausläufer der Kaskadenkette bis an die feuchtnasse Westküste fahren würde. Vorbei am Crater Lake, jenem absurd blauen und klaren See, der die Caldera des Vulkans Mount Mazama füllt und dabei nicht nur in Sachen Größe und Tiefe enorme Ausmaße annimmt, sondern auch was seine Schönheit angeht.

Die Bergkette der Kaskaden, zu der Crater Lake gehört, zieht sich vom südwestlichen Kanada durch Washington und Oregon bis ins nördliche Kalifornien und ist Teil des Pazifischen Feuerrings, ein Vulkangürtel, der den Pazifischen Ozean u-förmig von drei Seiten umrandet. All die großen Gipfel im Nordwesten der USA sind in Wahrheit keine Berge, sondern waschechte Vulkane. Und sie sind alles andere als erloschen.

Der letzte große Ausbruch fand im Jahr 1980 statt: Mount Saint Helens, ein 2 539 Meter hoher Vulkan, rund 160 Kilometer Luftlinie von Seattle entfernt. Vor dem Ausbruch war der Gipfel fast 400 Meter höher, jedoch rutschte durch die Eruption der gesamte nördliche Berggipfel hangabwärts. Ein Gebiet von 500 Quadratkilometern war direkt betroffen, 57 Menschen kamen ums Leben. Wolken aus Asche und Gas wurden bis zu 18 Kilometer in die Höhe und damit bis in die Stratosphäre geschleudert. Lawinen aus superheißem Gas, vulkanischer Asche und tonnenschweren Gesteinsbrocken, sogenannte Pyroklastische Ströme, vernichteten alles Leben, das ihnen in die Quere kam. Oder besser gesagt, *fast* alles. Denn unter verbleibenden Schneeresten konnten vereinzelte Pflanzen und Tiere überleben. So sorgten zum Beispiel Taschenratten dafür, dass das Leben schnell an die Hänge von Mount Saint Helens zurückkehrte, indem sie den Boden umgruben und düngten. Vulkanische Aktivität, erloschen oder aktiv, ist bei einer Reise durch den Nordwesten der USA allgegenwärtig. Aber nirgendwo hat sie mich so sehr beeindruckt wie in den schwarzbraunen Ebenen des Craters of the Moon.

Irgendwann war er da, der perfekte Platz für das Warten auf die Dunkelheit. Ein umgefallener Baumstamm, wie für mich und mein abendlich-nächtliches Vorhaben gemacht, mit freier Sicht nach Westen und damit dorthin, wo die Sonne untergehen würde. Die Farbe des Himmels änderte sich bereits rasch. Hellblau, Rosa, Pink, Orange und Rot in allen Schattierungen, erst noch über die ganze Fläche verteilt, dann mehr und mehr zusammengepresst von einem stetig dunkler werdenden Blau. Ich saß einfach nur da, atmete Farben und Hitze ein und aufgeregte Erwartung aus. Denn es war genau der Zeitpunkt, auf den viele der hier lebenden Tiere nur gewartet hatten. Und ich mit ihnen, oder besser gesagt auf sie.

Wenn die Dämmerung hereinbricht, erwachen Wüstenbewohner wie Maultierhirsche, Stachelschweine, Baumwollschwanzkaninchen, Kojoten und Singvögel zum Leben. Und Stinktiere, Füchse, Rotluchse, Pumas, Fledermäuse, Nachtfalken, Eulen sowie die allermeisten Nagetiere im Park tun es ihnen kurze Zeit später gleich. All diese Tiere sind auf die Nacht angewiesen. Viele Beutetiere versuchen zum Beispiel, im Schutz der Dunkelheit unentdeckt zu bleiben. Die Jäger mit speziell ausgebildeten Sinnesorganen wiederum nutzen diese Dunkelheit zu ihrem Vorteil.

Doch dunkle Nächte werden zunehmend zu einem raren Gut an vielen Orten dieser Welt. Einer Welt, in der gleichzeitig mindestens 30 Prozent aller Wirbeltiere und mehr als 60 Prozent aller wirbellosen Tiere nachtaktiv sind, unzählige weitere sind dämmerungsaktiv. Lichtverschmutzung zählt neben Luft-, Wasser- und Bodenverschmutzung zu den größten Problemen unserer Umwelt, doch sie ist im Gegensatz dazu kaum in unserem Denken und Handeln präsent.

Während wir in der Regel spätestens gegen Mitternacht das uns künstlich wach haltende Licht auf dem Nachttisch ausknipsen, ist das Leben auf der anderen Seite der Hauswand in vollem Gange. Fortpflanzung, Wanderung, Nahrungssuche, Bestäubung und viele andere Prozesse, die diese Welt und ihre Bewohner am Leben erhalten, sind in der Dunkelheit überhaupt erst möglich. Über die Jahrmillionen haben sich ausnahmslos alle Tiere und Pflanzen an den immer gleichen Rhythmus von Tag und Nacht angepasst, der die vielleicht einzige Konstante in der Geschichte dieses Planeten ist. Seit Erfindung des elektrischen Lichts jedoch gerät diese Konstante ins Ungleichgewicht. Deutlich schneller, als ein Lebewesen sich auch nur annähernd daran anpassen könnte, von einem kompletten ökologischen Kreislauf ganz zu schweigen. Die (möglichen) negativen Auswirkungen sind schier grenzenlos.

Zumindest in Sachen Lichtverschmutzung gilt: »*What happens in Vegas doesn't stay in Vegas*«. Mit dieser Feststellung beginnt der Autor Paul Bogard sein Buch *The End of Night – Searching for Natural Darkness in an Age of Artificial Light*. Die Wüstenstadt erleuchtet ihre Umgebung weithin sichtbar, allen voran der von 39 Xenonlampen hervorgerufene Lichtstrahl, der aus dem pyramidenförmigen Luxor-Casino strömt und einer der hellsten seiner Art ist. Er zieht in der Nacht unvorstellbare Mengen an Insekten an – und damit auch Vögel und Fledermäuse. Was wie ein willkommenes »All you can eat«-Buffet für die Tiere scheint, ist allerdings alles andere als hilfreich für ihr Überleben. Denn die Jäger auf der Suche nach Beute werden durch den hellen Lichtstrahl oft von weit her angelockt und haben nach dem langen Rückflug die gerade aufgenommene Energie bereits wieder verloren.

Aber auch eine einfache Straßenlaterne reicht schon aus, um eine Vielzahl von Insekten ins unvermeidbare Unglück zu stürzen. Motten, Mücken und andere nächtliche Flattertiere umkreisen diese so lange, bis sie erschöpft abstürzen oder in den Lampenschirmen verbrennen. Schätzungen zufolge verenden so bis zu 150 Insekten pro Nacht wegen einer einzelnen Laterne. Hochgerechnet auf alle Laternen in Deutschland sind das mehr als eine Milliarde Insektenopfer in einer einzigen Nacht, die dem Ökosystem als Bestäuber für unzählige Pflanzenarten sowie als Grundnahrungsmittel für viele Tierarten fehlen. Seitdem ich das weiß, kann ich an keiner so unschuldig leuchtenden Straßenlaterne mehr vorbeigehen, ohne all das von ihr ausgelöschte Leben zu sehen.

Auch vielen Vogelarten werden künstliches Licht und vor allem bei Nacht hell erleuchtete Gebäude zum Verhängnis. Die Tiere orientieren sich bei ihren Zügen vielfach am Mond, werden dabei aber vom Licht gestört. Ihre Irrflüge enden oft mit schweren oder tödlichen Verletzungen, und zwar vor allem dann, wenn die Vögel mit den Glasscheiben kollidieren. Weniger offensichtlich, aber mindestens genauso stark und unmittelbar von elektrischem Licht betroffen sind zum Beispiel auch Meeresschildkröten. Deren Nachwuchs kann die lichtreflektierende Meeresoberfläche oft nicht von der anderen Seite des Strandes unterscheiden und läuft so Gefahr, Autoreifen oder Fressfeinden zum Opfer zu fallen. Und das sind nur einige, sehr offensichtliche und relativ gut erforschte Einflüsse von Lichtverschmutzung auf die Tier- und Pflanzenwelt.

Bis nach Idaho reichte das Licht der Luxor-Pyramide dann glücklicherweise doch nicht, die nächste Straßenbeleuchtung war meilenweit von meinem Sitzplatz aus Totholz entfernt. Und so erwachten die Kojoten genau zum nach ihrem Biorhythmus richtigen Zeitpunkt. Das Heulen der Steppenwölfe ist nicht der typische, lang gezogene Laut, den man von Wölfen kennt, sondern eine deutlich weniger monotone Mischung aus Heulen, Bellen und Jaulen, in Intensität und Tonlage ständig schwankend. Während Wölfe einfach nur heulen, hat man bei Kojoten das Gefühl, dass sie wirklich versuchen, einem etwas mitzuteilen. Ich konnte nur ein Exemplar hören, und es schien ganz nah zu sein. Wie nah genau er war, das war jedoch schwer auszumachen in diesem Gelände, in dem sich der Schall quasi ungebremst ausbreiten konnte. Kojoten haben ein weitaus weniger ausgeprägtes Sozialverhalten als Wölfe. Sie sind jedoch alles andere als strikte Einzelgänger. Meistens finden sich Kojoten zu Paaren oder losen Familienverbänden zusammen, sie gehen aber auch allein auf Streifzüge. Das Bellen und Heulen dieses Kojoten jedenfalls verhallte unbeantwortet in der Weite Idahos. Ich sah es fast schon als meine Pflicht an, eine Antwort in die Richtung zu schicken, aus der der Ruf gekommen war. Laut und ungehemmt; genau so, wie man es aus den Abenteuerfilmen kennt, in denen junge Leute allein durch den Wald laufen oder auf einen Berg steigen und plötzlich das Bedürfnis haben, der Wildnis in ihnen Ausdruck zu verleihen. Einen Moment lang fühlte ich mich dabei ein bisschen lächerlich, obwohl ich mir mehr als sicher war, dass mich niemand hören konnte außer der Kojote und die anderen Tiere. Aber irgendwie wollte ich mich selbst vor diesen nicht blamieren. Und dann kam die Antwort. Vielleicht aus Mitleid, vielleicht, um die Sache mit dem Revier noch einmal klarzumachen, vielleicht auch einfach, weil man das eben so macht als Kojote. Aber sie kam, und das war die Hauptsache. Und so saß ich im Halbdunklen auf einem toten Baumstamm in einer Lavawüste irgendwo in Idaho und unterhielt mich auf gebrochenem Kojotisch mit einem Kojoten; so lange, bis von der Dämmerung nur noch ein schmaler, golden glimmender Streifen am Horizont übrig war und der Mond die Sonne als primäre Lichtquelle am Himmel ablöste.

Ich drückte auf das Knöpfchen meiner Stirnlampe, und ein heller Lichtkegel erleuchtete den Weg vor mir. Trotz Mondschein war meine Umgebung wie mit einem Filzstift geschwärzt. Lavagestein hat nicht gerade die besten lichtreflektierenden Eigenschaften. Bald schon trieben sich zahllose Falter und andere Insekten in dem Schein meiner Lampe herum. Und auch die Fledermäuse ließen nicht lange auf sich warten, so als wären meine Lampe und ich eine kleine Version der Luxor-Pyramide. Immer und immer wieder huschten sie dicht über meinen Kopf hinweg. Ich ertappte mich dabei, wie ich mich unter ihrem Luftzug wegduckte, auch wenn ich im Prinzip ganz genau wusste, dass ihre im Laufe von vielen Millionen Jahren Evolution perfektionierte Echoortung einen Zusammenstoß oder auch nur eine Berührung vermeiden würde. Trotzdem war es gar nicht so einfach, diesem feinen Spürsinn der Tiere in der Dunkelheit zu vertrauen, wenn ich selbst doch so wenig von so einer Art Sinn besaß.

Mein Weg war von vielen kleinen Glitzersteinen auf dem

schwarzen Boden gesäumt, die erst im ungewohnten Licht erstarrten und dann flink davonhuschten. Es waren die Augen unzähliger Spinnen, die derart angeleuchtet jeden Diamanten auf einem teuren Verlobungsring hätten ersetzen können.

Plötzlich raschelte etwas neben mir – ein Hase, der einfach da war und sich weniger für potenzielle Diamanten interessierte, sondern mehr für das viele Grün des Frühlings, das in der Nacht zwar nicht grün aussah, aber bestimmt trotzdem gut schmeckte. Nicht weit entfernt musste eine Eule sitzen, ihr »Huuh-huh-huuuuh« konnte ich deutlich hören. Und fühlte mich sofort an jene Nacht im Arches Nationalpark erinnert, auch wenn man die nächtliche Kletterei von damals kaum als Nachtwanderung bezeichnen konnte.

Meine letzte, richtige Nachtwanderung war ungefähr 20 Jahre her und fand während eines Aufenthaltes im Sommerferienlager statt. Ich erinnerte mich noch genau daran, wie wir erst durch einen Wald liefen und dann auf einer Lichtung unsere Taschenlampen ausschalten und ganz genau darauf achten sollten, was wir hörten und sahen. Es war eine der wenigen ganz bewussten Begegnungen mit der Nacht in meinem Leben gewesen. Dann blieb ich stehen und drückte abermals auf das Knöpfchen meiner Stirnlampe.

Das Knarzen meiner Schuhe auf dem bröckeligen Untergrund verstummte. Für einen Moment schien ich ganz allein zu sein, wie in einem schwarzen Vakuum, mit einem Mal katapultiert in einen dunklen, leeren Raum. Bis sich meine Pupillen weiteten und die Umgebung um mich herum Gestalt annahm. Ich hatte nur das Licht meiner Stirnlampe ausgeknipst, mich ansonsten nicht vom Fleck bewegt, und doch fühlte es sich an, als hätte ich soeben eine andere Welt betreten. Bis gerade noch hatte meine Umgebung im Wesentlichen aus dem schmalen Lichtstrahl bestanden, den meine Stirnlampe warf.

Ein kleiner Ausschnitt eines großen Ganzen, welches streng in zwei Teile getrennt worden war: Licht und Dunkelheit. Ich hatte mich ganz auf Ersteres konzentriert. Wo Licht ist, ist auch Schatten. Und dieser Schatten hatte fast alles verborgen. Erst jetzt wurden die Felsen und Bäume und Büsche um mich herum wieder zu dem, was sie waren. Ich sah den schmalen, ausgetretenen Pfad vor mir, vom Mondschein ausreichend erleuchtet, sodass ich ihm auch ohne Stirnlampenlicht folgen konnte. Ich sah die dunklen, kleinen Schatten flattern, jetzt weniger dicht über meinem Kopf, denn die Insekten gingen wieder ihrem gewohnten Nachtwerk nach. Ich drehte mich langsam um mich selbst und sah die großen Hügel im Mondschein auf der einen Seite, die weiten, dunklen Ebenen auf der anderen Seite. Deren Ausmaße waren nur durch den Sternenhimmel darüber zu erfassen. Obwohl ich in gewisser Weise deutlich weniger sah als noch zuvor, sah ich gleichzeitig sehr viel mehr. Meine Welt war wieder zu all dem geworden, was mich umgab, und nicht mehr reduziert auf das wenige, das ich im Lichtschein sehen konnte.

Ganz ähnlich wie die Motten werden auch wir Menschen wie magisch vom Licht angezogen. Licht bedeutet für uns Sicherheit, Behaglichkeit, und deshalb sind Lampen und Licht einfach überall, egal ob wir sie wirklich benötigen oder nicht. Und dieses Licht kennt keine Grenzen. An zahlreichen Orten der Welt wird die Nacht bis zur Unkenntlichkeit verdrängt. Das geht so weit, dass viele Menschen kaum noch wissen, wie so eine Nacht eigentlich aussieht. Und wie viele Sterne es wirklich da oben am Himmel gibt.

Laut einer Umfrage des Meinungsforschungsinstitutes Emnid haben rund ein Drittel der Deutschen noch nie die Milchstraße gesehen. Bei den Unterdreißigjährigen sind es sogar 44 Prozent. Aber nicht nur der Verlust dieses natürlichen

Erbes ist gravierend, sondern auch die möglichen gesundheitlichen Auswirkungen auf den Menschen. Denn auch wir brauchen die Nacht – eine möglichst dunkle Nacht, und das mehr, als uns vielleicht bewusst ist. So gibt es zum Beispiel wissenschaftliche Hinweise auf einen direkten Zusammenhang zwischen künstlicher Beleuchtung und Krankheiten wie Krebs oder Herz-Kreislauf-Störungen. Künstliches Licht, insbesondere im blauen Spektrum, unterbindet die Produktion des Hormons Melatonin, welches wiederum unter anderem für den Kampf gegen Krebszellen und die Stärkung des Immunsystems im Allgemeinen verantwortlich ist.

Die sogenannte Bortle-Skala gibt das Ausmaß der Lichtverschmutzung eines Standortes an, von dem astronomische Himmelskörper beobachtet werden sollen. Dabei wird der Grad der Dunkelheit in neun Klassen eingeteilt. Die erste Klasse entspricht größtmöglicher Dunkelheit. Dies ist gegeben, wenn die Milchstraße nicht nur klar sichtbar ist, sondern in den Sternbildern Skorpion und Schütze Schatten wirft. Wenn das schwache Leuchten höherer Atmosphärenschichten, der sogenannte Airglow oder auch das Nachthimmellicht, sichtbar ist. Wenn M33, der Dreiecksnebel, die nach dem Andromedanebel zweithellste Spiralgalaxie, ohne Hilfsmittel gut erkennbar ist.

Die andere Seite der Skala, die neunte Klasse, entspricht hingegen einem hell erleuchteten Nachthimmel über einer Stadt, auf dem manche Teile des Himmels sogar gänzlich sternfrei erscheinen können und die sichtbaren Sterne schnell gezählt sind. Die ersten beiden Klassen der Skala sind in Mitteleuropa bereits nicht mehr existent. Doch es gibt auch hierzulande noch den ein oder anderen halbwegs dunklen Ort: Einer der dunkelsten Orte Deutschlands heißt Gülpe und liegt im Westhavelland, nur rund 80 Kilometer Luftlinie vom hell erleuchteten Zentrum Berlins entfernt. Der Lichtkegel der Großstadt ist dort zwar noch am Horizont erkennbar, aber die Milchstraße lässt sich hier dennoch besonders gut und plastisch betrachten. Das ist nicht zuletzt der Tatsache zu verdanken, dass der Naturpark Westhavelland von der International Dark Sky Association, einer Nichtregierungsorganisaton aus den USA, zu einem International Dark Sky Place ausgezeichnet wurde und damit unter besonderem Schutz steht – dem Schutz vor künstlichem Licht. Zu den Maßnahmen zählen insbesondere die Reduzierung unnötiger Beleuchtung, eingeschränkte Außenbeleuchtungen sowie Leuchtreklamen und der Einsatz von gerichteten und abgeschirmten Leuchtquellen, beispielsweise in Form von Straßenlaternen. Dadurch werden aber nicht nur die Sterne am Himmel wieder sichtbar, sondern auch nacht- und dämmerungsaktive Tiere in ihrem Verhalten und Biorhythmus werden nicht gestört. Und natürlich spart ein solches Vorgehen nebenbei auch jede Menge Energie. Neben dem Westhavelland gibt es noch vier weitere ausgezeichnete Sternenparks in Deutschland – die Eifel, die Rhön und die benachbarte Stadt Fulda, die als erste Stadt zur Sternenstadt erkoren wurde, sowie die Winklmoosalm in Bayern. Das Programm wurde 2001 gegründet, um die Nacht und das von ihr abhängige Leben vor der zunehmenden Bedrohung durch Lichtverschmutzung zu schützen. Von den Regionen, die die Auszeichnung erhalten, wird dieser Status auch zu Vermarktungszwecken genutzt. Wenn man etwas genauer darüber nachdenkt, klingt es fast schon absurd, dass so etwas Selbstverständliches wie der Nachthimmel plötzlich zum Verkaufsargument wird. Ein Naturphänomen, das theoretisch für jeden Menschen auf der Welt zugänglich sein sollte. Er fasziniert die Menschheit seit Anbeginn der Zeit, begeistert und verängstigt manchmal auch. Er hat unzählige Sagen, Legenden und Geschichten hervorgebracht. Er rückt unsere Existenz und unseren Platz im Universum in die richtige Perspektive. Er steht für unvorstellbare große Weite und überwindet Grenzen wie nichts sonst. Denn der Mond, der über den Craters of the Moon aufgeht, ist immerhin derselbe, der von Gülpe aus zu sehen ist, wenn auch nicht zur selben Zeit.

Auch Craters of the Moon ist ein International Dark Sky Place. Einer, der seinem Status alle Ehre macht. An einem solchen Ort zu sein, in einem völlig unbekannten Terrain, nicht mehr sehend als das, was das Licht des Mondes und der Sterne mir zeigten, und dabei auch noch zu wandern, wäre bis vor wenigen Jahren für mich eine ziemlich einschüchternde Vorstellung gewesen. Während meiner ersten Zeltnacht im Freien hatte ich durchaus Furcht vor der Dunkelheit gehabt. Sie ließ mich – zusammen mit den Midges – noch vor Sonnenuntergang in mein Zelt kriechen und es erst nach Sonnenaufgang wieder verlassen. Ich war es damals nicht gewohnt, in Dunkelheit zu sein. Zu Hause nicht, und draußen schon gar nicht.

Aber mein Verhältnis zur Nacht und ihrer Dunkelheit hatte sich seitdem gewandelt, Stück für Stück, mit jeder Nacht, die ich im Freien verbracht hatte. Es wurde für mich immer selbstverständlicher, mich in dieser Dunkelheit aufzuhalten. Die Stirnlampe kam vermehrt nur noch dann zum Einsatz, wenn ich sie wirklich brauchte. Ich verkroch mich nicht mehr in meinem Zelt, sondern kroch manchmal sogar absichtlich wieder heraus, um zu sehen, was ich nur in der Dunkelheit wahrnehmen konnte. Ich verließ das Lagerfeuer nicht mehr, wenn das letzte Scheit verglüht war, sondern blieb noch eine Weile sitzen, betrachtete die Umgebung um mich herum und den Sternenhimmel, welcher nicht mehr vom Licht flackernder Flammen verdrängt wurde.

Und ganz von selbst begann ich auch zu Hause, der Nacht Raum zu geben, betätigte nicht mehr automatisch jeden Lichtschalter, sobald ich in ein Zimmer trat, passte die Helligkeit meiner elektronischen Geräte an. Auch verdunkelte ich die Fenster meines Schlafzimmers nicht mehr, ging so früher ins Bett, wachte früher auf, ganz von allein und ohne Wecker. Ich fühlte mich tagsüber so wach und konzentriert wie wohl noch nie zuvor in meinem Leben. Schon lange bevor ich mich zum ersten Mal mit den negativen Auswirkungen vom Fehlen der Nacht beschäftigt hatte, spürte ich intuitiv, dass es gut für mich war, den Tag genauso wie die Nacht zuzulassen und bewusst wahrzunehmen. Es war gut, dunkle Nächte, wie die in den Craters of the Moon, ungestört von den Einflüssen der Zivilisation als großes Privileg zu verstehen. Nicht als Abwesenheit von Licht, sondern vielmehr als eine eigene Welt, in der ich völlig andere, neue Entdeckungen machen konnte. Ich hatte gelernt, im Dunkeln zu sehen. Nicht wie eine Eule es kann, mit ihren großen, lichtempfindlichen Augen, oder eine Fledermaus mit ihren Ultraschallwellen, sondern auf meine ganz eigene Weise.

Kapitel 10

LÄRMENDE SCHNEEFLOCKEN

Wie es wohl klingt, wenn eine Schneeflocke auf die andere fällt? Wie klirrendes Glas? Knirschendes Blech? Knisternde Folie? Krachender Stein? Streichender Samt? Wenn die Kristalle aufeinandertreffen, dabei ein wenig oder auch ein wenig mehr verbogen werden, sich gegenseitig die filigranen Ecken abstoßen und durch den Aufprall aneinandergeheftet werden? Wenn mehr und mehr Flocken von oben fallen und die Flocken darunter nach und nach zusammengedrückt werden, bis die Kristalle zu ihrer Unkenntlichkeit verformt sind und nur noch eine homogene weiße Masse bilden?

Ich kann es nicht sagen, ich kann es mir nur vorstellen. Auch wenn ich wirklich ganz genau hingehört habe, damals im Norden Finnlands, wo es zumindest im Winter so ruhig ist, dass man selbst das Lärmen der Schneeflocken eigentlich ganz genau hören müsste. Hier wurde mir vielleicht zum ersten Mal so richtig bewusst, dass nicht nur Kälte und die Abwesenheit von Farben einen Winter zum Winter machen, sondern vor allem auch die Abwesenheit von Geräuschen.

Dort, wo Geräusche fehlen, kann Stille sich ausbreiten, den freien Platz einnehmen, der im finnischen Winter schier grenzenlos scheint. Denn Stille ist weit mehr als nur ein

Mangel an Schallwellen. Stille ist präsent, und Stille kann einen Raum mindestens so sehr erfüllen wie Lärm, je nach Gemütslage vielleicht sogar noch deutlich mehr. Genauso wie die Dunkelheit weit mehr ist als nur die Abwesenheit von Licht, ein eigenes Element, ein Zustand. Und genauso wie echte, natürliche Dunkelheit in der Nacht ist auch die Stille zu einem raren Gut geworden. Vielleicht war sie es im Gegensatz zur Dunkelheit auch schon immer. Es gibt nur wenige, natürliche Orte, an denen man die absolute Abwesenheit von Geräuschen erleben kann. In einer Wüste vielleicht, wenn es dort nichts anderes gibt als feine Sandkörnchen, und wenn kein Wind geht, der über die Ebenen pfeifen könnte. Oder eben im Winter, dort, wo dicke Schichten an Frost und Schnee die Welt für eine Weile am Weiterdrehen hindern.

Man achte einmal darauf, wie laut zum Beispiel der Frühling ist. Wenn das Schmelzwasser in gluckernden Tiraden durch die Bachbetten strömt, die Vögel ihre endlosen Oktaven trällern. Oder der Sommer, wenn die Blumen ihre bunten Köpfe öffnen und von früh bis spät drum herum alles summt und brummt, selbst nachts noch die Grillen zirpen, die Fische im See platschend nach Mücken schnappen, sich Sommergewitter von weither grollend ankündigen. Oder der Herbst, wenn trockene Blätter vom heulenden Wind zu knisternden Wirbeln zusammengefegt werden, die Hirsche röhren, der Regen klatscht. Aber dann, irgendwann, wird die Landschaft kahl, das Leben zieht sich zurück, der Winter kommt. Und mit ihm die Stille, die mich vielleicht mehr als alles andere an der kalten Jahreszeit fasziniert. Nichts plätschert, nichts raschelt, nichts zwitschert mehr. Und der Aufprall der Schneeflocken lärmt lautlos.

Bereits während meines ersten Besuchs im Norden Finnlands zur Winterzeit konnte ich die Stille nicht nur hören, sondern regelrecht sehen. Es war eine durchgetaktete Pressereise, an der ich als Bloggerin teilnahm (die erste und auch die letzte dieser Art). Es gab keine Zeit für ausufernde Wanderungen in die verschneite Landschaft, ja selbst ein ruhiger Blick auf die Natur war kaum möglich. Tagesordnungspunkt jagte Tagesordnungspunkt, zumal diese Tage im finnischen Winter nur wenige Stunden lang waren und Huskyschlittenfahren oder ein Besuch auf einer Rentierfarm mehr Spaß machte, wenn es hell war. Doch als ich von einer Anhöhe aus über die Landschaft blickte, verstummten in meinem Kopf für einen kurzen Moment der ratternde Motor unseres Kleinbusses und das muntere Gelächter meiner Mitreisenden, die auf dem Parkplatz eine Schneeballschlacht austrugen. Und dann lag sie vor mir, da draußen zwischen den mit Eis bepackten Nadelbäumen. Ich konnte sie nicht hören, aber ich konnte sie sehen. Stille. Und ich wusste, dass ich an diesen Ort zurückkehren und dorthinaus gehen wollte. Dorthin, wo die Stille wohnte.

Tatsächlich stand ich drei Jahre später wieder an diesem Ort. Dieses Mal ohne knurrenden Bus und überdrehte Mitreisende, dafür mit Schneeschuhen an meinen Füßen. Die Schneeschuhe waren an wintertauglichen Wanderschuhen befestigt, extra dick gefüttert und mit wasserdichter Membran. Warme Wollsocken gingen nahtlos in lange Wollunterwäsche über, darüber trug ich eine gefütterte Schneehose, ein dünnes Fleece und eine voluminöse Winterjacke. Meine Hände waren in Handschuhe gepackt; Fäustlinge, weil die besser warm halten als solche mit einzelnen Fingern. Kinn, Mund und Nase waren hinter einer Schicht Fleece verborgen, die ich zusätzlich als Mütze über den Kopf ziehen konnte. Ich war mir ziemlich sicher, dass mir in dieser Montur schon nach wenigen Schritten in meinen Schneeschuhen viel zu warm werden würde. Doch minus zwanzig Grad ist die Art von Temperatur, bei der man nicht einmal für einen kurzen Moment zu wenig anhaben möchte und bei der man mindestens dreimal überlegt, bevor man sich einer der Kleidungsschichten entledigt. Schichten, die wohl geplant und zahlreich sein wollen, sodass man sie beliebig an- und wieder ausziehen und immer die richtige Kombination finden kann. Der Zwiebellook ist das oberste Prinzip bei der Wahl der Outdoorbekleidung, und erst recht im Winter im hohen Norden.

Ich befand mich einhundert Kilometer unterhalb des sechsundsechzigsten Breitengrades. *Napapiiri*. Der Polarkreis. Es ist die Grenze auf der Nord- und Südhalbkugel, ab der die Sonne an den beiden Tagen der Sonnenwende gerade nicht mehr auf- oder untergeht. Oberhalb des nördlichen Polarkreises beginnt die Polarnacht. *Kaamos*. Das ist jene Zeit, in der es die träge Sonne gar nicht mehr über den Horizont schafft, in der die Tage nur noch aus Nacht und ein wenig Dämmerung bestehen.

Dort, wo ich war, bestanden die Tage aus einem zaghaften Sonnenaufstieg, der nahtlos in einen Sonnenuntergang überging. Tageslicht war dünn und kostbar, und deswegen stand ich pünktlich zum »Sonnenaufgang«, der keiner war, in Schneeschuhwandermontur und mit einer großen Thermoskanne, gefüllt mit heißem Ingwertee, im Rucksack bereit zum Aufbruch. Es war gerade so hell, dass ich ohne Stirnlampe meine Schuhe schnüren konnte. Der Beginn eines kurzen Tages, genauer gesagt des kürzesten Tages des Jahres. Denn es war der 21. Dezember. Wintersonnenwende. *Talvipäivänseisaus*. Und nicht nur deswegen war es ein ganz besonderer Tag.

Für Europas einzige Urbevölkerung, die Samen, welche auch heute noch im Norden Finnlands, Schwedens, Norwegens und auf der russischen Kola-Halbinsel leben, ist Winter nicht gleich Winter. Die Samen teilen das Jahr in acht Jahreszeiten ein. Denn wenn man ganz und gar mit und von der Natur lebt, spielen all die Veränderungen innerhalb der Monate eine viel größere Rolle. Und alles, was im Leben von Menschen eine Rolle spielt, bekommt früher oder später eben auch einen Namen: *Tjakttjadálvvie*, der Frühwinter oder Herbstwinter: wenn die Tage merklich kürzer werden und die Rentiere über eine noch junge, pulvrige Schneeschicht auf ihre Winterweiden wandern. *Dálvvie*, der »echte« Winter: wenn die Tage ab Ende Dezember zwar schon langsam wieder heller werden, der Winter aber gleichzeitig erst so richtig beginnt und die Rentiere sich mit ihren Hufen durch dicke Schneedicken scharren müssen, um an die darunter liegenden Moose und Flechten zu kommen. *Gijrradálvvie*, der Spätwinter oder auch Frühlingswinter: wenn die Natur langsam, ganz langsam wieder zum Leben erwacht, Eiszapfen in der immer kräftiger werdenden Sonne tropfen und die Hoffnung und Vorfreude auf den Frühling, der noch unter einer dicken Schneedecke keimt, bei Menschen und Rentieren gleichermaßen allgegenwärtig sind.

Ich sah weder Menschen noch Rentiere, als ich meine ersten Schritte in den Schneeschuhen machte. Aber der Beginn des Wanderweges war mit einer brennenden Kerze gekennzeichnet, und so kam selbst an diesem nächtlichen Morgen noch etwas Gemütlichkeit auf. Und diese Gemütlichkeit war schließlich ein Konzept, von dem Skandinavier wohl mehr verstanden als irgendjemand sonst.

Ich folgte dem Wegweiser hinein in den verschneiten Wald,

auf einem Pfad, der für meine Schneeschuhe kaum breit genug war. Und auch meine Freude fand kaum genügend Platz unter den vielen Schichten Kleidung. Obwohl es um mich herum quasi nichts gab außer gefrorenes Wasser und schlafende Bäume, welche jetzt so früh am Morgen, in etwa gegen halb zehn Uhr, lediglich in matte Grautöne gekleidet waren. Ich selbst hingegen sah – entgegen meinen normalen Kleidungsgewohnheiten – aus wie ein zusammengewürfelter Haufen bunter Bonbons: die Schneeschuhe lila, die Skihose pink, die Daunenjacke orange und der Rucksack grün. Vielleicht weil grelle Farben bei Outdoorkleidung gerne mal im Angebot sind. Vielleicht habe ich bei der Auswahl so aber auch ganz intuitiv versucht, einen Gegenpol zum grauen, dunklen Winter zu bilden.

Bei jedem Schritt knarzte der Schnee unter meinen Schneeschuhen, die mein Gewicht mit ihrer Fläche so verteilten, dass ich nur ein paar Zentimeter im Schnee einsank. Anstrengend war das Wandern trotzdem, vor allem, als es schon bald bergauf in Richtung Gipfel eines kleinen Berges ging. Ich hatte die Fleece-Schal-Mützenkonstruktion immer noch über dem Mund, die eisige Luft wurde so zumindest ein bisschen angewärmt, bevor sie durch Mund und Nase in Richtung Lungen strömte. Und wenn sie wieder herauskam, verhedderte sich die Feuchtigkeit der Atemluft, die sonst als Atemwölkchen in der Luft zu sehen war, im Stoff und mutierte dort zu einer dünnen Schicht Frost, die stetig dicker wurde. Kalte Luft rein, warme Luft raus. Frost. Kalte Luft rein, warme Luft raus. Frost. Wenn es steiler wurde, wurde mein Atem intensiver und schneller. Wenn es flacher wurde, flachte auch mein Atmen ab. Ich konnte ihn spüren, und ich konnte ihn hören, lauter als alles andere. Es fiel mir schwer, mich nicht nur auf diesen Atem zu konzentrieren, der so allgegenwärtig war.

Auch an meinen Wimpern hatten sich bereits nach kurzer Zeit kleine Tropfen aus Frost gebildet, genauso wie an dem Teil meiner Haare, der nicht unter der Kapuze verborgen war. Und dennoch musste ich bald schon anhalten, um die Fleecejacke auszuziehen. Es war gar nicht so einfach, die richtige Balance aus Wärme und Kälte zu finden, übermäßiges Schwitzen genauso wie Frieren zu vermeiden. Denn beides konnte sehr schnell unangenehm werden bei diesen Temperaturen.

Die Bäume um mich herum brauchten keine Fleecejacken, sie waren gegen Schnee und Eis bestens gewappnet. Bäume stellen ihr eigenes Frostschutzmittel her, das ihren Saft nicht gefrieren lässt. Und das müssen sie auch, denn sie verbringen einen großen Teil des Jahres eingehüllt in einen dicken weißen Mantel. Es ist nicht die Art von Schnee, die einem bei der kleinsten Berührung unangenehm in den Nacken rieselt. Auf den Bäumen im Norden Finnlands lastet Schnee, der fast so hart ist wie Eis. Er drückt die sowieso schon kleinen Äste der borealen Nadelbäume so weit nach unten, dass ihr Anblick eher an ein Heer aus Stalagmiten erinnert als an einen Wald. Große, weiße, etwas abgebrannte Kerzen mit nach unten gebogenem Docht. Der schlanke, kegelartige Wuchs der Nadelbäume hilft diesen dabei, die Lasten des gefrorenen Schnees zu ertragen, der sich so weniger gut auf dem Baum sammeln kann und leichter wieder herunterfällt. Laubbäume hingegen werfen hier wie überall auf der Welt für den Winter ihr Laub ab, sodass sich der Schnee lediglich auf den dünnen Zweigen auftürmen kann. Sie wirken wie bizarr geformte Gestalten, wie moderne Ausdruckstänzer, die mitten in ihrem Tanz zu Eis erstarrt sind. Die extreme Form dieses Eisschnees nennt sich *Tykky*. Sie entsteht vor allem auf den Gipfeln von Bergen und exponierten Hügeln. Dort, wo die Bäume häufig in Nebel und niedrige Wolken gehüllt sind und sich immer mehr Schnee und Eis anlagern, bis der Baum kein Baum mehr ist oder zumindest nicht mehr so aussieht.

Oft liest man, dass die Bewohner der Polarregionen besonders viele Wörter für Schnee kennen. Das ist jedoch nicht wahr und rührt vor allem daher, dass diese Sprachen anders aufgebaut sind. Sie können viele Beschreibungen in einem einzigen Wort enthalten, die zum Beispiel im Deutschen in ganze Sätze gepackt werden müssten. Und tatsächlich kennt auch das Deutsche fast schon erstaunlich viele Wörter für Schnee, allerdings kennen viele Menschen diese Wörter nicht. Der Winter spielt in Deutschland, anders als zum Beispiel im von Schnee und Eis regierten Norden Finnlands, im Leben der Menschen nur eine untergeordnete Rolle. Ist man nicht gerade Alpinist, muss man sich mit den verschiedenen Formen von Schnee und Eis gar nicht beschäftigen. Außer vielleicht mit solchen, die einem beim Autofahren das Leben schwer machen: Schneematsch. Blitzeis. Schneeformen wie Wildschnee (kalter, sehr lockerer und aus sehr feinen Kristallen zusammengesetzter Schnee), Bruchharsch (eine Schneekruste, unter der der Schnee trocken und pulvrig ist) oder Sulz (grobkörniger Schnee, der durch Wärme und/oder Regen seine Bindung verloren hat) sind meist nicht von Wichtigkeit. Deutlich umfangreicher, sowohl als das Deutsche als auch die Sprachen der Inuit, ist mal wieder das Schottische in Sachen Schneebeschreibungen. Mehr als 400 Wörter für Schnee und damit zusammenhängende Phänomene hat eine Studie identifiziert. Eine besonders große Schneeflocke heißt *skelf*, besonders leichter Schneefall *flindrikin*, und in beiden Wörtern kann man fast hören, was sie beschreiben.

Ich bin keine Alpinistin. Ich weiß nicht, durch welche Art

von Schnee ich in Finnland mit meinen Schneeschuhen ge-
stapft bin, aber ich weiß, wie ich ihn nennen würde: Kristall-
schnee. Ich lag mittendrin, hatte die Schneeschuhe abge-
schnallt und mich rücklings in die weiße Masse fallen lassen,
war gerade so weit eingesunken, dass die Decke der Schneeschicht ein bisschen höher war als mein Gesicht. Links und
rechts von mir konnte ich in der Schneemasse sehen, wie diese
nach oben hin immer lockerer und luftiger wurde. Bis zur
obersten Schicht, wo die einzelnen Schneekristalle ganz unver-
sehrt übereinanderlagen, wie vorsichtig von jemandem gestapelt, der dabei weiße Samthandschuhe trug. Sie waren beim
Aufprall nicht kaputtgegangen, und noch lagen nicht genug
andere Kristalle über ihnen, die sie hätten zusammendrücken
können, leise knarzend, oder doch mit einem scharfen Krach?

Jeder einzelne von ihnen hatte sechs intakte Ecken, und
keiner glich den anderen. Und doch waren alle transparent,
flach, nahezu durchsichtig, in perfekter Symmetrie. Geboren
in den Wolken, wo bei Temperaturen von minus zehn Grad
oder weniger Wasserteilchen an winzigen Staubpartikeln zur
sechseckigen Grundform gefrieren und auf ihrem Weg zur
Erde kunstvolle Verästelungen bilden. Die sternförmigen
Kristalle sind die häufigste Art, daneben gibt es aber auch eine
Vielzahl anderer Formen, wie zum Beispiel Stäbchen, Nadeln
oder Dreiecke. Während sie fallen, können sie sich mit anderen Kristallen verhaken, teilweise schmelzen sie sogar und
erstarren dann wieder: So entstehen aus den Kristallen die
großen Schneeflocken. Die größte jemals gesichtete und im
Guinness-Buch der Rekorde verzeichnete Flocke fiel im Jahr
1887 auf den Boden des US-Bundesstaates Montana und maß
ganze 83 Zentimeter. Allerdings hat die außer einem Farmer
namens Matt Coleman niemand gesehen, was die Glaubwür-
digkeit dieses Rekords etwas infrage stellt.

Je wärmer es ist, desto dicker die Flocken. Ist es hingegen besonders kalt, können sie auch haarfein sein: *diamond dust crystals*, Diamantstaub-Kristalle. Sie bilden sich ähnlich wie Nebel in Bodennähe bei sehr kalten Temperaturen und schweben leise in der Luft, glitzern dabei vom Sonnenlicht angestrahlt so wie ihre Namensgeber. Auf deutschen Boden fallende Schneeflocken haben in der Regel einen Durchmesser von vier bis fünf Millimetern und wiegen durchschnittlich 0,004 Gramm. Ein Gewicht, das kaum noch als solches zu bezeichnen ist und dazu beiträgt, dass die Flocken mit einer Durchschnittsgeschwindigkeit von gerade einmal vier Kilometern pro Stunde auf dem Erdboden ankommen. Zum Vergleich: Ein großer Regentropfen kann mit über 25 Kilometern pro Stunde durch die Luft rasen und auf dem Boden aufschlagen. Würden Schneeflocken das Gleiche tun, wäre von ihrer zauberhaften Form nicht mehr viel übrig. So aber sind sie kleine Kunstwerke, Unikate, unvorstellbar filigran und unvorstellbar perfekt.

Ich lag ganz still auf der weißen Erde, hielt fast schon automatisch meinen vom Aufstieg gesteigerten Atem so flach wie möglich. In diesem Moment hätte ich alles hören können – doch ich hörte nichts. Die Natur verhielt sich ganz still, Menschen waren weit entfernt ... oder hörte ich doch etwas? Mein Atem rauschte erstaunlich laut, obwohl ich ihn fast angehalten hatte. Selbst beim Yoga, wo es oft um nichts anderes geht, als das eigene Ein- und Ausatmen bewusst wahrzunehmen, war ich mir der Arbeit meiner Lungen noch nie so sehr bewusst gewesen. Jede meiner Bewegungen, und war sie noch so minimal, erzeugte Lärm, und war es nur der Aufschlag meiner mit feinen gefrorenen Tröpfchen besetzten Wimpern beim Blinzeln. Das Blut schien durch meinen Kopf zu tosen wie

Schmelzwasser im Frühling, meine Gedanken waren große Felsbrocken, die unterwegs mitgerissen wurden und nun Richtung Tal polterten.

Ich fühlte mich wie als Kind auf dem Spielplatz, gerade noch hatte ich mich in Windeseile mit dem Karussell gedreht, und nun saß ich benommen daneben auf dem Boden, darauf wartend, dass die Flüssigkeit in den Bogengängen des Innenohrs wieder zur Ruhe kam. Doch sie kam nicht zur Ruhe, schien sich eher immer schneller zu drehen, während sich die scharfe Kälte der komprimierten Schneeflocken unter mir langsam durch meine Kleidungsschichten fraß und die Wärme aus meinem Körper drängte. Mehr und mehr wurde die Stille fast schon unerträglich laut, obwohl der Schnee um mich herum den nicht vorhandenen Lärm noch zusätzlich dämpfte.

Eine Flocke kann bis zu mehr als neunzig Prozent aus Luft bestehen, zusätzlich werden in einer Schneedecke viele Hohlräume miteingeschlossen, die den Schall verschlucken. Doch gegen die Geräusche, die ich hörte, konnte auch das verzweigteste Labyrinth aus Kristallen nichts ausrichten. Ich konzentrierte mich so sehr darauf, die Stille dieses Ortes zu erleben, dass ich das vielleicht prägnanteste Gegenteil von Stille erlebte: einen Kopf, der nicht zur Ruhe kam.

Ich fühlte mich unbehaglich, stand wieder auf, klopfte mir den Schnee von der Kleidung und setzte meinen Weg auf den Gipfel des kleinen Berges fort. Das gleichmäßige Stapfen meiner Beine im Schnee stoppte das Karussell im Kopf, und bald schon ging ich wieder ganz auf in der Betrachtung der bizarren Landschaft aus starr gefrorenen, weiß übergossenen Bäumen.

Es fühlte sich an, als wäre ich das einzige Lebewesen weit und breit. Noch nicht einmal Mücken schwirrten durch die Luft, nirgendwo raschelte, scharrte, piepste etwas. Doch die

Bäume, die Moose und Flechten, das Gras; sie alle schliefen nur. Und Unglückshäher, Meisen und andere Vögel halten selbst dem Winter in Finnland stand, huschen jedoch zu dieser Jahreszeit meist ganz lautlos von Baum zu Baum. Mit etwas Glück und der richtigen Art von Schnee kann man sogar die Spuren von Hermelin, Baummarder, Fuchs oder kleinen Nagetieren auf dem Boden erkennen.

Das blasse Grau des Himmels hatte sich mittlerweile in ein milchiges Hellblau verwandelt, welches an seinem unteren Rand in perfektem Verlauf in pastelliges Rosa und verwaschenes Orange überging.

Ich hatte den höchsten Punkt meiner Wanderung erreicht. Durch gekrümmte Äste hindurch sah ich, wie der Berg von Bäumen gesäumt abfiel und in sanfte, mit weißdunklen Bäumen besprenkelte Wellen überging, die den ganzen Weg bis zum rosapurpurnen Grenzstreifen rollten. Auf der anderen Seite schien der Boden zu brennen, doch es war nur die Sonne, die hinter ihm schwerfällig über den Horizont emporkroch. Ich blickte wie gebannt auf die riesige Sichel. Während der ersten Woche meiner Reise hatte ich die Sonne überhaupt nicht gesehen, und auch die Pastellfarben des Himmels waren hinter einer hartnäckigen Wolkenwand verborgen geblieben. Nach einer Woche, umgeben von grauem Weiß und weißem Grau, lechzte ich regelrecht nach Farben und nach der kalten Wärme der Wintersonne. Die Farblosigkeit der Wintertage und die lange Dunkelheit waren mir schon nach einer Woche aufs Gemüt geschlagen, daran hatte auch mein buntes Outfit nichts ändern können. Obwohl ich trübes Wetter eigentlich mochte, jeden einzelnen Moment der Reise genoss und selbst den unzähligen Grauschattierungen optisch und emotional so einiges abgewinnen konnte. Und doch war es mir jeden

Morgen ein bisschen schwerer gefallen, das warme Bett zu verlassen, denn es war draußen ja noch lange nicht hell. Und abends, da wäre ich gerne direkt nach dem Abendessen ins Bett gefallen, denn es war schon seit einigen Stunden dunkel. Die Finnen, so scheint es, lassen sich von der Dunkelheit nicht beirren und ziehen eben mit Stirnlampe ihre Kreise über den See, wahlweise auf Langlaufski oder Schlittschuhen. Viel Zeit an der frischen Luft zu verbringen, ist die wohl wichtigste Maßnahme gegen die potenziell lähmende lange Dunkelheit. Und dieses Draußensein ist tief in der Kultur der Finnen und anderer Skandinavier verwurzelt. Egal zu welcher Jahreszeit, egal bei welchem Wetter. Das gemeinskandinavische *friluftsliv*, was so viel wie Leben im Freien bedeutet, ist keine Ansammlung von Aktivitäten, sondern vielmehr ein Lebensgefühl, eine Lebenseinstellung. *Friluftsliv* ist die mehrtägige Trekkingtour durch die Wildnis genauso wie die Fahrt auf Langlaufski zum Supermarkt, der Sprung ins eisige Wasser nach der Sauna genauso wie das Sammeln von Beeren oder das Kochen am Feuer im Freien. Umfragen zufolge gehen 85 Prozent der Finnen zum Beerensammeln, 35 Prozent betreiben Langlauf, ganze 70 Prozent wandern regelmäßig, das sind 40 Prozent mehr als der gesamteuropäische Durchschnitt. Kein Wunder, dass die Finnen regelmäßig zur glücklichsten Nation gewählt werden. Draußensein macht glücklich, im hohen Norden lebt der Beweis.

Normalerweise wäre ein Sonnenaufgang wie dieser der Moment gewesen, in dem ich in Eile meine Kamera aus dem Rucksack geholt hätte, um das Farbenspiel des Himmels zu fotografieren. Normalerweise hält dieses Spiel aber auch nur wenige Minuten an, bis die Sonne je nach Tageszeit entweder zu hoch oder zu niedrig steht. Doch im Norden Finnlands gab es keine Eile, die Pastellfarben würden vorerst bleiben, wenn die Wolken mir keinen Strich durch die Rechnung machten, sogar für mehrere Stunden. Etwas, das eigentlich immer nur für einen kurzen Moment lang greifbar war, dehnte sich plötzlich weit aus, so als hätte jemand zum genau richtigen Zeitpunkt die Stopptaste gedrückt. Die Zeit schien sich zu weiten, hatte sich von Regentropfen- auf Schneeflockenge- schwindigkeit verlangsamt.

Ich betrachtete die schlafende Landschaft, den Himmel in Pastell und die Stille, die dort unten zwischen den Bäumen herrschte. Aber sie war nicht mehr nur dort, sondern auch hier, in mir.

Mir wurde bewusst, dass ich diese absolute, vollkommene Stille schon lange vor meiner Reise in den Norden Finnlands erlebt hatte. Damals im Arches Nationalpark, als ich mit vom roten Staub übersäten Füßen über den Sandstein kletterte. In Schottland, nachdem ich zwei Stunden lang durch Niesel- regen zu einer einsamen Bucht gelaufen war und dort auf einer Düne Nudelsalat gegessen hatte. In Irland, als ich mich auf einem Berggipfel hinter einem Stein vor dem stürmischen Wind versteckt hatte, um Kaffee auf meinem Gaskocher zu kochen. Im Nordwesten der USA, als ich eine Stunde lang nichts anderes getan hatte, als eine Elchkuh mit Kalb am Ufer eines Sees zu beobachten. In Patagonien, als ich dabei zusah, wie riesige Eismassen vom Gletscher in den See brachen und die Stille selbst dieses Getöse hatte übertönen können.

Ich hatte Stille vor allem dann gefunden, wenn ich aufge- hört hatte, nach ihr oder nach irgendetwas zu suchen. Wenn ich völlig im Moment gewesen war, alles um mich herum vergessen hatte und doch gleichzeitig völlig präsent gewesen war, die Welt gleichermaßen ausgeschlossen und mich ihr ge- öffnet hatte. Stille war, wenn ich wusste, dass ich in diesem

Moment ganz genau dort sein wollte und sollte, wo ich war. Wenn mein Herz ruhig war und gleichzeitig brannte. Wenn kein negativer Gedanke, eigentlich überhaupt kein Gedanke in meinem Kopf war und ich einfach nur zufrieden war, im Reinen mit mir und der Welt, mich viel mehr als Teil dieser Welt fühlte, als Teil der Natur, denn die war in solchen Momenten immer um mich herum.

Manchmal hielt die Stille nur für Augenblicke an, manchmal für mehrere Stunden. Doch genau diese Momente der Stille waren es, die mich immer wieder nach draußen zogen, die mich die Wanderschuhe schnüren, auf Berge steigen und durch Moore waten ließen. Dabei musste es nicht still um mich herum sein, und schon gar nicht so still wie im winterlichen Norden Finnlands. Auch wenn diese absolute Abwesenheit von jeglichem Geräusch etwas sehr Faszinierendes war. Eine Erfahrung, die ich nicht missen möchte, weil sie etwas sehr Besonderes ist in unserer modernen Welt, genauso wie in der Natur. Doch äußere Stille half oft dabei, auch innere Stille zu finden. Die Abwesenheit von Dingen wie Autobahnen, Radios, Smartphones, Baustellen, Flugzeugen, piependen Waschmaschinen und ja, von Menschen an sich. All das ist Ablenkung, und wenn man abgelenkt ist, kann man nicht bei sich sein. Manchmal kann Ablenkung angenehm sein, genauso wie Stille manchmal unangenehm oder gar bedrohlich wirken kann. Doch zwischendurch tut es gut, ganz bei sich anzukommen, und dafür ist es hilfreich, sich nicht gerade neben eine rauschende Autobahn zu setzen, sondern, wenn überhaupt, neben einen rauschenden Fluss.

Ich habe es oft mit Yoga probiert, vor allem früher, während des Studiums, wenn mir in manchen Phasen alles zu viel wurde und ich das dringende Bedürfnis hatte, einfach nur zu sein, fernab von den Büchern und Hörsälen und meinem Laptop, und auch fernab von Bars und Klubs und dem verrauchten Wohnzimmer in meiner WG – zumindest für einen Moment. Eine Zeit lang habe ich wirklich ambitioniert geübt, die Sache mit dem Downward Dog genauso wie die mit dem Atmen und Stillsein. Etwas später bin ich wegen von »normalen« Ärzten unerklärbarem Schwindel irgendwann beim Osteopathen gelandet, der versucht hat, mir autogenes Training näherzubringen. So richtig funktioniert hat das allerdings nie. Die Ruhe, nach der ich mich vor allem in hektischen Zeiten gesehnt habe, wie es wohl jeder von uns tut, trat nicht ein. Die Stille, die ich suchte, war die Stille in mir selbst, und um die zu finden, musste ich nach draußen gehen.

Ich mache heute immer noch Yoga, zumindest manchmal, und mittlerweile funktioniert das mit der Ruhe viel besser. Denn ich habe draußen in der Natur echte Stille kennengelernt, und nun fällt es mir auch zu Hause, in der Stadt, in der U-Bahn oder irgendwo anders, wo es niemals auch nur annähernd ruhig ist, leichter, diese Stille zu reproduzieren.

Weltweit wird in unterschiedlichen Projekten an den Auswirkungen von Natur auf Körper und Geist des Menschen geforscht. Und bei den Grundsätzen sind sich die Forscher in der Regel einig: Natur macht gesund. Natur macht glücklich. Natur gibt Energie, macht kreativ und produktiv. Und, vielleicht am wichtigsten, Natur ist die wohl beste Medizin gegen eines der größten Leiden unserer Zeit: ein überstrapaziertes Gehirn. Untersuchungen geben Anlass zu der Annahme, dass Menschen, die in der Nähe von Grünanlagen leben, dies länger und gesünder tun. Dass Krankenhauspatienten, die aus ihren Fenstern Bäume sehen können, schneller gesund werden. Dass sich Kinder, die regelmäßig an der frischen Luft sind, besser konzentrieren können und weniger in Prügeleien verwickelt sind. Schon ein paar Minuten Natur pro Tag reichen theoretisch aus, um positive Ergebnisse feststellen zu können. Theoretisch sogar, wenn die viel befahrene Straße direkt neben der Grünanlage liegt oder Flugzeuge über sie hinwegdonnern.

Ärzte auf den Shetland-Inseln verschreiben neuerdings ganz offiziell Natur und Naturerlebnisse gegen Leiden wie Diabetes, psychische Erkrankungen oder Herz-Kreislauf-Schwäche. Auf der Webseite der dortigen Gesundheitsbehörde gibt es einen Kalender mit Dingen, die man pro Monat in der Natur tun kann, um sich gesund zu halten:

Januar: Geh raus, sei drei Minuten lang still und lausche.
Februar: Pflanze ein paar Blumenzwiebeln.
März: Heiße Zugvögel mit einer kleinen Feier zu Hause willkommen.
April: Berühre das Meer.
Mai: Vergrabe dein Gesicht im Gras.
Juni: Iss das Blatt eines Sauerklees.
Juli: Folge einer Hummel.
August: Versuche einen Vogelruf nachzuahmen.
September: Nimm das Torfmoos unter deinen Füßen wahr.
Oktober: Bewundere eine Wolke.
November: Sprich mit einem Pony.
Dezember: Reise in den Norden Finnlands und mach eine Schneeschuhtour.

(Okay, der letzte Punkt stammt eventuell von mir.)

Kapitel 11

DIE SCHÖNHEIT DES NICHTS

In Patagonien findet man einige der eindrucksvollsten Landschaften dieser Erde. Gewaltige Türme aus Granit, deren Namen selbst Bergsteiger und Kletterer, die schon alles oder zumindest fast alles gesehen haben, stets mit großer Ehrfurcht aussprechen. Fitz Roy. Cerro Torre. Torres del Paine. Hinter ihnen spannt sich das südliche patagonische Eisfeld, rund 13 000 Quadratkilometer groß, Campo de Hielo Sur. Mit seinem berühmtesten Ausläufer, Perito Moreno, dessen in regelmäßigen Abständen in den See Lago Argentino abbrechende, teils über 77 Meter hohe Eismassen jegliche meiner Definitionen von Geräusch gesprengt haben. Während man bei Patagonien in erster Linie an diese schroffen Berge, die mit Miniaturausgaben von Eisbergen und schwimmenden Schollen besetzten Lagunen, die mächtigen Gletscher denkt, meint man damit doch nur einen ganz kleinen Teil dieser untersten Spitze Südamerikas, dort, wo Chile und Argentinien in einem schmalen Streifen zusammenlaufen und in Feuerland enden.

Denn da gibt es noch mehr. Da gibt es das große Nichts, die Leere, die Weite, die eigentlich gar nicht existiert, weil ein Nichts eben nichts ist und für mich doch manchmal alles war.

Der größte Teil des Gebiets ist in vielerlei Hinsicht das

Gegenteil von einem voll besetzten Postkartenmotiv, bei dessen Anblick es auf jedem einzelnen Zentimeter etwas zu staunen und zu entdecken gibt. Der größte Teil Patagoniens ist vor allem eines: leer. Ein unbegrenzter Raum, zweigeteilt in oben und unten, in Erde und Himmel, eine Steppe, die nur noch von den Dimensionen des großen Blaus über ihr überragt wird.

673 000 Quadratkilometer, eines der ausgedehntesten Trockengebiete Amerikas. Der Boden ist nährstoffarm, der Bewuchs spartanisch, für kurzstielige Rispen- und Federgräser gerade noch gut genug, hier und da sprießt ein Eisenkraut oder Nachtschattengewächs, wenn überhaupt. Die einzigen Bäume, die hier stehen, wurden gepflanzt, um die weit verstreuten Farmen und Landsitze vor den gnadenlosen patagonischen Winden zu schützen. Forstwirtschaft ist quasi nicht existent und Landwirtschaft ebenso wenig, von der Viehhaltung einmal abgesehen. Neben Kühen, Pferden und Eseln ist die Fauna der Patagonischen Steppe eher überschaubar. Es gibt vor allem Guanakos, die patagonische Version des Kamels und die Urform des domestizierten Lamas. Guanakos streifen so gut wie überall wild umher. Es gibt Nandus, sozusagen die südamerikanische Form des Afrikanischen Strauß. Nandus sind nur hier anzutreffen – und, so skurril es auch ist, in Mecklenburg-Vorpommern, wo im Jahr 2000 mehrere Tiere aus einer Freilandhaltung entwischten und sich zu einer frei lebenden Population von mehreren Hundert Tieren entwickelt haben. Es gibt Pampashasen, die wie eine Mischung aus Hase und Meerschweinchen aussehen, aber biologisch zu Letzteren gehören. Außerdem findet man Zwerggürteltiere und Argentinische Kampffüchse, Pumas und Andenkondore, Flamingos und Magellan-Pinguine und noch ein paar andere.

»*So beschränkt wie seine Flora ist auch die Zoologie von Patagonien*«, so fasste Charles Darwin das, was er in Patagonien fand, kurz und prägnant zusammen. Am 27. Dezember 1831 ging er in England an Bord der HMS Beagle, am Steuer der britische Kapitän Robert Fitzroy, der nach einem Mann der Wissenschaft für seine Expedition gesucht hatte. Darwin war gerade einmal 22 Jahre alt, ein leidenschaftlicher Sammler diverser Dinge – Muscheln, Käfer, Mineralien, Briefumschläge und einiges mehr. Zwar war er aufgrund seines Alters noch nicht überaus reich an theoretischem Wissen, aber an Neugier und Begeisterung dafür umso mehr. Und die nahm er mit an Bord der Beagle.

Fünf Jahre dauerte die Expedition, die Darwin einmal rund um die Welt führte. Von England über Brasilien nach Feuerland, von dort zu den Galapagosinseln und anschließend über Neuseeland, Australien und Südafrika zurück nach Europa.

20 Jahre später veröffentlichte Darwin seine Thesen zur Entwicklung der natürlichen Welt. Das Werk *Die Entstehung der Arten*, welches Darwins Evolutionstheorie beinhaltete, sollte den damals vorherrschenden Glauben an die Schöpfungsgeschichte ein für alle Mal über den Haufen werfen. Sie fußte auf Jahren des detailgetreuen Beobachtens, Notierens, Kategorisierens. In seinen Tagebüchern dieser Reise ließ Darwin kein Detail aus, beschrieb die Formen und Beschaffenheiten der Landschaft genauso akribisch wie Pflanzen, Tiere und andere Bewohner. Meistens erzählte er dabei von dem, was war. Aber manchmal auch von dem, was nicht war.

»*Wenn ich mir Bilder aus der Vergangenheit zurückrufe, so bemerke ich, dass die Ebenen von Patagonien häufig vor meinen Augen erscheinen. (…) Warum haben denn nun diese dürren Wüsten sich einen so festen Platz in meinem Gedächt-*

*nis errungen? (...) Ich kann diese Empfindungen kaum ana-
lysieren. Sie müssen aber die Folge davon sein, daß hier der
Einbildung volle Freiheit gegeben ist. Die Ebenen von Patagonien sind ohne Grenzen, denn sie sind kaum zu durchqueren und daher unbekannt. Sie sind dadurch geprägt, daß die
Jahrhunderte lang so bestanden haben, wie sie jetzt sind, und
es scheint keine Grenze für ihre Dauer durch künftige Zeiten
zu bestehen.«*

Für einen naturwissenschaftlichen Geist wie den von Darwin, der in seinen Aufzeichnungen selbst die Seekrankheit,
mit der er zu kämpfen hatte, penibel aussparte, sind diese
Worte fast schon überschwänglich emotional. Wer hätte gedacht, dass jemand, der der Existenz allen Seins auf den
Grund gehen wollte, sich ausgerechnet für so viel Nichts
begeistern konnte.

Denn nichts kann man nicht sammeln, dokumentieren, in
Kategorien einordnen. Und deswegen ließ ich Kamera, No-
tizbuch und Smartphone zurück, als ich mich mit meinem
Zelt für eine Nacht in die Steppe begab. Ich wollte dem Nichts
mit möglichst wenig begegnen, damit es seine volle Wirkung
entfalten konnte. Und deshalb ist dies die Geschichte von
einer Wanderung, die es eigentlich gar nicht gab. Zumindest
bin ich mir manchmal nicht so sicher, ob es sie wirklich gegeben hat oder ob vielleicht doch alles nur in meinem Kopf
stattfand. Es gibt keine Fotos, ich habe nie darüber auf meinem Blog geschrieben, ja, ich glaube sogar, noch nicht einmal
jemandem davon erzählt. Und das mit voller Absicht.

Die meisten Menschen, die Patagonien bereisen, halten sich
im Westen der Landspitze auf, dort, wo die großen Gletscher

und Berge liegen. Auch mich zog es im weiteren Verlauf meiner Reise dorthin. Ich versuche nicht, um jeden Preis zu vermeiden, auf ausgetretenen Pfaden zu wandern. Wenn diese Pfade zu einem Ort führen, den ich sehen und erleben möchte, laufe ich ihn gern, auch wenn viele Menschen vor mir das Gleiche taten und viele nach mir das Gleiche tun werden. Und ich empfinde es immer als höchst widersprüchlich, wenn Reisende sich über »die vielen Touristen« beschweren, die die gleichen Orte besuchen, wie sie selbst es schließlich auch tun. Am besten solche Orte, die in jedem Reiseführer zu finden sind und direkt neben einer Hauptverbindungsstraße liegen, also ohne große Anstrengung zu erreichen sind.

Allerdings finde auch ich es natürlich deutlich erstrebenswerter, Orte für mich allein zu haben, sie nicht mit Dutzenden oder gar Hunderten anderen Menschen teilen zu müssen. Allein weil ein solches Besucheraufkommen in der Regel seine Spuren hinterlässt: Müll, zertrampelte Pfade, wo eigentlich gar keine sein sollten, Autos über Autos. Mit Plattformen wie Instagram nahm das Phänomen des Übertourismus ganz neue Dimensionen an. Menschen pilgern massenhaft an die immer gleichen Orte, um das immer gleiche Foto zu schießen und dieses mit den immer gleichen Filtern bearbeitet ins Internet zu stellen. Wo die »besten« Plätze dafür sind, lässt sich an den Fußspuren gut erkennen. Es geht nicht mehr um das Erleben, es geht allein um das Fotografieren und die Anzahl der Likes, die man anschließend dafür bekommt. Da wird dann auch schon mal das Zelt allein für dieses eine Foto aufgestellt, vorzugsweise auf irgendeinem windigen Felsvorsprung, wo niemand, der wirklich in diesem Zelt schlafen wollen würde, es jemals aufstellen würde. Es gibt Orte auf der Welt, die ich wegen ihrer großen Beliebtheit im Moment nicht besuchen würde. Allerdings eher zum Schutz dieser Orte und nicht, weil ich sie nicht sehen möchte. Und selbst wenn ich sie besuchen würde, würde ich nicht darüber berichten.

Letztendlich laufe ich aber sowieso lieber weglos über trockene Gräser und bröckeligen Boden einem großen Nichts entgegen. Die Sehnsucht nach diesem Nichts war es, die mich von Punta Arenas, der südlichsten Stadt der Erde, aus lenkte. Nicht nach Westen, sondern in die entgegengesetzte Richtung, mittenrein in die Weite Argentiniens. Dorthin, wo sich kaum noch ein Tourist hin verirrt, weil es nicht viel außer Nichts zu sehen gibt.

Zelt, Schlafsack und Isomatte, das Nötigste an Kleidung, ein paar relativ geschmacklose Cracker und Müsliriegel, vier Liter Wasser, mein kleiner Gaskocher sowie einige Päckchen Kaffee und Tee – das war im Wesentlichen alles, was sich in meinem Rucksack befand, als ich zu meinem undefinierbaren Abenteuer in die Patagonische Steppe aufbrach. Kein Telefon, keine Kamera, kein Buch, keine Kopfhörer, noch nicht einmal ein Stück Schokolade. Lediglich meinen Notfall-GPS-Sender hatte ich dabei, um meine Route aufzuzeichnen und so am nächsten Tag zurück zu meinem Ausgangspunkt zu finden. Denn wo nichts ist, kann man sich auch an nichts orientieren, außer vielleicht am Stand der Sonne, und auf die wollte ich mich am Ende der Welt nicht verlassen.

Forscher des Max-Planck-Instituts für Biologische Kybernetik in Tübingen untersuchten vor einigen Jahren in einer Studie, ob Menschen tatsächlich im Kreis laufen, wenn sie sich in unbekanntem Terrain befinden. In zwei unterschiedlichen Umgebungen – einmal in der Sahara und einmal in einem dichten Wald – sollten die Probanden über mehrere Stunden hinweg möglichst gerade in eine Richtung laufen, die ihnen am Anfang vorgegeben wurde. Solange die Sonne oder der Mond sichtbar waren, gelang es den Teilnehmern der Studie, diese Richtung einigermaßen akkurat einzuhalten. Wenn der Himmel jedoch bewölkt war, liefen sie tatsächlich in Kreisen, kreuzten teilweise sogar mehrmals ihre eigene Spur, ohne es überhaupt zu bemerken. Ganz ohne Hilfsmittel mittenrein in eine leere Ebene zu laufen, war also keine besonders gute Idee.

Ich gab mir sechs Stunden, die ich einfach nur in die immer selbe Richtung laufen wollte. Dabei hielt ich auf eine Reihe Hügel zu, die ich weit in der Ferne erkennen konnte. Wie weit genau, war jedoch schwer zu sagen. Ob ich sie in den sechs Stunden erreichen würde, konnte ich nicht einschätzen. Das GPS immerhin konnte ich dank dieser Orientierungshilfe dann doch im Rucksack lassen, auch weil die Sonne beharrlich am Himmel stand, umringt von weißen Wölkchen, die nichts als Harmlosigkeit ausstrahlten. Kein Fuchs kreuzte meinen Weg, kein Guanako graste weit und breit, selbst die schwarzen kreisenden Schatten am Himmel fehlten. Da war nur noch ich, und sonst nichts. Ich lief, immer weiter hinein in die Leere und bald ging nicht nur mein Gefühl für den Raum, sondern auch das für die Zeit verloren. Einzig meine Füße konnten sich noch daran erinnern, wie lange ich gelaufen war, und bedeuteten mir irgendwann, eine Pause zu machen.

Normalerweise widme ich der Wahl meines Pausenplatzes beim Wandern immer eine gewisse Aufmerksamkeit, laufe lieber noch den ein oder anderen Kilometer, wenn ich das Gefühl habe, es könnte noch ein besserer Ort auftauchen. Und selbst wenn ich glaube, einen gefunden zu haben, nehme ich mir noch einen Moment Zeit, um zu prüfen, ob es wirklich der richtige ist, so wie ein Hund sich mehrmals im Kreis dreht, bevor er sich hinlegt.

Trocken soll es sein, falls möglich, und zumindest einigermaßen bequem. Mit schöner Nah- und idealerweise auch Fernsicht, je nach Temperatur im Schatten, Halbschatten oder der prallen Sonne. Schutz vor Wind ist immer gut, genauso wie ein plätschernder Bach in der Nähe, aber nur wenn der nicht zu viele Moskitos anzieht. Großartig ist auch, wenn ich dann meine Schuhe ausziehen und meine Füße in weiches Gras strecken kann oder eben in das kühle Wasser. Und am allergroßartigsten ist es, wenn die Sitzgelegenheit nicht nur trocken und bequem, sondern anatomisch passend vorgeformt ist. Eine Mulde im Stein, vielleicht noch mit Lehne. Oder zwei Baumwurzeln, zwischen denen ich es mir an den Stamm gelehnt gemütlich machen kann. Nur im Notfall mache ich einfach irgendwo Rast. Wenn ich einen Stein im Schuh habe und dann nach dem Entfernen auch gleich sitzen bleiben kann. Oder wenn der leere Magen sich ganz plötzlich und unvorbereitet bemerkbar macht und nach dem Wanderproviant schreit.

Baumwurzeln oder vorgeformte Steine hätte ich in der Patagonischen Steppe jedoch vergeblich gesucht, genauso wie so ziemlich alle anderen Faktoren, die meine Wahl normalerweise beeinflusst hätten. Ich konnte lediglich entscheiden, ob ich mich auf das in Büscheln wachsende, stachelige Steppengras setzen wollte oder doch lieber auf den sandigen, mit Steinen unterschiedlichster Größe durchsetzten Boden, der die zahlreichen Lücken zwischen den Grasbüscheln füllte. Ich wählte keines von beiden, sondern setzte mich einfach auf meinen Rucksack, denn zerbrechliche Dinge hatte ich sowieso keine dabei.

Ich trank einen Schluck Wasser, schloss die Augen, öffnete sie wieder und malte mit den Fingern Kreise in den Sand. Woher die Körnchen wohl angeweht worden waren? Wohin sie wohl bald schon weiterwehen würden, wenn der nächste Sturm kam? Ein großer schwarzer Käfer lief über meine Hand, hielt für einen Moment inne, so als könnte er nicht ganz glauben, was gerade geschah. Hätte er mich in diesem Moment gefragt, was ich hier tat und vor allem warum, ich hätte nicht so wirklich gewusst, was ich antworten sollte. Für den Käfer war die Patagonische Steppe wahrlich keine leere Ebene, sondern ein komplizierter Parcours aus borstigen Grasbäumen und Geröll.

Nach einem Blick auf die Uhr stellte ich fest, dass ich bereits vier Stunden unterwegs war. Noch zwei Stunden Laufzeit trennten mich von meinem selbst gesteckten Tagesziel. Ich hängte einfach noch eine Stunde dran, oder zumindest so in etwa, denn es erschien mir sinnlos, überhaupt noch auf die Uhr zu sehen. Die Hügel waren immer noch in weiter Ferne, es gab nichts, das ich erreichen konnte, zumindest nicht in einem Tagesmarsch, außer dem Gefühl von müden, aber zufriedenen Füßen.

Die Suche nach einem geeigneten Zeltplatz erübrigte sich genauso wie die nach dem für die Pause. Mein Zelt würde überall gleich gut stehen. Oder auch gleich schlecht, das kam ganz darauf an. Als ich meine Heringe extra fest in den Boden bohrte, waren die Erinnerungen an meine Mehrtagestour in Kalifornien aus dem letzten Jahr plötzlich wieder ganz frisch. Fast schon konnte ich die Umrisse der Joshua Trees sehen, die sich aus der sandigen Steppe erhoben, und den staubigen Pfad, der sie miteinander verband. Den Sonnenuntergang hören, der in der Windstille zu knistern schien wie die Flammen eines Feuers. Und den Moment, als diese Windstille von einer Sekunde auf die andere Geschichte war:

Mit einem Schlag war ich hellwach geworden. War das da meine Zeltwand, die gefährlich nah und ungewöhnlich heftig angekuschelt kam? Ja, das war sie. Meine Zeltwand, die sich jeglicher Heringe entledigt hatte und dem Wind nun völlig ergeben war. Wind? Wo kam nur dieser Wind her? Ich sah auf die Uhr. Es war noch nicht mal eine Stunde vergangen, seit ich eingeschlafen war.

Mit einer Hand versuchte ich, das Zelt am Boden zu halten, und mit der anderen, meine Daunenjacke aus dem Schlafsack zu fummeln. Dass meine Zeltheringe nicht gerade für den sandigen Boden hier in der Wüste geeignet waren, das war mir schon beim Aufbau klar geworden. Aber wie schlecht sie wirklich geeignet waren, das wurde mir erst so richtig schmerzlich bewusst, als ich versuchte, sie in den kurzen Pausen zwischen den wütenden Windböen wieder im Boden zu verankern.

Beim ersten Mal hatte ich noch die ziemlich unbegründete Hoffnung, dass sie vielleicht doch irgendwie Halt finden würden. Beim zweiten Mal dachte ich, dass ich das Zelt vielleicht irgendwie so drehen könnte, dass der Wind unverrichteter Dinge an ihm vorübergeht. Beim dritten Mal versammelte ich alle Abspannleinen auf der Seite, die der Sturm mangels Vegetation gänzlich ungebremst niederdrückte. Das half ein bisschen und war doch nicht gut genug. Mein armes kleines Zelt kämpfte in dieser Nacht ums Überleben – und ich um jede Minute Schlaf. Während der Sturm immer stärker wurde.

Als ich zum gefühlt hundertsten Mal aus dem Zelt klettern wollte, stolperte ich über eine der Abspannleinen. Das hatte zur Folge, dass sämtliche Heringe quasi gleichzeitig aus dem Boden schossen. Ich und der Wasserkanister im Zelt versuchten, das Zelt so gut wie möglich am Boden zu halten – und verzweifelten beide nahezu an dieser Aufgabe.

*Da sich am Horizont das erste Licht des Tages abzeich-
nete, erklärte ich die Nacht in diesem Moment für beendet.
Erleichterung machte sich breit, auch wenn es eine gefühlte
Ewigkeit dauerte, bis ich unter diesen Umständen alles ab-
gebaut und im Rucksack verstaut hatte. Meine eisigen Finger, die ich regelmäßig zum Aufwärmen unter meine Daunenjacke schicken musste, machten die Sache auch nicht
gerade einfacher.*

Es war die gleiche Daunenjacke gewesen, in deren Taschen
ich nun meine Hände vergrub. Und ich brauchte eine Weile,
bis ich wieder realisierte, dass ich gerade nicht in Kalifornien
war, sondern in der patagonischen Wildnis. Windstille Tage
waren hier höchst selten, viel öfter wehte der Wind so stark,
dass das aufrechte Stehen schwerfiel und die Tränenflüssigkeit
unaufhaltsam aus den Augen gedrückt wurde. Doch ich hatte
einen dieser raren Tage erwischt, so schien es.

Ich lag auf meiner gelben Isomatte vor dem Zelt in der Abendsonne, den Kopf bequem auf einen Steppengrashügel gebettet,
trank Tee aus der Thermoskanne und knabberte an einem
trockenen Vollkornkeks. Normalerweise war ich abends in
solchen Momenten mit Kochen beschäftigt und lief dann mit
meiner Kamera rund um das Zelt, um schöne Motive einzu-
fangen. Manchmal bearbeitete ich anschließend sogar schon
ein paar Fotos auf dem Handy oder tippte ein paar Gedanken
in meine Notizen-App, falls der Akku und die Powerbank
ausreichend gefüllt waren. Nicht weil ich musste, sondern
weil es etwas war, das ich gerne tat. Aber all das hätte sich
hier irgendwie falsch angefühlt, und zu fotografieren hätte es
sowieso nicht viel gegeben.

Wäre in diesem Moment ein Andenkondor hoch über mir geflogen, so hoch er nur konnte, hätte er vermutlich trotzdem nichts anderes gesehen als Steppe, die sich an Steppe reihte. Nur wenn er ganz genau hingesehen hätte, hätte er ein kleines Zelt mit Mensch irgendwo darin entdeckt. Hoch fliegen, das können Andenkondore. So hoch wie kein anderer Vogel. Bis zu siebentausend Meter weit in den Himmel heben die drei Meter breiten Schwingen und die Aufwinde des südamerikanischen Andengebirges einen der größten flugfähigen Vögel der Erde. Später auf meiner Reise sollte ich einige sehen. Einen von ihnen sogar ganz nah, über mir im Wind auf der Stelle stehend und auf mich herunterblickend. So nah, dass ich die gefransten Ausläufer der Schwingen zählen, den weißen Ring, der den Kopf optisch vom Körper trennt, ganz deutlich sehen konnte. Der König der Lüfte. Ein Anblick, den ich niemals vergessen werde. Genauso wie den der Patagonischen Steppe, das hatten Darwin und ich gemeinsam.

Ich glaube, meine Kindheit an der Nordsee hat mir nicht nur die Begeisterung für schlechtes Wetter geschenkt, sondern auch für unbestückte Landschaften. Für natürliche Leinwände, die ich komplett selber füllen darf oder auch einfach leer lassen kann, ganz wie ich möchte. Für Orte, an denen nichts und niemand vorgibt, was ist, und deshalb alles sein kann, man selbst alles sein kann.

Eine Wiese mit bunten Blumen darauf ist immer schön, man fühlt sich sofort fröhlich und irgendwie beschwingt, spätestens wenn man die emsig arbeitenden Insekten dabei beobachtet, wie sie sich überhaupt nicht zwischen der Vielzahl an nektargefüllten Möglichkeiten entscheiden können. Ein hoher Berg lässt einen immer staunend zurück, erfüllt mit Demut und Ehrfurcht, während man die gezackten Linien des

Gipfelkamms mit den Augen nachfährt, dabei vielleicht sogar einen Steinbock entdeckt, der sich wie von Zauberhand gehalten leichtfüßig in der Steilwand bewegt. Ein grüner Wald bringt immer Entspannung. Ich denke, der Mensch, dessen Blutdruck nicht fällt, wenn dunkle Baumkronen sachte über den blauen Himmel wischen, untermalt von einem leichten Rauschen, wie ein Meer an einem windstillen Tag, muss erst noch geboren werden. Und ein Meer, egal in welchem Zustand, macht immer nachdenklich, spätestens wenn man versucht, sich vorzustellen, was unter seiner Oberfläche geschieht oder weit draußen, hinter dem Horizont. Aber eine weite Fläche aus farblosem Sand, kargem Gestein oder niedrigem Steppengras? Die macht erst einmal gar nichts mit einem. Und gibt einem dadurch alle Freiheit.

Wir alle haben diese eine Landschaft, die uns ganz besonders in ihren Bann zieht. Die wir vor Augen haben, wenn wir an einem regnerischen Bürotag im Halbdunklen vor dem Bildschirm sitzen und uns nach draußen träumen. Für manche ist es der Wald, für andere sind es die Berge oder das Meer, für mich sind es Steppen und Wüsten. Das war keine bewusste Entscheidung, ich habe mir das nicht so ausgesucht. Doch es war mir von Anfang an völlig klar. Seit ich damals der Eule in die nächtliche Wüste gefolgt bin, hat mich die Wüste nicht mehr losgelassen. Eine Liebe auf Lebenszeit, für die ich sogar zwischendurch meine Abneigung gegen zu hohe Temperaturen über Bord werfe und stattdessen bei fünfundvierzig Grad im Schatten auf Berge im Outback Australiens steige.

»Was war dein schönster Moment auf Reisen? Wohin würdest du gerne noch mal zurück?« Das ist eine Frage, die mir oft gestellt wird und die auch ich gerne stelle. Wohl wissend, dass sie schwer zu beantworten ist, oder zumindest rede ich mir das ein. Doch eigentlich taucht vor meinem inneren Auge dann immer ganz schnell dieser Abend auf, an dem ich in meine Daunenjacke eingewickelt auf einem staubigen Boden sitze und dünnen Apfeltee trinke, von nichts umgeben, nichts tuend, und einfach nur bin. Ich zögere für einen Moment mit meiner Antwort und sage anschließend, dass es so viele schöne Momente gab, alle auf ihre ganz eigene Art und Weise besonders, und ich mich unmöglich entscheiden könne. Doch eigentlich stimmt das nicht, denn es gab diesen Moment, diesen Ort, und hier habe ich nun zum ersten Mal davon erzählt.

Ich glaube, es war an der Zeit, denn für mich steht dieser Ausflug in die Patagonische Steppe für etwas, das ich gern noch viel öfter tun würde, das wir vielleicht alle viel öfter tun sollten, zumindest ab und zu: dorthin gehen, wo unser Herz uns hinführt. Dorthin, wo wir einfach nur sein wollen, egal wie viel oder wie wenig Sinn das auch ergeben mag. Nicht fürs Fotoalbum, nicht für Instagram, nicht um anderen davon zu erzählen. Sondern für uns selbst. Dinge erleben, von denen wir nachher manchmal gar nicht so genau wissen, ob sie wirklich passiert sind, und die Antwort darauf nur in unserer Erinnerung und nicht im Fotoalbum unseres Smartphones zu finden ist. Geschichten schreiben, die nur uns ganz allein gehören. Die vielleicht sogar für andere gar nicht spannend sind, weil eigentlich gar nichts passiert ist, außer dass wir glücklich waren. Auch ich kann über meine Wanderung in der argentinischen Steppe nicht so richtig viel erzählen, außer dass ich sechs oder sieben oder vielleicht auch acht Stunden in die eine und dann am nächsten Tag wieder in die andere Richtung gelaufen bin. Und zwischendurch vielleicht auch ein bisschen im Kreis.

Kapitel 12

UNBEKANNTE HEIMAT

Zugegeben: Deutschland stand nie besonders weit oben auf meiner Wunschliste der Orte, die ich gern genauer erkunden wollte. Zu voll, zu laut, zu eng, zu banal, zu sicher, zu gezähmt, zu nah. Ich wollte Weite, Wildheit, ungezähmte Natur. Ich wollte dorthin, wo Natur noch Natur war und nicht alles in vorgefertigte Formen von quadratischen Stoppelfeldern und senkrechten Fichten gepfercht wurde. Aber in Deutschland wirkten selbst die großen Alpen manchmal wie ein apathisch dreinblickendes Raubtier im Zoo auf mich, umringt von Zäunen und Absperrbändern, die sicherstellten, dass einem diese Wildnis nicht zu nahe kam, und die nächste Bratwurstbude war immer direkt um die Ecke.

Ich gehe niemals in Zoos. Nicht nur, weil ich der Meinung bin, dass kein Tier allein zum Vergnügen der Menschheit hinter Gittern gehalten werden sollte, und solche, die eigentlich in der afrikanischen Savanne oder dem Eis der Arktis zu Hause sind, schon gar nicht. Sondern auch, weil ich einfach noch nie große Freude dabei empfunden habe, etwas zu betrachten, das in seiner natürlichen Wildheit eingeschränkt ist. Das nicht das tun kann, wozu es geboren und bestimmt ist.

Nicht selbst darüber entscheiden kann, wie lange es heute laufen möchte, in welche Richtung es wachsen möchte.

Mich hatte es hinaus in die Welt gezogen, und gleichzeitig war das schlechte Gewissen immer mit mir mitgereist, lastete mit jeder einzelnen Reise und Wanderung, die ich fern von meiner Heimat unternahm, ein bisschen schwerer auf mir. Nicht nur wegen meines ökologischen Fußabdrucks, der mit jedem Flug noch größer wurde. Sondern auch, weil ich irgendwann zwar eine Klapperschlange von einer Bullennatter unterscheiden konnte, einen Schwarzbären von einem Grizzly und ein Wallaby von einem Känguru. Doch wie man einen Haussperling von einem Feldsperling unterschied, davon hatte ich keine Ahnung, obwohl ich von diesen Vögeln, einer der häufigsten heimischen Vogelarten, die wohl größte Zeit meines Lebens umgeben gewesen war. Sie waren im Biergarten, am Badesee, am Bahnhof, vor dem Supermarkt und im Vogelhäuschen im Garten des Hauses, in dem ich aufgewachsen war. Sommer wie Winter wie Herbst wie Frühling, morgens und abends und dazwischen auch. Und ich hatte keine Ahnung.

Irgendwann fühlte ich mich auf einem Wanderweg inmitten der Strauchsteppe des Westens der USA mehr zu Hause als auf einem Feldweg in den Stoppelfeldern meiner Heimat. Daran wollte ich etwas ändern. Nicht nur, weil es in meinen Augen in gewisser Weise von Ignoranz und Überheblichkeit zeugte, Weißkopfseeadler zu kennen, aber keine Spatzen. Sondern auch, weil ich immer neugieriger wurde auf das, was ich zu Hause entdecken würde. Was ich bisher nie gesehen hatte, weil ich nicht richtig hingesehen hatte. Die Spatzen waren immer um mich herum gewesen, ich hatte sie wahrgenommen, und doch nie wirklich. Einen Spatz am Boden sitzen zu sehen, ihn irgendwo im Unterbewussten als solchen abzuspeichern und sich dann anderen Dingen zuzuwenden, ist so ungefähr das

Gleiche, wie gar nicht erst hinzusehen. Wenn man aber einen Spatz am Boden sitzen sieht, anhand des fehlenden schwarzen Flecks am Hals sofort erkennt, dass es sich um einen Haussperling handelt, und zumindest kurz darüber nachdenkt, dass Spatzen wirklich erstaunlich furchtlose Wildtiere sind, wenn man vielleicht noch kurz das leise und doch kräftige Tschilpen wahrnimmt, für einen Moment vergisst, an etwas anderes zu denken als diesen Spatzen, so alltäglich sein Anblick auch sein mag, dann, und nur dann, hat man ihn wirklich gesehen. Ich wollte Spatzen sehen. Und all die anderen Dinge, die ich vielleicht schon oft gesehen hatte und doch nie wirklich.

–

Ich war die einzige Person, die den Regionalexpress 3 nach Stralsund an dem kleinen Bahnhof verließ. Nachdem der Zug sich mitsamt der lärmenden Schulklasse auf Ausflug wieder in Bewegung gesetzt hatte, musste ich selbst erst einmal stehen bleiben und meine Sinne neu ausrichten. Vor knapp zwei Stunden erst hatte ich den stickigen, ohrenbetäubenden Großstadtdschungel Berlins verlassen. Und nun mussten sich meine Ohren an die Ruhe gewöhnen, genauso wie die Augen sich an die Dunkelheit gewöhnen müssen, wenn man plötzlich das Licht löscht. Das Stimmengewirr, der Verkehrslärm, die Durchsagen des Zugschaffners hallten irgendwo hinter meinem Trommelfell nach und verließen erst nach und nach die Windungen meiner Ohrmuschel.

Ich stand direkt unter dem blauen Schild mit der Aufschrift »Warnitz (Uckermark)« und lauschte. Hörte nichts. Hörte noch genauer hin. Hörte jetzt lediglich das Zwitschern einiger Vögel und das Klappern eines alten Fahrrades, das von einer betagten Person in Zeitlupentempo über die Bahnschienen gefahren wurde, eine Bahnschranke gab es nicht. Es war die Art von Stille, die in einem alten Western-Film immer kurz vor einem Duell herrschte. Wenn alle Bewohner des Dorfes sich im Saloon in Sicherheit gebracht hatten, der Staub über die leeren Straßen wehte und irgendwo die rostigen Scharniere einer hölzernen Schwingtür oder eines alten Metallschildes im Wind quietschten.

Tatsächlich war ich gerade erst aus dem Wilden Westen der USA zurückgekehrt, hatte einen Großteil der Zeit im Bundesstaat Washington verbracht, irgendwo zwischen den großen Regenwäldern der Pazifikküste, den schneebedeckten Gipfeln der Kaskadenkette und den trockenen Strauchsteppen im Osten. Umgeben von Klapperschlangen, Weißkopfseeadlern, Schwarzbären und Murmeltieren. Und nun war ich vom Pacific Northwest in den »German Northeast« gekommen. »Willkommen in Brandenburg«, schien das quietschende Fahrrad zu sagen. Willkommen im Wilden Osten.

Ich rückte den Rucksack auf meinem Rücken zurecht, zog hier ein Band fester und lockerte dort eine Schnalle. Es fühlte sich jetzt schon seltsam an, zu Hause zu sein und doch in der Fremde. Aber ich hatte gelernt, dass sich mit all den Laschen und Schlaufen eines Wanderrucksacks nicht nur der Rucksack selbst, sondern auch seltsame Gemütszustände zumindest ein bisschen wieder geraderücken ließen.

Ein Blick auf die Navigationsapp auf meinem Handy verriet mir die Richtung, in die ich gehen musste. Glücklicherweise hatte ich mir die Route und die entsprechenden Karten im Vorhinein zur Offlinenutzung heruntergeladen, denn neben der Empfangsanzeige meines Telefons prangte ein großes »E«. Ich setzte mich langsam in Bewegung, auf leisen Wandersohlen, denn ich wollte die Ruhe nicht stören. Auch wenn es nicht so schien, als wäre jemand da, den ich hätte stören können. Einzig die gepflegten Gärtchen und intakten Gartenzwerge zeugten davon, dass Menschen in den Häusern leben mussten.

Bald schon erreichte ich weite Felder, deren zaghaft geschwungene Linie am Horizont lediglich durch ein paar Bäume durchbrochen wurde. Ebereschen standen entlang des Feldwegs Spalier, die ersten der gefiederten Blätter waren bereits in rostiges Orange gefärbt, die meisten waren jedoch noch erstaunlich satt grün. Es war ein ungewöhnlich warmer Herbst, die leuchtend roten Beeren hingen in vollen Trauben an den Zweigen, zogen diese mit ihrer Last nach unten wie Kugeln am Weihnachtsbaum. Vogelbeeren, die im botanischen Sinne eigentlich Apfelfrüchte sind und bei genauerem Hinsehen auch aussehen wie kleine Äpfel. Die glutroten Früchte sind für mich der Inbegriff von Herbst und vielleicht auch der Inbegriff von Unwissenheit über die heimische Natur. Denn entgegen allen Warnungen sind die Früchte der Ebereschen keineswegs giftig. Sie sind allerdings roh ziemlich ungenießbar, weil sie Parasorbinsäure enthalten und dadurch sehr bitter schmecken. Einmal durchgekocht, kann man die Beeren aber hervorragend zum Beispiel für Marmelade verwenden, denn dann wird die Parasorbinsäure in gut verträgliche Sorbinsäure umgewandelt. Selbiges geschieht, wenn die Beeren den ersten Frost abbekommen haben, und dann werden sie auch mit Begeisterung von denjenigen Tieren gefressen, deren Bezeichnung die Vogelbeere bereits im Namen trägt.

Dreiundsechzig verschiedene Vogelarten konnten bei einer Zählung festgestellt werden, die die Eberesche im Herbst und frühen Winter als wichtigen Nahrungslieferanten nutzen. Das setzt die Vogelbeere auf Platz eins, noch vor dem Schwarzen Holunder mit zweiundsechzig Vogelarten. Und was Amsel, Misteldrossel, Creutz, Kleiber, Gimpel, Schwarzspecht, Star,

Rotkehlchen, Mönchsgrasmücke, Gartengrasmücke, Dorn-
grasmücke, Elster, Eichelhäher, Gimpel, Blaumeise, Wachol-
derdrossel, Fichtenkreuzschnabel, Rotdrossel, Grünfink,
Bergfink, Buntspecht, Haussperling, Dompfaff, Alpenmeise,
Rabenkrähe, Grauspecht, Seidenschwanz und all die anderen
nicht fressen, landet in den Mägen von Rot-, Reh- und
Schwarzwild, Rotfuchs und Dachs, Siebenschläfer, Hasel-
maus, Rötel-, Erd-, Feld- und Gelbhalsmaus und so weiter.

Ich schaltete die Kamera ein, ging mit der Linse ganz nah
heran an die roten Früchte, mit möglichst großer Blendenein-
stellung, sodass ein Teil der Beeren auf dem Foto unscharf
wurde, von grünen Blättern umrahmt, so wie ich sonst vielleicht die Frucht eines Kaktus auf Gran Canaria oder eine
Orchidee in Australien fotografieren würde. Ich hatte beim
Betrachten meines Werks auf dem zerkratzten Bildschirm
meiner Kamera mindestens genauso viel Freude wie dort,
oder vielleicht sogar noch ein bisschen mehr, weil es das erste
Mal in meinem ganzen Leben war, dass ich Vogelbeeren foto-
grafierte. Hunderte oder gar Tausende Bilder von Pflanzen
befanden sich auf meinen externen Festplatten und Cloudspei-
chern, aber es war ziemlich sicher keine einzige Vogelbeere
dabei. Und als ich das realisierte, machte ich gleich noch ein
paar Fotos mehr, bevor ich meinen Weg auf dem Fernwanderweg namens Uckermärker Landrunde fortsetzte.

Der Feldweg war bröckelig und ausgedörrt, die grob in den
Lehm gedrückten Spuren der Traktorreifen ließen mich in der
Mitte gehen, dort, wo sich Schotter, Erde und Gras zu einem
schmalen Streifen mischten. Es war Mitte Oktober, und es
hatte ganz offensichtlich schon länger nicht mehr geregnet.
Ich schob mich im kurzärmligen T-Shirt mit hochgekrempel-
ten Leggings durch zwanzig Grad warme Luft und bereute,
keine Kopfbedeckung gegen die Sonne mitgenommen zu ha-

ben. Die Felder um mich herum waren längst abgemäht, die Wiesen halb grün, halb braun. Alles war im Übergang. Unter die immergrünen Nadelbäume mischten sich Laubbäume in bunten Farben, Hagebutten strahlten mit den Vogelbeeren um die Wette. Ich pflückte eine, brach sie in zwei Hälften und sammelte die weißlich behaarten Kerne in meiner Handfläche. Die mit feinen Widerhaken bestückten Härchen können bei Hautkontakt Juckreiz hervorrufen, und in meiner Kindheit war es ein großer Spaß – zumindest für manche der Beteiligten –, diese Kerne Mitschülern oder Geschwistern von hinten ins T-Shirt zu streuen. Und dann war der Wurm auch schon in meinem Ohr.

Ein Männlein steht im Walde ganz still und stumm,
Es hat von lauter Purpur ein Mäntlein um.
Sagt, wer mag das Männlein sein,
Das da steht im Wald allein
Mit dem purpurroten Mäntelein.
Das Männlein steht im Walde auf einem Bein
Und hat auf seinem Haupte schwarz Käpplein klein,
Sagt, wer mag das Männlein sein,
Das da steht im Wald allein
Mit dem kleinen schwarzen Käppelein?
Das Männlein dort auf einem Bein
Mit seinem roten Mäntelein
Und seinem schwarzen Käppelein
Kann nur die Hagebutte sein.

Ohrwürmer können beim Wandern eine ziemlich unselige Angelegenheit sein. Oft nisten sich nur die schlimmsten von ihnen besonders hartnäckig ein, und ohne Ablenkung wird man sie nur schwer wieder los. Ich hatte sie alle gehabt: *What shall we do with the drunken sailor,* Yellow Submarine, Highway to Hell, *500 Miles*, die Titelsongs von *Biene Maja, Pippi Langstrumpf* und den *Drei Fragzeichen* sowie die deutsche, amerikanische und kanadische Nationalhymne, wobei ich mir bei letzterer noch nicht einmal sicher bin, woher ich sie kannte. Doch an diesem Tag *Ein Männlein steht im Walde* als Ohrwurm zu haben, war etwas anderes. Eine Pflanze zu sehen, ein Geheimnis rund um ihre Kerne zu kennen, eine frühe Erinnerung mit ihr zu verknüpfen und dann auch noch ein passendes Lied dazu singen zu können – das war in diesem Moment der Inbegriff von Heimat.

Plötzlich wurde der Ohrwurm jäh unterbrochen von einem anderen Lied, das mich für den Rest der Wanderung zusammen mit dem purpurroten Männlein im Walde immer wieder begleiten sollte und das mir sogar noch ein bisschen lieber war als das alte Volkslied. Es war ein Lied von der Sehnsucht nach Aufbruch und Reise, genauso wie dem Streben nach Innehalten und Ankommen. Es war mein ganz persönliches Lied, gesungen von den Kranichen, die hoch über meinem Kopf Richtung Süden zogen. Ein durchdringendes Trompeten, das unverkennbare Markenzeichen des Grus grus, wie der wissenschaftliche Name des Eurasischen Kranichs lautet.

Die enorme Lautstärke entsteht durch den besonderen Bau und die Länge der Luftröhre, die bis zu einhundertdreißig Zentimeter lang werden kann und ähnlich wie bei einer Posaune in Schleifen hinter dem Brustbein der Tiere liegt. Ganz ähnlich wie beim Blasinstrument kommt es so zu einer Resonanzbildung und damit Verstärkung der Rufe. Ich wusste sofort, dass es Kraniche waren, obwohl ich noch nie bewusst welche gehört hatte. Die übliche, traditionelle Zugroute derjenigen Vögel, die über Westeuropa ziehen, führt von Norwegen und Schweden über Südschweden und die Ostsee und von dort weiter über das Ruhrgebiet, Rheinland-Pfalz und Luxemburg zu ihren Rastplätzen in Nordostfrankreich. Damit wird der Süden Deutschlands ausgespart, in dem ich aufgewachsen war. Erst in den letzten Jahren hat sich eine neue Flugroute etabliert, die einen Teil der Tiere über den baltisch-ungarischen Zugweg von Ungarn über Österreich und nördlich entlang der Alpen bis nach Frankreich führt und damit auch durch Bayern und Baden-Württemberg. Zudem wurde im Jahr 2002 nach über 100 Jahren wieder ein brütendes Kranichpaar in der Oberpfalz entdeckt. 2013 gab es in Bayern bereits 13 Brutpaare mit insgesamt 15 Jungvögeln. Warum die Kraniche ihre Route geändert haben, ist nicht bekannt. In vielen Ländern und Kulturen sind die Tiere etwas Außergewöhnliches. Glücksbringer, Wächter, Symbol der Treue, und unter den Griechen gelten Kraniche auch als Schutzvögel der Wanderer. Kein Wunder, sind sie doch selbst eifrige Wanderer der Lüfte. Und zwischendurch machen sie Rast, die Boddenküste von Rügen bis zum Fischland-Darß-Zingst ist eines der wichtigsten Gebiete dafür. Zehntausende von Kranichen landen hier, um die Energie- und Fettreserven für den Weiterflug aufzufüllen. Auch in Brandenburg liegen wichtige Rast- und Brutplätze der Tiere, wie zum Beispiel das Biosphärenreservat, durch das meine Wanderung am nächsten Tag führte.

Der herbstliche Frühnebel hatte das Schutzgebiet noch fest im Griff, als ich das kleine Dorf, in dem ich übernachtet hatte, hinter mir ließ und meinen Weg über die weiten Felder und Wiesen antrat. Die Schorfheide ist eines der größten Schutzgebiete Deutschlands und umfasst eine weitläufige junge Eiszeitlandschaft, durchzogen von Seen und Mooren. Früh am Morgen saßen die Kraniche hier zahlreich auf den Äckern. Abgeerntete Ackerflächen sind eine der Hauptnahrungsquellen der Tiere, hier finden sie Erntereste genauso wie keimende

Pflänzchen im und auf dem Boden. Endlich konnte ich diese imposanten Vögel auch einmal aus der Nähe betrachten, wobei Nähe im Falle von Kranichen immer noch mehrere Hundert Meter Entfernung bedeutet. Mehr lassen die Tiere in der Regel nicht zu. Bei der Kranichbeobachtung sollte man den Tieren daher ausreichend Raum geben, da jeder Start zusätzliche, wertvolle Energie einfordert.

Trotz Sicherheitsabstand kündigten sie bald schon mit lautem Trompeten untereinander den Abflug an. Dutzende staksige Beine nahmen in großen Schritten und Sprüngen Anlauf, lange Hälse reckten sich lang nach vorn, weite Schwingen breiteten sich aus, und massige graue Körper hoben sich gleichzeitig schwerfällig und doch leichtfüßig vom Boden ab. Langsam gewannen sie an Höhe, die Beine nun gerade nach hinten ausgestreckt, in einer Linie mit Kopf, Hals, Körper. Das »V« war schnell gebildet. Nur die stärksten, erfahrensten Tiere dürfen an seiner Spitze fliegen, Jungvögel fliegen hinterher und prägen sich so die Routen ein, bis sie vielleicht irgendwann selbst einmal an der Reihe sind, den Trompetentrupp anzuführen. Langsam wurde das dunkle, keilförmige Gebilde am grauen Himmel kleiner, während die Rufe kaum an Kraft zu verlieren schienen. Irgendwann hörte ich sie noch, aber sah sie kaum mehr. Trotzdem blickte ich so lange in den Himmel, bis mein Nacken schmerzte und mich zum Weitergehen drängte. Es sollte nicht die letzte Begegnung mit ihnen an diesem Tag gewesen sein, doch für den Moment waren da nur noch ich und die Heuballen, die weit verstreut auf den Feldern lagen.

Noch war die Luft kühl und feucht, doch es dauerte nicht mehr lange, bis die Sonne genug an Höhe und Kraft gewonnen hatte und einen weiteren warmen, sommerlichen Herbsttag versprach. Ich setzte meinen Weg über die weitläufigen Ebenen und Hügel der Schorfheide fort. Links und rechts am

Wegesrand tauchten immer wieder Obstbäume auf. Wilde Äpfel, Birnen, Pflaumen, dazu später Walnüsse, natürlich Hagebutten und allerlei Beerengestrüpp. Den Apfel in meinem Rucksack hätte ich mir wohl sparen können, die Früchte vom Baum schmeckten unverhofft gut, wobei ja in der warmen Herbstsonne sowieso alles ein bisschen süßer schmeckte. Hinter den Bäumen abgemähte Weizenfelder, teilweise standen an den Rändern noch ein paar Ähren, zusammen mit papierartigen Kunstwerken in Purpur und Rot. Ich erinnerte mich daran, wie meine Mutter von den Kornfeldern von früher erzählte, die keine blassgoldene Einheit waren, sondern ein Flickenteppich, durchzogen von farbigen Tupfen. Und ich erinnerte mich an die Kornfelder aus meiner eigenen Kindheit, die zwar weitaus weniger Farbtupfer hatten als die Felder von früher, aber immer noch mehr als die heute.

Kornblume, Klatschmohn, Feldrittersporn und andere Arten sind stark zurückgegangen, obwohl sie anpassungsfähige Überlebenskünstler sind. Und das müssen sie auch sein, denn den Pflanzen bleibt nicht viel Zeit, ihr Überleben auf dem Acker zu sichern. Sie müssen blühen und Samen ausbilden, bevor der Landwirt mit schweren Maschinen kommt und alles wieder über den Haufen pflügt. Der Klatschmohn verteilt seine Samen dann wie ein Salzstreuer über dem Feld, wenn seine reifen Porenkapseln vom Wind hin und her geschüttelt werden. Das Hellerkraut hingegen macht sich Starkregen zunutze, dessen Tropfen die Samen aus ihren Schoten befreien und weit schleudern. Seit Tausenden von Jahren sind Ackerwildkräuter ein Teil unserer Landschaft. Ihr Aufstieg wurde durch den Ackerbau überhaupt erst möglich, denn auf normalen Wiesen würden sie viel zu leicht von konkurrenzstärkeren Pflanzen verdrängt werden. Die moderne Landwirtschaft der heutigen Zeit mit ihrem intensiven Einsatz von

Dünge- und Unkrautvernichtungsmitteln, rasanten Kulturfolgen und dichter Bepflanzung macht ihnen jedoch stark zu schaffen. Etwa 90 Prozent der Flora rund um unsere Äcker sind seit der zweiten Hälfte des 19. Jahrhunderts ganz oder zumindest fast ganz verschwunden. Und mit den Ackerwildkräutern gehen auch die von und mit ihnen lebenden Tiere. Nach Schätzungen sind bereits mehr als eintausend Tierarten von den Äckern verschwunden oder stark dezimiert, darunter der Feldhamster, das Rebhuhn sowie viele Falter und Käfer. Und das nicht zuletzt auch zum Leidwesen der Landwirte, denn die Insekten, die nun nicht mehr da sind, hielten einst zum Beispiel landwirtschaftlich relevante Schädlinge wie Blattläuse in Schach.

Über all das dachte ich in diesem Moment allerdings nicht nach. Manchmal muss man einfach aufhören nachzudenken, vor allem über die Zerstörung der Natur, sonst wird man nicht mehr froh, und beim Wandern erst recht nicht. Also freute ich mich über die vorhandenen Farbtupfer entlang meines Weges und über die Falter und Bienen, die sich ebenfalls darüber freuten.

Als ich ein Kind war, landete einmal ein Zitronenfalter auf mir. Ich weiß noch genau, in welcher Ecke des Hofes ich stand, dass es Sommer war und ich ein weißes T-Shirt mit Latzhose trug. Ich weiß nicht mehr viel aus meiner Kindheit und erinnere mich oft nur noch bruchstückhaft und verschwommen, aber dieser Moment ist ganz klar in meinem Kopf verankert. Es war das erste Mal, dass ein Zitronenfalter auf mir landete, und ich glaube, auch das letzte Mal. Seine Füße kitzelten auf meiner Haut, so leicht, dass ich mit geschlossenen Augen nicht hätte sagen können, ob dort nun wirklich etwas auf meinem Arm saß oder nicht. Leuchtend gelb, auf jedem Flügel ein unscheinbarer Fleck, eine von zwei Schmetterlingsarten, die ich kannte und benennen konnte. Zumindest was die männlichen Zitronenfalter anbelangt. Die Weibchen sind blasser, weißer, leicht ins Grünliche gehend, und sie können farblich leicht mit dem Großen Kohlweißling verwechselt werden. Der andere Schmetterling, den ich kannte, war das Tagpfauenauge, welches wohl fast jeder Mensch kennt, so wie den Zitronenfalter wahrscheinlich auch.

Zitronenfalter kommen im Nordwesten des afrikanischen Kontinents vor, in fast ganz Europa außer im äußersten Norden von Großbritannien sowie Skandinavien und auf Kreta, sowohl in feuchten als auch in trockenen Gebieten, auf bis zu 2 800 Metern Höhe, in Wäldern und Buschland, auf grasbewachsenen Hügeln oder felsigen Hängen mit kargem Bewuchs. Anders gesagt: Der Zitronenfalter kann einem so gut wie überall über den Weg flattern. Mit rund zehn bis zwölf Monaten ist er zudem eine der Schmetterlingsarten mit der höchsten Lebenserwartung in Mitteleuropa, wobei er einen großen Teil dieser Zeit in Winterstarre verbringt. Nur wenige Schmetterlingsarten können hierzulande überhaupt den Winter im Stadium eines Falters aushalten, die meisten überwintern als Puppe, Raupe oder Ei. Und die wenigen Falter, die als solche überwintern, wie Kleiner Fuchs und Tagpfauenauge, verkriechen sich vor Schnee und Eis in Höhlen oder auf Dachstühlen. Aber nicht so der Zitronenfalter, der die kalten Monate im Freien verbringt, an Zweigen, in Baumspalten oder zwischen trockenen Blättern auf der Erde verharrend. Der Stoffwechsel wird heruntergefahren, das körpereigene Glycerin dient ihm als Frostschutzmittel, bis zu minus 20 Grad können die filigranen Frühlingsboten so unbeschadet überstehen. Bis die ersten warmen Sonnenstrahlen des neuen Jahres auf die sonnengelben Flügel fallen und den Zitronenfalter zu einem der Ersten machen, der dem Sommer entgegenflattert und uns dazu animiert, das Gleiche zu tun. Noch steht er auf keiner roten Liste, wahrscheinlich ist er einfach zu hart im Nehmen, der Bear Grylls unter den Schmetterlingen – nur dass er im Unterschied zu dem TV-Survival-Experten nicht alles verspeist, was ihm über den Weg läuft, kriecht oder fliegt. Die Falter, besonders die jungen, bevorzugen Nektar von violetten oder rötlichen Blüten wie den von Disteln, Flieder, Wiesen-Flockenblume, Günsel oder Blutweiderich. Zur Not tun es aber auch andere Blüten vor allem nach dem Erwachen aus der Winterstarre. Die Raupen aber sind äußerst wählerisch, für sie kommen fast ausschließlich die Blätter von Faulbaum und Kreuzdorn infrage.

Vielleicht liegt es daran, dass auch die Zahlen des Zitronenfalters stark zurückgehen; dass ich persönlich früher viel mehr von ihm gesehen habe, kann aber sehr gut auch daran liegen, dass ich als Kind und Jugendliche deutlich mehr Zeit auf heimischen Wiesen und in heimischen Wäldern verbracht habe. Und so musste ich erst zum Wandern nach Brandenburg kommen, um festzustellen, wie sehr ich ihn vermisst hatte.

Ich lehnte an einem alten knorrigen Stamm im Gras, aß Pflaumen frisch vom Baum und las auf meinem Handy über Zitronenfalter und Hagebutten, weil ich es die letzten 30 Jahre meines Lebens nicht getan hatte und es somit wirklich an der Zeit war. In der Ferne pflügte ein Traktor das Feld, weiße Streifen am Himmel verrieten das enorme Verkehrsaufkommen in mehreren Tausend Metern Höhe, und irgendwo kreischte leise eine Kettensäge im Wald. Es störte mich nicht. Vielleicht weil ich zu sehr mit den Faltern beschäftigt war, vielleicht auch, weil es einfach dazugehörte. Natur in Deutschland bedeutet immer Kulturlandschaft, der Mensch ist allgegenwärtig. Natur in Deutschland ist vor allem zum Nutzen für den Menschen ausgelegt, so ziemlich jedes Stück Wald, Feld und Wiese wurde zu einem bestimmten Zweck geschaffen und geformt. Auch die Wälder, die immerhin rund 32 Prozent der Gesamtfläche Deutschlands ausmachen und sowohl in der Geschichte als auch in der Gegenwart Sinnbild für Naturidylle sind, sind in Wirklichkeit alles andere als ursprünglich. Von Natur aus wäre der Wald hierzulande vor allem von Laubbäumen wie zum Beispiel der Rotbuche besiedelt, tatsächlich besteht er aber vor allem aus Fichten, die natürlicherweise so gut wie gar nicht hier vorkommen würden. Monokulturen in Reinform, grüne Nadeln in Reih und Glied, alle gleich alt und alle gleich tot, wenn der Borkenkäfer kommt.

Kann man eine solche Natur überhaupt genießen? Diese Frage habe ich mir in den letzten Jahren, in denen es mich vor allem in die verhältnismäßig unberührten Ecken dieser Erde gezogen hat, immer und immer wieder gestellt. Und in Brandenburg habe ich endlich eine Antwort gefunden: Ja, man kann. Denn egal ob vom Menschen geformt oder nicht, egal ob heimische Art oder eingeschleppter Eindringling: Ein Baum ist ein Baum, egal wo er steht und wie schwierig die Bedingungen für ihn dort sein mögen oder die für die anderen Lebewesen um ihn herum. Ein Baum in Brandenburg tut das, was ein Baum in Alaska auch tut, was Bäume überall tun. Und dasselbe trifft auch auf die Wasseramsel zu.

Während ich früher nicht einmal von der Existenz dieses Vogels wusste, suche ich mittlerweile regelrecht nach ihm. Und wenn ich eine Wasseramsel sehe, muss ich einfach an Ort und Stelle alles Tun unterbrechen und sie bei ihrem Treiben beobachten. Ein rundliches Federtier, etwas kleiner als ein Star, mit großflächiger weißer Brust, braunem Kopf, der Rest gräulich schwarz. Er ist der einzige Singvogel, der auch schwimmen und tauchen kann, ja den ganzen Tag quasi nichts anderes tut, als sich mutig von Steinen oder Wurzeln aus in die Strömung eines Baches oder Flusses zu stürzen und dort nach Würmern, Amphibien, Weichtieren oder auch kleinen Fischen zu schnappen. Zumindest habe ich ihn nie etwas anderes tun sehen. Die Flügel werden dabei zu Schwimmflossen umfunktioniert, und wenn die Wasseramsel diese schräg stellt und so von der Strömung nach unten gedrückt wird, kann sie mit ihren kräftigen Beinen sogar unter Wasser laufen.

Ich hatte sie schon von Weitem gesehen, wie sie im Tiefflug knapp über der Wasseroberfläche schwirrte, von einem Stein zum nächsten Stein, um kurz darauf Rast zu machen, sich zu orientieren und dann an der angepeilten Stelle kopfüber auf Tauchgang zu gehen. Ich setzte mich ebenfalls auf einen Stein, etwas versteckt hinter der Böschung, und verfolgte jede ihrer Bewegungen gespannt. Ich hatte das schon oft getan: in Kirgistan, beim Wandern hoch zu den Gletschern und Moränen des Tien-Shan-Gebirges, von wo aus die Schmelzflüsse ins dreitausend Meter hoch gelegene Tal stürzen, klar und kalt, tosend und zahlreich, Wasseramselparadies. In Nordfinnland im Dezember, bei minus 26 Grad. Dort waren die Stromschnellen so reißend, dass ich mir einfach nicht vorstellen konnte, wie ein kleiner brauner Singvogel das überleben sollte, und ich jedes Mal, als die Wasseramsel wieder aus den Fluten tauchte, unendlich erleichtert war. In Nordamerika, wo die Verwandte der eurasischen Wasseramsel zwar nicht über die großflächige, reinweiße Brust und Kehle verfügt, sondern durchgehend dunkelgrau gefärbt ist, sich aber ansonsten nicht weiter unterscheidet. In England, während meiner dreimonatigen Wanderung, als weder die Wasseramsel noch ich dem strömenden Regen viel entgegenzusetzen hatten. Auch zu Hause in München hatte ich sie schon gesehen und konnte dann für einige Momente kaum fassen, dass dies im Prinzip der gleiche Vogel sein sollte wie der, den ich schon an so vielen wilden Orten dieser Welt getroffen hatte. Ein Stück Wildnis in Deutschland und gleichzeitig ein Stück Heimat in der weiten Welt. Die Brandenburger Wasseramsel war mit ziemlicher Sicherheit noch nie in Kirgistan oder Nordamerika gewesen, und doch hatte ich das Gefühl, zusammen mit ihr schon die halbe Welt bereist zu haben. Auf sie zu treffen, war, wie einen alten Bekannten zu sehen, den ich auf Reisen kennengelernt hatte und der sich gerade zufällig für eine Weile in Deutschland aufhielt. Keine selbstverständliche Begegnung, denn es ist, auch wenn es jetzt vielleicht so klingen mag, wirklich nicht so, als würden Wasseramseln an jeder Ecke sitzen. Doch wenn ich sie sah, versetzte mich ihr Anblick zurück an die Orte, an denen wir gemeinsam gewesen waren. Ich spürte, wie meine Wangen glühten, von der Kälte des arktischen Winters eingefroren, von der Höhensonne des zentralasiatischen Sommers verbrannt, von der Anstrengung des Aufstiegs über weglose Berghänge intensiv durchblutet. Ich roch ein ganzes Meer an wilden Zwiebeln, an duftendem Wüstensalbei und frisch gefallenem Schnee. Und das alles in Brandenburg, am Ufer eines unscheinbaren Flüsschens, die Kettensäge im Ohr und den Traktor im Blick. Ich war schon jetzt gespannt, wann und wo ich sie als Nächstes treffen würde. Vielleicht ja im Schwarzwald. Oder im Harz. Oder an der Mecklenburgischen Seenplatte. All das waren Orte, die ich eigentlich schon lange einmal sehen wollte, die ich jedoch zugunsten anderer immer wieder von der Liste gestrichen hatte. Einerseits weil es mir schlichtweg möglich gewesen war, viel in die Ferne zu reisen. Und weil ich das tiefe Verlangen hatte, die Natur in anderen Teilen der Welt zu erleben, auch wenn es manchmal

»nur« Großbritannien war. Aber auch, weil ich den Begriff von dem, was ich auf Reisen gesucht hatte, nicht weit genug gedacht hatte.

Vielleicht war es endlich an der Zeit, mein Verständnis von Wildnis neu zu definieren, seine Grenzen weiterzudenken. Denn die Wildnis stürzte sich hier vor meinen Augen in Gestalt einer Wasseramsel von einem Stein im Fluss in die Strömung, leuchtete in Gestalt einer roten Beere am Baum in der Sonne, trompetete mit großen Schwingen in V-Formation durch die Luft. Vielleicht war Wildnis für mich einfach nicht mehr jenes weite, unberührte, mit Grizzlybären durchsetzte Land, an dem meine Gedanken zusammen mit den Murmeltieren Lupinen fressen und mit Bären über karge Berghänge streifen konnten. Wildnis war überall, Natur war überall. Ich hatte sie nur nicht gesehen, weil ich nicht gelernt hatte hinzusehen.

Als die Wasseramsel weiter flussabwärts flog, um einen neuen Platz für ihre Tauchgänge zu finden, setzte ich meinen Weg durch Brandenburg fort, durch buntblättrige Laubwälder, vorbei an Feldern und Streuobstwiesen, über historische Pflasterstraßen und holprige Feldwege. Ich wanderte durch eine seltsam fremde und doch vertraute Welt, deren Sprache ich erst jetzt zu verstehen begann, obwohl es schon immer meine gewesen war.

Kapitel 13

ANGEKOMMEN

Teil I

Ein Blick auf das kleine Thermometer in der Küche sagte mir, dass es über Nacht noch ein bisschen mehr Winter geworden war. Minus 18 Grad draußen, plus 18 Grad drinnen. Der Kaffee in meiner Tasse wurde etwas schneller kalt als sonst. Ich griff mir zusätzlich zu meinen gefütterten Stiefeln, Mütze und der dick leuchtend orangefarbenen Jacke, die mich schon damals im finnischen Winter immer warm gehalten hatte, auch noch die gefütterten Handschuhe von der Garderobe, hängte mir mein Fernglas um den Hals und trat aus der Tür. Auf der Veranda des kleinen Holzhauses konnte ich noch ganz deutlich sehen, wo ich mir am Tag zuvor den Schnee von den Schuhen gebürstet hatte. In der Nacht hatte es ein paar frische Flocken gegeben, gerade so viele, dass die Umrisse meiner Fußstapfen im Garten etwas weniger scharfkantig aussahen. Und auch die Spuren des Fuchses waren etwas weniger deutlich zu sehen; den Fuchs selbst hatte ich leider noch nie zu Gesicht bekommen. Im Prinzip war es aber seit meiner Ankunft die gleiche Schneedecke, die den Weg vom Haus über die Einfahrt bis zur Straße hin bedeckte.

Nur die Straße vor dem Haus wurde geräumt, von einem Bauern aus der Umgebung, der immer nach Neuschnee mit seinem Traktor ausrückte und die Nachbarschaft mit schneefreiem Fahrbahnbelag versorgte. Was blieb, war die Eisschicht, die sich unter dem Schnee verborgen hatte, und die weißen Wände entlang der Straße, die immer höher wurden. Meine Einfahrt musste ich selbst vom Schnee befreien, zumindest wenn ich einmal wieder mit dem Auto in den vierzig Minuten entfernten Supermarkt fahren wollte. Ansonsten stand es meistens unbenutzt neben dem kleinen roten Schuppen. Seine Reifen waren mit Spikes bestückt, kleine Stifte aus Metall, dank denen man auf vereisten Straßen fast so fahren konnte wie auf trockenem Asphalt. Und auch ich hatte mir Spikes unter die Stiefel geschnallt, die ich einige Tage zuvor in einem Outdoorgeschäft in der »Stadt« erstanden hatte. Sie erleichterten mein Leben ungemein, oder zumindest den Teil davon, den ich draußen verbrachte. Und das war mindestens eine Stunde am Tag. Mein alltäglicher Spaziergang. Ziemlich exakt fünf Kilometer. Immer die gleiche Runde.

Die Eiszapfen an der Dachrinne waren noch ein Stück länger geworden, so schien es zumindest. Die blau-gelbe Flagge, die für schwedische Häuser fast schon obligatorisch ist, war leicht vereist und ragte ungewöhnlich starr in Richtung Erde. Die Elstern waren heute Morgen wieder etwas zu übermütig gewesen und hatten den Meisenknödel, den ich in den Baum gehängt hatte, vom Ast gerissen. Ich fand ihn im Schnee, ein bisschen war von ihm noch übrig, und hängte ihn dann noch näher an den Stamm des Baumes. Dorthin, wo große Vögel mit großen Flügeln hoffentlich nicht so leicht hinkamen. Nicht dass ich den Elstern ihre Mahlzeit nicht gönnen würde, aber die Knödel waren nun einmal für die Meisen bestimmt, das sagte ja schon der Name. Und ich würde lügen, wenn ich behaupten würde, dass mich das Verhalten der schwarz-weißen Vögel mit gleichsam scharfem Verstand und Krallen nicht manchmal etwas missmutig gestimmt hätte.

Ich bog aus der Ausfahrt nach links auf die kleine Straße ab, die zum Haus führte. An ihrem Ende standen die Briefkästen. Manchmal warf ich einen Blick hinein, nicht allzu oft, aber doch deutlich öfter, als es notwendig gewesen wäre. Es war nicht so, als hätte jemand meine Adresse oder als würde ich irgendetwas erwarten. Einmal war trotzdem etwas darin gewesen. Der Werbeflyer eines Maklers. »Ich möchte Ihr Haus kaufen« stand darauf. Ich fühlte mich geschmeichelt, doch das Haus war nicht zu verkaufen, und schon gar nicht von mir, weil es mir nicht gehörte. Und irgendwie gehörte es mir doch, denn ich wollte ganze zwei Monate darin wohnen. Für jemanden, der die letzten Jahre nie länger als ein paar wenige Wochen am Stück zu Hause gewesen war und aktuell sogar überhaupt keinen eigenen Wohnsitz mehr hatte, war das schon eine ganze Menge.

Gegenüber den Briefkästen lag ein großes Feld, holprig und weiß, dahinter begann wieder Wald. Auf dem Feld standen oft Rehe, meistens waren es sechs, die in der Schneedecke nach Essbarem scharrten und vor allem morgens gerne in der Sonne tauten, falls sie denn da war. Heute war sie nicht da, und die Rehe auch nicht. Der Himmel war grau und war es auch die letzten Tage schon gewesen. Bestimmt würde er bald wieder blau werden, doch ich wusste nicht, wann. Das Abrufen der Wettervorhersage erschien mir nicht wichtig genug. Ich würde meine Runde sowieso laufen, egal ob der Himmel nun blau oder grau, der Boden weiß oder braun war. Und ob ich dann Handschuhe brauchte oder nicht, konnte ich beim

Blick auf das Thermometer oder aus dem Fenster auch spontan entscheiden.

Der Schwarm Birkenzeisige saß wie jeden Morgen am immer gleichen Ort, entweder rechts neben der Straße in einer der kahlen Erlen oder links neben der Straße im Feld, auf struppigen, braunen Überbleibseln des letzten Sommers. Saßen die Vögel im Feld, flüchteten sie meistens lautstark hoch auf die Erlen, wenn ich mich näherte. Die quirligen Finken waren mir von Anfang an aufgefallen, denn sie taten schon jetzt Anfang Januar ein bisschen so, als wäre es Frühling, während der Rest der Vogelwelt noch nichts davon mitbekommen hatte. Manchmal, selten, blieben sie auch im Feld sitzen, dann konnte ich sie sogar ohne mein Fernglas ziemlich gut beobachten.

Graubraunes, gestreift wirkendes Obergefieder, gräulich beigefarbener Bauch, der markante rote Fleck auf dem Kopf und die rötlichen Brustfedern der Männchen. Ich war mir ziemlich sicher, dass es Taigabirkenzeisige waren, auch wenn die Grenzen zum Alpenbirkenzeisig scheinbar fließend sind. »Sowohl die taxonomische Stellung als auch die Unterscheidung der einzelnen Taxa im Birkenzeisigkomplex ist stellenweise noch unklar und wird in der Fachliteratur kontrovers diskutiert«, so las ich auf der Webseite des Vereins für Feldornithologie in Bayern während der Recherche nach meiner ersten Zeisigsichtung. Es war eines der Dinge, die ich oft in Schweden tat, die ich überhaupt in letzter Zeit immer öfter getan hatte, wie auch während meiner Herbstwanderung durch Brandenburg. Vögel beobachten. Vögel bestimmen. Und dann alles über sie lesen. Zeit, Muße für eine solche Tätigkeit zu haben, aber vor allem auch überhaupt das Verlangen danach zu empfinden, erschien mir als ein großer Luxus. Und ab dem Moment, in dem ich festgestellt hatte, dass ich beim Waldspaziergang nicht mehr einfach nur das Gezwitscher von Vögeln hörte, sondern den lauten Pfeifton des Kleibers und den quietschenden Ruf der Heckenbraunelle, natürlich gemischt mit dem fast schon obligatorischen Gezwitscher der Meisen, konnte ich einfach nicht mehr weghören.

Die Straße wand sich vorbei an verstreuten Ferienhäusern, manche gelb, manche rot, manche weiß, aber immer aus Holz. Ihre Schornsteine rauchten vor allem am Wochenende, wenn die Menschen aus den umliegenden Städten kamen, um das komplizierte gegen das einfache Leben einzutauschen. Um Holz zu hacken, am Kamin zu lesen, Zimtschnecken zu backen, spazieren zu gehen, in Ruhe Kaffee zu trinken, Schnee zu schaufeln – zurück zu den Wurzeln, zurück in die Natur. Dann traf ich manchmal auf andere Spaziergänger, ein Lächeln, ein »Hej«, wie man das unter Nachbarn eben macht. Bis die Schornsteine sonntagnachmittags wieder erloschen, die Autos davonrollten und ich zurückblieb in meinem kleinen Schwedenhaus.

Auf der Hälfte der Strecke traf mein Weg auf das Meer. Kein offenes, rauschendes, sondern ein von vielen kleinen und größeren Inseln eingeschlossenes Meer. Im Sommer würde es leise schwappen, aber jetzt im Winter tat es noch nicht einmal das, weil eine Eisschicht die komplette Oberfläche bedeckte. Der kleine Badestrand war menschenleer, der Bootsanleger ohne Boote. Manchmal musste ich mich selbst daran erinnern, dass das die Ostsee war und kein gleichmäßig verschneites Feld, welches verglichen mit dem vor meinem Haus zwar ungewöhnlich glatt war und auf dem niemals Rehe scharrten, sich aber ansonsten nicht großartig davon unterschied. Manchmal versuchte ich dann, mir diesen Ort im Sommer vorzustellen, ein Samstag im Juni vielleicht, mit lachenden Menschen in Ruderbooten und auf Strandtüchern in der Sonne. Doch meistens blieb meine Vorstellungskraft irgendwo im gefrorenen Schilfgras oder in dem Schneeregen hängen.

Vom Meer aus ging es ein Stück bergauf, links und rechts Wald, mit kleinen Wegen durchzogen. Ich hatte bisher noch keinen von ihnen ausprobiert. Vielleicht weil ich in der glücklichen Situation war, sagen zu können: »Ich bin ja auch noch morgen hier. Vielleicht mach ich das dann. Oder nächste Woche.« Jeden Tag fiel mein Blick dafür in die gleiche für eine Stromtrasse geschlagene Schneise, in der ich an meinem allerersten Tag in Schweden eine Elchkuh gesehen hatte. Ein bisschen Hoffnung war immer dabei, doch sie hatte sich seither nie wieder gezeigt. Es gab nur noch Elchspuren im Schnee, die allein durch ihre Größe leicht von denen der Rehe zu unterscheiden waren.

Bei einem ausgewachsenen Elch sind die Hauptklauen der in zwei Teile gespaltenen Paarhufe bis zu achtzehn Zentimeter lang. Da der Hinterfuß fast genau in den Abdruck des Vorderfußes oder nur etwas dahinter tritt, zeigen sich in den Spuren der vorderen Hufe auch die Abdrücke des hinteren Hufpaars. Wenn der Elch ruhig vor sich hin trottet, beträgt die Schrittlänge bei einem ausgewachsenen Tier in etwa einen Meter, wenn er trabt oder galoppiert, sogar bis zu drei oder gar vier Meter. Galoppiert wird allerdings eher selten, und wenn, dann nur für kurze Zeit. Trab und Schritt liegen dem Elch schon eher. Im Schnee sind dabei die langen Beine sehr hilfreich, Tiefen von einem Meter oder sogar mehr sind kein Problem. Um die im Winter kostbare Energie zu sparen, bewegen sich Elche dennoch eher langsam, geben sich auch keine besondere Mühe, ihre Füße im Schnee mehr als notwendig zu heben, was zu Furchen zwischen den Hufabdrücken führt. Und Kälber benutzen einfach die Hufabdrücke ihrer

Mütter, so wie ich meine eigenen Stiefelabdrücke vom Vortag benutzte.

Ich hatte mir gar nicht bewusst vorgenommen, jeden Tag spazieren zu gehen. Und schon gar nicht, jeden Tag die gleiche Runde zu laufen. Das hatte sich einfach so ergeben und blieb dann bis zum Schluss meines Aufenthaltes so. Es war keine besonders spannende Runde. Eine schmale Straße, Häuser, Felder, Wälder, ein bisschen Meer, welches nicht sichtbar war. Dazwischen ein paar Vögel, manchmal Rehe, so gut wie nie Elche, aber zumindest Spuren im Schnee. Doch in genau dieser Einfachheit lag für mich der Zauber. Einfach draußen sein, einfach gehen, einfach beobachten. Und dabei zusehen, wie jeder Stein, jeder Busch langsam zu einem Vertrauten wurde. An so vielen Orten dieser Welt hatte ich irgendwann den immer gleichen Gedanken gehabt: Was wäre, wenn ich einfach hierbleiben könnte? Wenn ich einfach nicht mehr gehen würde? Wenn ich jeden Tag genau hier stehen könnte? Wenn dieser Ort für mich nicht wie so viele nur eine Momentaufnahme wäre, sondern ich dabei zusehen könnte, wie er sich mit dem Lauf der Zeit veränderte? Denn ein Ort an einem sonnigen Montag ist nicht der gleiche wie an einem nebligen Dienstag. Ein Ort in einer wolkenverhangenen Vollmondnacht ist nicht der gleiche wie in einer klaren Neumondnacht. Und schon gar nicht ist ein Ort im Januar der gleiche wie im Februar.

Teil II

Ein Blick auf das kleine Thermometer in der Küche sagte mir, dass es über Nacht noch ein bisschen mehr Frühling geworden war. Und beim Blick an dem kleinen Thermometer vorbei, hinaus aus dem kleinen Küchenfenster und zu den Kiefern hinter dem Haus, neben dem Schuppen, in dem mein Feuerholz lagerte, traute ich meinen Augen kaum: graubraunes, gestreift wirkendes Obergefieder, gräulich beigefarbener Bauch, der markante rote Fleck auf dem Kopf und die rötlichen Brustfedern der Männchen. Die Birkenzeisige waren tatsächlich in meinen Garten gekommen. Quirliger denn je stürzten sie von einer Kiefer zur nächsten, so wie sonst vom Feld auf die Erle. Ich würde lügen, wenn ich sagen würde, dass mir ihr Besuch nicht schmeichelte. Ein bisschen hatte ich das Gefühl, dass sie nur wegen mir gekommen waren. Vielleicht weil sie dachten, dass es nun an der Zeit gewesen war, nachdem ich sie so oft, also täglich, zu Hause besucht hatte. In der letzten Zeit war die Erle dabei manchmal leer gewesen, und da hatte ich mir schon gedacht, dass etwas im Umbruch war. Ich spürte, dass die Zeiten sich änderten, und mit ihnen alles um mich herum. Ich hatte es vor allem auch am Hasen gemerkt, der im Januar noch ganz behäbig über die Schneedecke mümmelte und jetzt Ende Februar plötzlich geschäftig durch den Garten hoppelte. Er machte sich auf zu den Kiefern hinter dem Haus und kehrte mit einem Büschel langen Grases zwischen den Zähnen zurück, lief über die Straße und in das Waldstück hinter dem Haus gegenüber. Von meinem kleinen Schreibtisch am Fenster konnte ich ihm gut dabei zusehen. Aus dem Augenwinkel sah ich ihn kommen, hob den Kopf, bis er aus meinem Sichtfeld verschwand, und blieb so lange in meine Arbeit versunken, bis er das nächste Mal vorbeikam. Ich war nach Schweden gekommen, um dieses Buch zu schreiben oder zumindest damit anzufangen. Und wenn man einen Großteil des Tages in seinem eigenen Kopf verbrachte, ganz allein in einem Haus irgendwo in Südschweden, dann war selbst ein einfacher Hase eine willkommene Abwechslung. Bei einer Arbeit wie dem Schreiben war es umso wichtiger, zwischendurch hinauszutreten, nicht nur im übertragenen, sondern auch im wörtlichen Sinne. Und das tat ich. Auch an diesem Tag, wie jeden Tag.

Gerade noch sah ich den Hasen zwischen den Fichten verschwinden. Die Eiszapfen an der Regenrinne tropften im Dauertakt, einige von ihnen waren heruntergefallen und lagen im braungrünen, von der Schneeschmelze aufgeweichten Gras. Die Luft roch nach schwerer, feuchter Erde, und die Sonne strahlte wieder Wärme aus und nicht nur bloßes Licht. Es war der erste Tag, der sich anfühlte wie das Ende des Winters. Und nun waren es nicht mehr nur die Birkenzeisige, die zwitschernd in den Bäumen saßen, sondern auch die Meisen und Amseln und Sperlinge und Goldammern, die mit ihren gelben Köpfen selbst in den grauesten Wintertag vor meinem Fenster noch etwas Farbe hatten. Sogar der Eichelhäher krächzte noch ein bisschen lauter, als er es sowieso schon tat. Es war einer der Vögel, die ich, einmal gehört, nie wieder überhören konnte. Mit lautem Rätschen begrüßt, oder besser gesagt, verrät er so ziemlich jeden auffälligen Besucher im Wald und warnt so auch das Wild vor potenziellen Gefahren. Ich mochte ihn, wahrscheinlich nicht zuletzt, weil er mich sehr an die Kookaburras aus Australien erinnerte: beigebraune Färbung des Gefieders mit etwas schillerndem Blau am Flügel, ein kräftiger Schnabel und vor allem der leicht verrückte Blick, der darauf hindeutet, dass diese Vögel einfach etwas anders sind als andere Vögel. Seine auffällige Art zu fliegen ist nicht gerade elegant, aber das macht der Vogel, der zur Familie der Rabenvögel gehört, durch seine Intelligenz wieder wett. Eichelhäher können ein ganzes Dutzend Eicheln im Kehlsack und Schnabel transportieren. Diese verstecken sie als Vorrat für den Winter im Boden, und manche davon finden sie sogar wieder. Die, die sie nicht wiederfinden, werden zu kleinen Bäumchen, was dem Vogel auch den Beinamen »Gärtner des Waldes« eingebracht hat. Einer der letzten Soldaten im Kampf gegen die Monokultur Wald. Noch erstaunlicher ist aber, dass Eichelhäher die Rufe anderer Vögel nachahmen können, sodass ihm selbst erfahrene Vogelbeobachter manchmal auf den Leim gehen und einen Mäusebussard oder einen Graureiher anstelle eines Eichelhähers vermuten.

Eine der Flügelfedern von dem Eichelhäher aus meinem Garten lag auf meinem Schreibtisch. Ich hatte sie draußen im Schnee gefunden, als ich einmal wieder den von den Elstern verwüsteten Meisenknödel einsammelte. Und ich hatte sie selbstverständlich aufgehoben und mitgenommen, denn sie stammte ja immerhin nicht von irgendeinem dahergeflogenen Eichelhäher, sondern von einem, den ich seit Wochen fast jeden Tag zumindest einmal zu Gesicht bekam. Manchmal, wenn ich beim Schreiben irgendwo zwischen den Wörtern hängen geblieben war, nahm ich die Feder und drehte sie zwischen meinen Fingern, betrachtete das schillernde Blau der Querstreifen, bis meine Gedanken wieder ineinandergriffen wie die feinen Häkchen der Federstrahlen und so mühelos zu fliegen begannen. Einmal hatte ich die Haken auseinandergezogen, sodass eine große Lücke in der sonst makellosen Federoberfläche klaffte. Das kann auch Vögeln passieren, wenn sie zum Beispiel im Flug einen Ast streifen. Um den Spalt zu reparieren, ziehen sie ihre Feder durch den Schnabel, und ich zog ihn eben durch Daumen und Zeigefinger. Es hatte tatsächlich funktioniert, aber ich hatte mein Glück seitdem trotzdem kein zweites Mal herausgefordert.

Als ich das Haus verließ, fühlte es sich an, als wären auch meine Sinne die letzten Wochen und Monate im Winterschlaf gewesen und mit einem Ruck zurückgekehrt. Es war der Tag, an dem in Sachen Frühling alles zusammenkam. An dem die Natur nicht langsam und zögerlich, sondern mit einem Paukenschlag aus dem Winterschlaf erwachte, der selbst im Süden Schwedens deutlich tiefer vonstattengeht als in unseren Breitengraden. Der Winter würde noch einmal zurückkommen, keine Frage. Doch das, was jetzt begonnen hatte, war dadurch nicht mehr aufzuhalten.

Auf die kleine Straße, nach links, an den Briefkästen nach rechts, die Birkenzeisige waren nicht auf ihrer Erle, denn sie waren ja bei mir im Garten. Dafür flogen Gänse weit oben am Himmel, in V-Formation wie Kraniche, nur etwas weniger laut trompetend. Typisch für Kanada-Gänse, die, einst nur in Nordamerika beheimatet, durch teils gezielte Ansiedlung mittlerweile auch im Norden Europas vertreten sind. Wir zogen gemeinsam in Richtung Meer, und zum ersten Mal hörte ich es schon, bevor ich es sah. Das Eis war geschmolzen, oder zumindest teilweise. Ziemlich genau auf der Höhe des Steges, auf dem ich manchmal gestanden und über die gefrorene See geblickt hatte, traf der Frühling auf den Winter, nagten die vom Wind getriebenen tiefblauen Wellen am gräulichen Eis, brachen es Stück für Stück in kleine Schollen und bahnten sich so ihren Weg in die Bucht.

Ich setzte mich auf die Holzplanken in die Sonne und ließ die neuen Farben und Geräusche auf mich wirken. Niemals ist die Sonne so warm, singen die Vögel so laut wie an diesem Tag im Jahr. Dann nahm ich zur Feier des Tages einen der kleinen Wege in den Wald, der voller Leben schien, oder zumindest voller Vögel, aber das war so ziemlich dasselbe. Ich lief den Pfad so lange entlang, bis er sich im Wald verlor, und dann lief ich weiter, ganz ohne Weg, über weiche Moose und rutschige Wurzeln und große, mit Flechten übersäte Felsbrocken. Ein Hase saß auf einer Lichtung in der Sonne. Als er mich sah, zögerte er einen Moment, so als wollte er sichergehen, dass ich es ernst meinte, und nahm dann im Zickzack Reißaus. Ich nahm seinen Platz ein und tat etwas, was man wohl Waldbaden nennen könnte. Ich ließ die Badewanne volllaufen, geradezu überlaufen, mit den Geräuschen und Gerüchen des Frühlings, hielt die Luft an und tauchte ein in eine wabernde Masse aus Lichtstrahlen und Kiefernnadeln, bis vom grauen, stillen Winter nichts mehr übrig war.

Zurück an der Straße, sah ich eine Gruppe Schwanzmeisen, mindestens zwanzig Stück. In hohen Tönen piepend und schnatternd, neugierig und nicht übermäßig ängstlich. Schwanzmeisen sind die mitunter herzerwärmendsten Vögel, die in unseren Breitengraden vorkommen können. Sie gehören zu den kleinsten Meisenarten, wobei rund neun Zentimeter ihrer durchschnittlichen 14 Zentimeter Körperlänge auf ihren Schwanz fallen. Kleine, weiß-schwarze Federbälle mit einem Hauch Rotbraun, die vor allem im Winter auch in größeren Gruppen von Busch zu Busch und von Baum zu Baum ziehen, stets perfekt ausbalanciert dank der langen Schwanzfedern. An der Futterstelle in meinem Garten hatte ich nie welche gesehen, wenngleich ich oft nach ihnen Ausschau gehalten hatte. Und beinah hatte ich nun wegen ihnen vergessen, einen prüfenden Blick in die Waldschneise zu werfen, in der ich damals den Elch gesehen hatte. Ich musste extra noch einmal ein Stück zurückgehen, aber es war keiner da, wie immer, und so langsam zweifelte ich daran, ob er überhaupt jemals da gewesen war oder mir mein Gehirn vor lauter Euphorie über die Ankunft in Schweden einfach nur einen Streich gespielt hatte. Bis ich zurück zum Haus kam und nicht ein Elch, sondern gleich drei in meiner Einfahrt standen. Eine Elchkuh mit zwei Kälbern, die so klein gar nicht mehr waren, knabberten gelangweilt wirkend am bräunlichen Gras vor meinem Haus, so als wären sie schon immer da gewesen. Ihre braunen, massigen und hochgewachsenen Körper mit den schlanken, staksigen Beinen wirkten fast schon überdimensioniert neben dem kleinen Schuppen. Ihre Hufe hinterließen nun keine Abdrücke im Schnee, sondern in der aufgeweichten Wiese. Als sie mich sahen, trabten sie ein paar Meter weiter die Straße entlang, stoppten und standen eine Weile einfach nur da. Ich sah sie fast schon ungläubig an, bis ich mich wieder besonnen hatte. Dann hastete ich möglichst unauffällig ins Haus, um die Kamera zu holen, die wegen der Vögel glücklicherweise schon das Teleobjektiv trug. Als ich wieder herauskam, standen die Elche immer noch da, und ich konnte das Beweisfoto schießen, sodass ich nicht länger an Elcherscheinungen glauben musste. Denn so selbstverständlich ist es selbst in einem Land wie Schweden gar nicht, Elche zu Gesicht zu bekommen.

Schwanzmeisen, Elche, das zurückgekehrte Meer und ein Ausflug in den Wald auf unbekannten Pfaden. Es war ein ungewöhnlich aufregender Tag im Schwedenhaus gewesen, und zur Beruhigung knetete ich erst einmal Teig für *Kanelbullar*. Sonntag war Zimtschneckentag – und Kaminfeuertag. Eigentlich existierte so etwas wie ein typischer Sonntag in meinem Leben schon lange nicht mehr. So ein Tag, der eher von den Dingen geprägt wird, die man nicht tut, als von solchen, die man tut. Wenn ich zu Hause war, arbeitete ich in der Regel jeden Tag, zumindest ein bisschen, und wenn nicht, dann war ich mit Wandern und Reisen beschäftigt. Doch hier in Schweden hatte ich den Sonntag wieder zum Leben erweckt. Ein ganzer Tag in der Woche reserviert für Spaziergänge, Zimtschnecken und das Lesen vor dem Kamin. Ein ganzer Tag, an dem ich alles tun konnte, aber nichts tun musste, und der sich, obwohl nur 24 Stunden lang, anfühlte wie ein richtiger Urlaub.

Fast zwei Monate war ich nun schon in diesem Haus, und irgendwie waren mir weder das Haus und seine Umgebung noch ich selbst in dieser Zeit jemals zu viel oder zu wenig geworden. Und beides konnte leicht passieren, wenn der kurze Wechsel von Blicken und Worten mit der Kassiererin im Supermarkt der einzige nennenswerte soziale Kontakt war und ein Schwarm Birkenzeisige die Hauptattraktion eines Alltags, der von geschriebenen Worten und bitterem Kaffee geprägt war.

Das mag jetzt alles ein bisschen eigenbrötlerisch klingen, aber ich bin keine Eigenbrötlerin und will auch keine sein. Ich umgebe mich gerne mit Menschen, bin froh und dankbar, dass zu Hause immer einige meiner Liebsten davon mit offenen Armen auf mich warten, egal wie lange ich mal wieder unterwegs war. Auch während meiner Reisen versuche ich zumindest einigermaßen regelmäßig Kontakt zu halten, über WhatsApp, Facebook oder Telefon. Wahrscheinlich sollte ich mich öfter melden, aber es fällt mir oft zu leicht, mich in meiner eigenen Welt zu verlieren. Über die Jahre hinweg habe ich gelernt, allein zu sein, ohne einsam zu sein. Es war ein langer Weg, und genau genommen hält dieser Prozess bis heute an, wird wahrscheinlich nie ganz vorbei sein. Dabei war ich bis vor wenigen Jahren auch noch einer dieser Menschen, die sagten, dass sie niemals alleine reisen könnten, auch weil sie dann niemanden hätten, mit dem sie all die schönen Erlebnisse teilen könnten.

Ich weiß noch, als ich während meiner Zeit an der Uni zum ersten Mal allein ins Kino gegangen bin und mich danach gefühlt habe, als hätte ich solo den Everest erklommen. Allein in ein Café oder Restaurant zu gehen, war quasi undenkbar gewesen, ich hätte gar nicht gewusst, wohin mit mir und meinen Augen und meinen Gedanken.

Irgendwann kamen die ersten Wanderungen allein, als der Familienhund und ich an den Wochenenden die bayerischen Voralpengipfel erklommen. Dann die erste Solo-Reise. Ich war schrecklich aufgeregt in Anbetracht all der Dinge, denen ich mich dort in Schottland ohne jeden Beistand stellen musste. Gleichzeitig spürte ich aber auch schon eine gewisse Faszination für das gute Gefühl, mich all diesen Dingen alleine gestellt zu haben, bevor ich überhaupt aufgebrochen war. Mit der Erkältung gleich zu Beginn der Reise traf mich einer der größten Nachteile des Solo-Reisens mit voller Wucht. Es folgte meine erste Zeltnacht in der »Wildnis«, und ab da war es um mich geschehen. Diesen Moment dort oben auf dem schottischen Hügel irgendwo im Nirgendwo ganz für mich allein zu haben, der Stolz, als ich am nächsten Morgen wieder vor meinem Mietauto stand und mich fühlte wie die allergrößte Abenteurerin – so etwas hatte ich noch nie gespürt. Ich wollte mehr davon, und doch stand ich zwei Tage später an einem grauen Regentag auf einem Campingplatz in den nördlichen Highlands und fühlte mich wie der einsamste Mensch der Welt.

Auch heute noch fühle ich mich manchmal einsam, ich glaube, daran führt kein Weg vorbei. Aber das Gefühl tritt nur noch relativ selten auf und ist meist schnell wieder verflogen. Denn ich habe gelernt, es einfach zu akzeptieren und mich in solchen Momenten daran zu erinnern, dass es eben nur das ist, ein Gefühl, und kein Zustand. Und dass es etwas Großartiges und unglaublich Wertvolles ist, sich selbst genug zu sein und ein Zuhause zu haben, das an keinen bestimmten Ort gebunden ist.

Irgendwann las ich nicht mehr in meinem Buch, sondern betrachtete nur noch abwechselnd die lodernden Flammen im Kamin und die Silhouette des Waldes, deren Kontrast zum Himmel immer schwächer wurde. Ich hatte in den letzten Jahren an vielen Feuern gesessen, hatte noch viel mehr Silhouetten von Landschaften betrachtet, war mehrere Tausend Kilometer durch alle möglichen Teile der Welt gewandert. Meistens hatte sich das angefühlt wie die schönste Sache der Welt und manchmal auch wie die schlimmste. Ich hatte viel erlebt, viel gesehen, viel gefühlt, viel gelernt. Über mich selbst und über die Welt da draußen, die uns alle umgibt. Die kleinsten Dinge wurden manchmal zur größten Herausforderung, und große Herausforderungen schienen manchmal plötzlich gar nicht mehr so unüberwindbar. Weil ich gelernt hatte, mir selbst zu vertrauen und darauf, dass alles da draußen einen Sinn hatte. Manchmal musste ich die Schönheit und das Glück suchen, obwohl ich mich eigentlich mittendrin befand, und oft konnte ich dieses Glück kaum ertragen, weil es so überaus schön war. Ich hatte dieses Glück überall gefunden. Im Großen und im Kleinen, im Fernen und im Nahen. Ich hatte gefunden, was mich glücklich machte, und das war das wohl größte Glück überhaupt. Ein Glück, das nichts damit zu tun hatte, wo genau ich mich befand – solange ich draußen war. Und dann war es letztendlich eigentlich egal, ob ich nun zwei Monate lang irgendwo durch die Wildnis Australiens wanderte oder jeden Tag die gleiche Fünf-Kilometer-Runde auf gefrorenem Asphalt. Ob ich nun Eukalyptusbäume und Tigerottern oder Fichten und Birkenzeisige sah. Ob ich mit tränenüberströmten Wangen in Flüsse rutschte oder auf weichem Moos über Berghänge stolzierte. Ich hatte gelernt, das Glück in all diesen Dingen da draußen zu finden. In den Farben des Himmels und den Formen der Landschaften und dem Geruch der Erde, den Begegnungen mit wilden und manchmal auch weniger wilden Tieren. Im Wandern, jenem langsamen Unterwegssein in der Natur, und darin, was passiert, wenn man beginnt, genauer hinzusehen. In Momenten der Freude, aber auch in den Herausforderungen und Hindernissen, die eine solche Reise in erstaunlich unbekannte Welten mit sich bringt. Und in dem, was ich in mir fand, nachdem ich begonnen hatte, draußen zu suchen.

Später saß ich noch ein bisschen auf der Terrasse, dick eingepackt in Decken und Jacken, und trotzdem spürte ich die beißende Kälte des skandinavischen Winters, der noch nicht vorbei war, allen Anzeichen des Frühlings zum Trotz. Es war Vollmond, oder zumindest nah dran, und der Nachthimmel war so klar, wie er nur sein konnte.

Und dann hörte ich es.

»Hu-huhuhuhu-huuuuu.«

Mit einem Mal war die Kälte auf meiner Haut so weit weg, wie sie nur sein konnte.

»Hu-huhuhuhu-huuuuu.«

Ich saß ganz still, den Blick starr auf den kleinen Schuppen gerichtet, weil man in Momenten, in denen man unbedingt etwas ganz genau hören möchte, aus irgendeinem seltsamen Grund noch nicht einmal wagt, die Augen zu bewegen.

»Hu-huhuhuhu-huuuuu.«

Zweifelsfrei. Da war eine Eule – ein Waldkauz, um genau zu sein – direkt neben meinem Haus, das mitten in der winterlichen Einsamkeit irgendwo im Süden Schwedens stand. Und ich war plötzlich ziemlich aufgeregt.

Epilog

ERKENNTNISSE DES DRAUßENSEINS

Jede Reise beginnt mit dem ersten Schritt. Und jedes Buch beginnt mit dem ersten Satz. Wie bei einer Fernwanderung habe ich mich mit diesem Buch auf eine kleine Expedition ins Ungewisse begeben. Am Anfang schien mein Ziel unendlich weit entfernt, so wie damals das andere Ende Großbritanniens am ersten Tag meiner ersten Fernwanderung. Ich wusste nicht, was mich auf dem Weg erwarten und auf was ich stoßen würde. Ich wusste nur, dass es ganz bestimmt Tage geben würde, an denen ich mich fühlte, als würde ich fliegen – und solche, an denen ich noch nicht einmal wissen würde, wie ich den nächsten Hügel erklimmen sollte. Aber ich wusste auch, dass man immer irgendwann ans Ziel kommt, solange man nur einen Fuß vor den anderen setzt und einfach den Moment genießt. Und dass man niemals die Macht von Pausen und gutem Kaffee unterschätzen sollte.

Wie so oft hatte ich auch für diesen Weg keine feste Route, kein festes Ziel. Nur eine alte Karte, auf der sich Alaska gleich neben Großbritannien befand und Patagonien neben Brandenburg. Und einen Kompass, der mir die ungefähre Richtung vorgab. So viel Planung wie nötig und so wenig wie möglich – mit diesem Vorsatz gehe ich meine Reisen und Wanderungen am liebsten an, und mit diesem Vorsatz habe ich mich auch auf das Abenteuer Buchschreiben begeben.

Es ist eines der vielen Dinge, die mir das Wandern und das bloße Sein in der Natur über mich selbst und mein Leben beigebracht haben. Und vieles davon ist mir überhaupt erst im Laufe des letzten Jahres so richtig bewusst geworden. Nämlich dann, als ich begonnen habe, den Dingen durch das Aufschreiben eine Struktur zu geben, und am Ende alles plötzlich Sinn ergeben hat. Allein dafür werde ich diesem Buch immer dankbar sein.

Ich bin nicht mehr der gleiche Mensch, der noch nicht wusste, dass Eulen lautlos fliegen und Steine auch weich und warm sein können. Die Eule in der Wüste hat damals eine Barriere eingerissen, die mich sowohl von mir selbst als auch von der Welt ferngehalten hatte. Heute fühle ich mich mit beidem viel mehr verbunden, und ich trage eine Freude und Begeisterung in mir, die ganz unabhängig von allen Lebensumständen immer an meiner Seite ist. Es ist ein Glück, das tiefer sitzt als die Freude über ein paar neue Instagram-Likes oder ein neues Fahrrad. Und um dieses Glück zu finden, bin ich meiner Leidenschaft gefolgt, am Anfang, ohne mir dessen überhaupt so richtig bewusst zu sein. Und vielleicht wüsste ich bis heute nicht, was meine Leidenschaft ist, wenn ich nicht diesem undefinierbaren Gefühl gefolgt wäre, welches weit entfernt von Sinn und Verstand entsteht und immer stärker wird, wenn man es nur zulässt. Wenn ich nicht mitten in der Nacht mein Zelt verlassen hätte, nur um einer Eule in der Wüste hinterherzulaufen. Wenn ich nicht meinen schottischen Mietwagen ganz plötzlich zum Stehen gebracht hätte, weil sich dieser eine Hügel in den Highlands plötzlich richtig für mich und mein Zelt anfühlte. Wenn ich nicht meinen Job gekündigt hätte, um drei Monate durch Großbritannien zu wandern, obwohl ich vorher noch nie länger als zwei Nächte am Stück im Zelt geschlafen hatte. Und um anschließend in meine Selbstständigkeit als Vollzeit-Outdoorbloggerin zu starten, obwohl ich keine Ahnung hatte, ob und wie genau das funktionieren sollte.

Wenn es eine Sache gibt, die mich zu einem glücklicheren Menschen gemacht hat, eine Fähigkeit, auf die ich stolz bin, dann die, dass ich mich im richtigen Moment auf meine Intuition verlassen habe und das bis heute tue. Dass ich trotz aller Vernunft und Rationalität zwischendurch einfach sage: »Wisst ihr was? Ich mach das jetzt einfach!« Das kann eine große Reise oder ein kleiner Ausflug sein, eine große Lebensentscheidung oder einfach nur eine Korrektur des Kurses.

Es gehört manchmal ein bisschen Mut dazu, eigentlich aber benötigt man vor allem eines: einen Rucksack mit den Dingen, und zwar nur den Dingen, die man wirklich braucht, um am Ende des Tages zufrieden zu sein. Und es gibt für mich keinen besseren Weg als einen Wanderweg, um herauszufinden, was das ist. Denn beim Wandern zählt jedes Gramm, und unnötiger Ballast landet früher oder später immer in einem Paket zurück nach Hause oder der »Free stuff«-Box eines Hostels.

Doch es geht nicht nur um die Frage, ob es ein ausgestopfter Kleiderbeutel als Kopfkissen tut oder ob man doch das Mehrgewicht für eine aufblasbare Variante in Kauf nimmt. Es geht auch um die Frage, was man im Leben braucht, um irgendwann für sich selbst sagen zu können, dass es ein Gutes war. So glaube ich zum Beispiel mittlerweile zu wissen, dass das Unterwegssein für mich immer wichtiger sein wird als das Ankommen. Dass die Reise immer wichtiger sein wird als die

Rückkehr, auch wenn ich unterwegs manchmal die Abende vermisse, an denen ich in Jogginghose in meiner Wohnung stehe, laut mitsingend Musik höre, Rotwein trinke und irgendetwas mit Kartoffeln koche. Im wortwörtlichen Sinne genauso wie im übertragenen Sinne.

Der Weg ist das Ziel. Ein ziemlich abgenutzter Spruch, schon so oft gehört und gelesen, so oft zustimmend und nachdenklich benickt und doch so selten wirklich verinnerlicht. Denn irgendwie ist der Weg im Leben doch viel zu selten das Ziel. Immer arbeiten wir auf irgendwas hin, viel zu oft geht es nicht um das Jetzt, sondern um das Bald oder etwas, das in zehn Jahren passieren soll. In die Schule gehen, um zu studieren. Studieren, um zu arbeiten. Arbeiten, um in Rente zu gehen. Und schon ist das Leben vorbei. Auch ich verfalle immer wieder in dieses Muster, auch wenn mein Hamsterrad, wie es in der gängigen Ratgeberliteratur so gern genannt wird, sich vielleicht etwas langsamer dreht und vielleicht etwas grüner ist als andere. Wichtig ist, sich dieses Musters bewusst zu sein und immer wieder den Ausbruch zu wagen, das Rad so oft wie möglich stillstehen zu lassen.

Wandern ist der absolute Gegenentwurf zu dieser Art von Hamsterradleben, welches in unserer Gesellschaft so selbstverständlich, ja fast schon verpflichtend ist. Was wäre eine Wanderung, wenn es nur um das Ankommen ginge? Eine ziemliche Zeitverschwendung in erster Linie, denn dann könnte man auch gleich mit dem Auto über die Schnellstraße dorthin fahren. Stattdessen gehen wir beim Wandern plötzlich Umwege und nicht den direkten Weg. Laufen über steinige Pfade und nicht auf geteerten Straßen. Und am Ende jeder Wanderung, auf dem Gipfel jeden Berges steht die Erkenntnis, dass der Weg dorthin mindestens so wertvoll war wie das Ankommen selbst.

Natürlich brauchen wir Ziele, auch beim Wandern. Ziele, die uns überhaupt erst aufbrechen lassen, die uns die Richtung vorgeben und uns weiterlaufen lassen, besonders wenn dieses Laufen manchmal schwerfällt. Doch eigentlich wissen wir, dass selbst, wenn wir das Ziel vielleicht nie erreichen werden, der Weg dorthin allein schon alles wert war. Beim Wandern machen wir das, was wir im Leben viel zu oft vernachlässigen. Wir wählen schöne Routen, auch wenn die vielleicht anstrengender und herausfordernder sind als die Alternativen. Wir genießen jeden Moment, anstatt nur dem Ziel entgegenzuhetzen. Wir freuen uns unterwegs an den kleinen Dingen, anstatt immer nur an das nächste große Highlight zu denken. Wir gehen unser Tempo, weil wir wissen, dass wir sonst auf der Strecke bleiben. Wir fordern uns, ohne uns zu überfordern. Wir machen Pausen, weil die Pausen immer noch das Schönste am Wandern sind. Wenn das Wetter umschlägt, ziehen wir einfach unsere Regenjacke an und laufen weiter, können den Regen dabei vielleicht sogar ein bisschen genießen. Und wir vertrauen uns selbst darin, dass wir den richtigen Weg kennen. Wann tut man das schon, sich selbst vertrauen, so richtig und ehrlich und aus ganzem Herzen? Beim Wandern muss man es. Man muss es zumindest versuchen. Und sobald man es versucht, erkennt man, dass dieses Vertrauen berechtigt ist. Dass man alles, was man für eine gelungene Wanderung und für ein glückliches Leben braucht, schon besitzt.

Beim Wandern lernen wir, das Leben mit Leben zu füllen. Und dafür müssen wir einfach nur loslaufen.

Anhang

REISEN UND NATURSCHUTZ

In einem Moment bin ich unter dem Blätterdach uralter Baumriesen gewandert – und im nächsten musste ich daran denken, dass diese Riesen einst nicht nur die kleine Fläche der heutigen Nationalparks, sondern ausufernde Gebiete besiedelten, bis die meisten von ihnen den Motorsägen zum Opfer fielen. In einem Moment habe ich mich unbändig über die Sichtung eines Pfeifhasen gefreut, der ausnahmsweise nicht die Flucht ergriff, sondern ganz in meiner Nähe auf dem Felsbrocken sitzen blieb – und im nächsten musste ich daran denken, dass die possierlichen Tierchen, die wie eine Mischung aus Hase und Hamster aussehen, hochgradig vom Klimawandel bedroht sind.

Ich habe lange darüber nachgedacht, ob und inwieweit ich dem Thema Naturschutz in diesem Buch Raum geben möchte und sollte. Denn vor allem möchte ich mit den Geschichten meine Begeisterung für die Natur teilen und dazu inspirieren rauszugehen, egal ob vor die Haustür oder in die weite Welt.

Gleichzeitig kann und will ich einfach nicht über die Natur und meine Erlebnisse mit ihr schreiben, ohne dabei auch die Probleme anzusprechen, die zahlreich sind und immer zahlreicher werden. Genauso wie ich nicht durch die Welt wandern und reisen kann und dabei ausschließlich das Gute sehen. Meine Reise hin zur Natur hat mir nicht nur die Augen für die Schönheit und Einzigartigkeit dieses Planeten geöffnet, sondern auch für ihre fortschreitende Zerstörung. Und für die Notwendigkeit, diese Natur zu schützen oder zumindest den Schaden einzudämmen, denn vieles ist leider schon unwiderruflich geschehen.

Es war und ist oft schwierig für mich, die richtige Balance zu finden zwischen Hinsehen und Wegsehen. Es fällt mir manchmal schwer, und da bin ich sicher nicht die Einzige, die Welt da draußen einfach nur zu genießen, ohne ständig darüber nachzudenken, was aktuell mit ihr geschieht. Doch genau das möchte ich manchmal tun, nicht nur für mich selbst, sondern auch, weil ich denke, dass die Natur unsere ungetrübte Begeisterung verdient hat. Dennoch kann ich nicht außer Acht lassen, dass Natur an vielen Orten der Welt nicht mehr viel mit der Idylle zu tun hat, die ich mir oft und gerne herbeisehne. Selbst die unberührtesten Gegenden der Welt sind mittlerweile von Menschen beeinflusst, allein schon durch die Erwärmung des globalen Klimas. Es hängt alles zusammen, jede Tat hat Folgen, und das oft auch dort, wo wir es gar nicht sehen.

Mit jedem Steak stirbt ein Stück Regenwald, mit jedem Flug schmilzt ein Stück Eis – das ist natürlich etwas vereinfacht gesagt, aber im Grunde doch erschreckend wahr. Allein die Flugreisen in diesem Buch haben unzählige Tonnen CO_2 verursacht. Die Ausgleichszahlung, die ich dafür getätigt habe, die Tatsache, dass ich mich seit über zehn Jahren vegan ernähre und auch sonst relativ nachhaltig lebe – all das kann diese Flüge nicht ungeschehen machen.

Und gleichzeitig hat der Tourismus auch gute Seiten. Viele Menschen weltweit sind direkt vom ihm abhängig, hätten ohne ihn überhaupt keine Lebensgrundlage. Und auch in Hinsicht auf Natur- und Artenschutz hat das Reisen durchaus positive Auswirkungen. Allein schon weil Touristen möglichst unberührte, artenreiche Natur, plastikfreie Sandstrände, saubere Flüsse sehen möchten – und die Menschen vor Ort das erkannt haben und etwas dafür tun. Viele geschützte Gebiete oder von öffentlichen Geldern geförderte Artenschutzprogramme gäbe es vermutlich überhaupt nicht, wenn diese nicht auch touristisch und damit wirtschaftlich relevant beziehungsweise überhaupt erst finanzierbar wären.

Auch die Tatsache, dass alles miteinander verwoben ist, hat etwas Gutes. Denn dadurch ist es gar nicht so schwer, etwas dafür zu tun, dass sich die Situation wieder bessert. Dadurch kann man zum Beispiel auch von Deutschland aus den brasilianischen Regenwald retten. Mit dem Verzicht auf tierische Lebensmittel zum Beispiel, deren Produktion vergleichsweise viele Ressourcen verschlingt und hohe Emissionen freisetzt. Mit dem Kauf nachhaltiger, für Mensch und Tier fair produzierter Kleidung und Ausrüstung, welche mittlerweile auch in der Outdoorbranche einen immer größeren Stellenwert einnimmt. Mit der sorgfältigen und informierten Auswahl von Reise- und Touranbietern, Unterkünften, Restaurants hinsichtlich ökologischer und sozialer Standards. Und nicht zuletzt natürlich auch mit einem gewissen Verzicht auf Flugreisen.

Besonders Letzteres ist für all jene von uns, die sich nach Weite und größtmöglicher Wildnis sehnen, so wie ich es tue, der wohl härteste Schritt. Denn sosehr ich auch gelernt habe, mich für jede Art von Natur zu begeistern, egal ob in Südafrika oder im eigenen Vorgarten – die Art tiefen Glücks und grenzenloser Freiheit, die ich verspüre, wenn ich mein Zelt in der Patagonischen Steppe oder dem australischen Outback aufschlage, wenn ich Buckelwale in Alaska sehe oder Elefanten in Südafrika, werde ich in großen Teilen Europas in dieser Art wohl niemals spüren können. Auch wenn Gebiete wie die schottischen Highlands oder der Norden Skandinaviens dem schon relativ nahekommen und beide zum Glück auch ohne Flugzeug erreichbar sind.

Nun könnte man sagen, dass dieser Schritt jemandem, der schon in Patagonien und Alaska, in Australien und Zentralasien war, leichter fällt. Aber das stimmt nicht, denn mit jeder Reise in die wilden Gegenden dieser Erde wurde und wird die Sehnsucht danach für mich nur noch stärker. Und dennoch habe ich meine Flugreisen mittlerweile sehr deutlich eingeschränkt und überlege mir ganz genau, wann ich wie und wo hinreise, was ich dort tue, wie lange ich bleibe.

Ja, es gibt viele Probleme, die nur auf politischer und nicht auf individueller Ebene lösbar sind. Auf jeden Menschen, der seinen Urlaub bewusst an der Ostsee verbringt, kommen unzählige Menschen, die für drei Tage nach Mallorca fliegen. Aber letztendlich steht für mich am Ende nicht die Frage, was andere tun, sondern vor allem die, was ich selbst tue und getan habe.

Ich kam irgendwann an den Punkt, an dem mein Reiseverhalten und meine Liebe zur Natur nicht mehr vereinbar waren. An dem ich nicht mehr so weiterreisen konnte und wollte wie bisher, auch wenn es das ist, was mich mitunter am glücklichsten macht und womit ich sogar mein Geld verdiene. Ich bin nicht perfekt, und ich kann niemals perfekt sein, niemand kann das. Aber das Beste zu geben, das ist zwischendurch wichtig.

Ich möchte dafür kleine Schritte gehen. Bonbonpapier am Wegesrand aufheben. Der Kröte über die Straße helfen. Die Außenbeleuchtungen nachts ausschalten, damit ein paar Falter mehr die Nacht bevölkern können. Aber ich möchte auch große Schritte gehen. Diejenigen unterstützen, die durch konkretes Handeln und politische Agenden für den Schutz der Natur eintreten. Und öfter mal wieder ein Bahnticket nach Brandenburg kaufen und kein Flugticket nach Los Angeles.

Jede Wanderung beginnt mit dem ersten Schritt, und wenn man viele kleine Schritte in die richtige Richtung macht, findet man sich plötzlich an einem Ort wieder, der zu Beginn der Reise noch unerreichbar schien.

Ich habe dieses Buch nicht zuletzt deswegen geschrieben, weil ich fest davon überzeugt bin, dass dieser Ort keine Utopie bleibt, wenn Menschen wieder mehr Zeit in der Natur verbrächten. Wenn sie (wieder) lernten, einen Feldsperling vom Haussperling zu unterscheiden und vielleicht auch einen Braunbären vom Schwarzbären. Und echte Abenteuer erlebten, kleine und große, für sich selbst und nicht für Instagram.

Es ist unendlich wichtig, zwischendurch am eigenen Leib zu spüren, dass wir ein Teil von der Welt da draußen sind, von ihr abhängig sind. Wenn wir dieses Gefühl verinnerlicht haben, möchten wir sie automatisch schützen. Denn die Natur braucht uns nicht, aber wir brauchen die Natur. Und das wusste schon Edward Abbey:

»Doch die Liebe zur Wildnis ist mehr als der Hunger nach etwas nie zu Erlangendem. In ihr drückt sich auch unsere Loyalität gegenüber der Erde aus, jener Erde, die uns gebar und uns ernährt, die einzige Heimat, derer wir habhaft sind, das einzige Paradies, dessen wir bedürfen – hätten wir doch nur Augen dafür.«

ZUM NACHWANDERN

Für alle, die nun auch Lust bekommen haben rauszugehen, oder besser gesagt, *draußen zu gehen*, habe ich im Folgenden praktische Infos rund um einige der in diesem Buch vorkommende Wanderungen zusammengestellt. Mehr davon gibt es auch auf meinem Blog unter www.fraeulein-draussen.de.

DIE UCKERMÄRKER LANDRUNDE IN BRANDENBURG

Route: Die 167 Kilometer lange Rundwanderung beginnt und endet offiziell in Prenzlau und führt unter anderem durch den Naturpark Uckermärkische Seen und das Biosphärenreservat Schorfheide-Chorin. Weite Wiesen und Felder, ausgedehnte Mischwälder, verschlafene Dörfer, gepflasterte Alleen und jede Menge Wasser in Form von Seen, Tümpeln und Bächen prägen das Landschaftsbild. Offiziell wird die Route in sechs Etappen eingeteilt, die dann allerdings mit bis zu 37 Kilometern pro Tag teils sehr lang sind. Alternativ kann die Fernwanderung auch in kürzere Etappen unterteilt werden.

Anreise: Dank der guten Anbindung an den öffentlichen Nahverkehr sind Start und Ziel an vielen Punkten möglich. Größere Bahnhöfe befinden sich in Prenzlau, Angermünde und Templin.

Beste Reisezeit: Die Wanderung ist ganzjährig möglich, besonders schön ist aber sicherlich die Zeit der Laubfärbung und Kranichwanderung im September und Oktober. In den Sommermonaten hingegen kann man die vielen Badeseen voll auskosten.

Anforderungen: Die Uckermärker Landrunde führt vor allem über Forst- und Feldwege sowie kleinere Straßen, teils auch über schmale Wanderwege und ist ohne Probleme zu bewandern. Die Markierungen sind oft, aber nicht immer vollständig ausreichend, daher sollte man am besten zur einfacheren Wegfindung eine Karte oder Navigationsapp verwenden. So ist die Route auch für Fernwander-Anfänger perfekt geeignet.

Unterkünfte: Pensionen und Hotels können je nach Etappe spärlich gesät sein. Vorausbuchen ist dort empfehlenswert. Einige Abschnitte können auch mit Zelt und Übernachtung auf Campingplätzen begangen werden.

Ausrüstungstipp: Da die Wegbeschaffenheit keine besonderen Ansprüche an das Schuhwerk stellt, kann man die Wanderung auch in leichten Multifunktionsschuhen oder Laufschuhen bestreiten. So fällt das Laufen deutlich leichter und die Füße und Beine bleiben länger fit.

DER NORDSEEWANDERWEG
IN DÄNEMARK

Route: Der Nordseewanderweg ist ein Projekt europäischer Zusammenarbeit für einen Wanderweg, der irgendwann die gesamte Nordseeküste entlangführen soll. In Dänemark verläuft der Weg von der deutsch-dänischen Grenze entlang der Westküste bis nach Skagen an die Nordspitze Jütlands. Ich kann besonders den Abschnitt zwischen Blokhus und Skagen im Norden Jütlands empfehlen (ca. 120 km/6 Tage).

Anreise: Dänemark kann man von Deutschland aus sehr gut mit dem Zug erreichen. Für eine Wanderung auf dem nördlichen Teil kann man hierfür nach Aalborg fahren und dort auf den Regionalverkehr umsteigen. Aalborg verfügt aber auch über einen Flughafen.

Reisezeit: Hauptsaison ist in Dänemark von Mitte Juni bis Mitte August. In dieser Zeit zu reisen, kann für eine Wanderung entlang der Küste durchaus Vorteile haben, denn alle Imbisse, Cafés, Unterkünfte etc. sind geöffnet, und die regionalen Busse fahren. Auch ist es schön warm, sodass sogar ein Sprung ins Meer nach einem langen Wandertag möglich ist. Allerdings ist es in der Hauptsaison natürlich auch sehr voll. Eher empfehlen würde ich persönlich die ruhigen Nebensaisons, also den Frühling von Mitte April bis Ende Mai oder den Spätsommer beziehungsweise Herbst von Mitte August bis Anfang Oktober.

Anforderungen: Der dänische Nordseewanderweg ist generell gut ausgeschildert und gepflegt. Die Route führt über kleine Schotter- und Waldwege sowie durch die Dünen und immer wieder auch direkt über den Strand. Leider ist die Menge an Informationen, die man in Dänemark (und anderswo) über den Nordseewanderweg finden kann, relativ gering, und vieles davon ist zudem auf Dänisch. Mit etwas Vorbereitung und Recherche ist das aber kein Problem.

Unterkünfte: Bei den Unterkünften entlang des Weges hat man verschiedene Optionen zur Auswahl: eine kleine Pension im Ort, ein Ferienhäuschen in den Dünen, eine urige Campinghütte – oder doch lieber Zelten auf einem der Campingplätze oder der in Dänemark verbreiteten Naturlagerplätze? Je nach Reisezeit und Etappenwahl kann die Auswahl aber beschränkt sein, daher sollte man sich auf jeden Fall vorher informieren und gegebenenfalls vorbuchen.

Ausrüstungstipp: Leichte Gamaschen, wie man sie zum Beispiel beim Trailrunning verwendet, helfen gegen Sand in den Wanderschuhen.

DER SOUTH WEST COAST PATH
IN ENGLAND

Route: Der South West Coast Path ist mit 1 014 Kilometern der längste offizielle Fernwanderweg in Großbritannien und führt von Minehead in Somerset entlang der Küsten von Devon und Cornwall bis nach South Haven Point in Dorset.

Ursprünglich wurde der Weg für die Küstenwache im Kampf gegen Schmuggler angelegt. Deshalb verläuft der Weg auch meist direkt an der Küste entlang, was ihn zwar nicht unbedingt einfacher, dafür aber umso schöner macht. Zusammen mit dem Pennine Way in Nordengland war dieser Küstenpfad definitiv eines der Highlights meiner Wanderung durch Großbritannien.

Anreise: Viele Orte entlang des Coast Path sind gut an das öffentliche Verkehrsnetz angeschlossen, sodass eine flexible Anreise per Bus und Zug gut möglich ist.

Beste Reisezeit: Während der Sommermonate – vor allem im Juli und August – gibt es vor Ort die beste Infrastruktur. Der Nachteil der Hauptsaison sind eventuell ausgebuchte Unterkünfte und viele Touristen, denn die Südküste ist auch unter den Briten ein beliebtes Urlaubsziel. Besser geeignet sind Mai und Juni oder September und Oktober. Zwischen Oktober und April ist das Wandern ebenfalls gut möglich, da das Wetter verhältnismäßig mild ist. Auf Kälte und Nässe muss man sich dann aber auf jeden Fall einstellen. Zudem haben viele Unterkünfte und Cafés jenseits der größeren Orte zu dieser Zeit geschlossen.

Anforderungen: Der Pfad ist generell gut in Schuss und birgt keine größeren Schwierigkeiten. Konditionell gesehen verlangt er einem allerdings wegen der vielen An- und Abstiege durchaus einiges ab – vor allem, wenn man auch seine Campingausrüstung dabeihat. Mit etwas Fitness ist der Weg aber auch für unerfahrene Fernwanderer gut geeignet.

Und falls der Rucksack doch mal zu schwer wird: Es gibt diverse Angebote für Gepäcktransport von einer Unterkunft zur nächsten.

Unterkünfte: Die Südküste Großbritanniens ist touristisch bestens erschlossen, sodass man auch abseits der Ferienorte Unterkünfte findet. Besonders empfehlenswert sind die typisch englischen Bed & Breakfasts. Wildzelten ist offiziell in England zwar nicht erlaubt, wird aber in der Regel geduldet, solange man niemanden stört und keinerlei Spuren hinterlässt. Damit dies auch wirklich gegeben ist, sollte man sich vorher unbedingt mit den Regeln des Leave-No-Trace-Prinzips vertraut machen: www.lnt.org

Ausrüstungstipp: Auch wenn das Wetter an der Südküste Englands für britische Verhältnisse oft sehr gut ist, kann sich das immer und jederzeit schnell ändern. Regenbekleidung und Regenschutz für den Rucksack sollten daher immer griffbereit sein.

Mehr Infos: Sehr hilfreich für die Planung ist die Webseite der South West Coast Path Association www.southwestcoastpath.org.uk.

BERGTREKKING IN SÜDAFRIKA

Der Amatola Trail

Route: Der Amatola Trail verläuft über die gleichnamigen Berge im Südosten Südafrikas und zieht sich auf rund 100 Kilometern einmal über die komplette Länge der Amatola Mountains. Dabei führt er durch teils sehr alte und naturbelassene Wälder, vorbei an eindrucksvollen Wasserfällen und glasklaren Pools, aber auch entlang steiler Berghänge und über einige der höchsten Punkte der Bergkette.

Anforderungen: Der Weg erfordert ein hohes Maß an Trittsicherheit und Ausdauer. Es sind viele steile Passagen mit bis zu 1 000 Höhenmetern im Auf- und Abstieg pro Tag zu überwinden, dazu rutschige Passagen, Flussüberquerungen und teils überwachsene Wege, die viel mehr Zeit in Anspruch nehmen, als man es von »normalen« Wanderwegen gewohnt ist – vor allem auch bei nasser Witterung. Die Wanderung ist ein waschechtes Abenteuer, aber definitiv nicht für Trekking-Anfänger geeignet. Aufgrund der Anforderungen und Abgeschiedenheit ist der Trail aktuell nur für Gruppen ab drei Personen buchbar.

Logistik und Unterkunft: Verpflegung muss für die kompletten sechs Wandertage mitgebracht werden. Trinkwasser hingegen ist fast überall im Überfluss vorhanden. Fast schon luxuriös fühlen sich die fünf einfachen Holzhütten an, die über Schlafräume mit Stockbetten, Sitzgelegenheiten, Feuerstellen und einfache Toiletten verfügen. Nur den Schlafsack muss man selbst dabeihaben.

Beste Reisezeit: Der Amatola Trail ist prinzipiell das ganze Jahr über begehbar, am besten geeignet sind aber der südafrikanische Frühling und Herbst. Im Sommer kann es sehr heiß werden, aber auch kalt und nass. Im Winter sind die Tage kürzer, und sogar Schnee ist in den höheren Lagen möglich. Ich war im Mitte Februar auf dem Trail unterwegs und habe in diesen sechs Tagen von schwülen 30 Grad bis hin zu eisigen Tagen mit Regen, Nebel und Wind so ziemlich alles erlebt.

Ausrüstungstipp: Trekkingstöcke sind aufgrund der teils steilen An- und Abstiege und Flussüberquerungen essenziell und unabdingbar.

Mehr Infos und Buchung: www.amatolatrails.co.za (Vorbuchen ist zwingend notwendig, geführte Touren sind nicht möglich.)

Weitere empfehlenswerte Trekkinggebiete:

Die Drakensberge: Die bis zu 3 482 Meter hohen Drakensberge sind das höchste Gebirge des südlichen Afrikas. Sie liegen im Osten des Landes und werden wegen ihrer charakteristischen zackigen Bergkämme in Kombination mit tiefen Schluchten und Höhlen entlang der Abbruchkante von den einheimischen Zulu uKhahlamba (zu Deutsch: Wand der aufgestellten Speere) genannt. Etablierte Wanderwege gibt es hier nur an wenigen Orten. Vor allem auf den weitläufigen Hochplateaus findet man höchstens den ein oder anderen Hirtenpfad. Das macht die Drakensberge zu einem großartigen Ort für eine abenteuerliche Zelttour, von der kurzen Mehrtagestour bis zur kompletten Traverse. Ich empfehle die Buchung eines Guide, der das Gebiet genau kennt und sich auch um Logistik wie Abholung und Verpflegung kümmern kann. Mein Tipp: www.itchyfeetsa.co.za.

Die Zederberge: Von dramatische Sandsteinformationen durchzogene Wildnis, wohin das Auge reicht: Die Zederberge liegen auf der gegenüberliegenden Seite des Landes etwas nördlich von Kapstadt und sind zusammen mit den Drakensbergen eines der besten Gebiete für eine Trekkingtour der abenteuerlichen Art. Ohne Ortskenntnis und/oder entsprechende Erfahrung ist man aber auch hier besser mit Guide unterwegs – nicht zuletzt, weil Wasser in dieser Gegend rar sein kann. Die Kosten für einen Trekkingguide in Südafrika sind übrigens verhältnismäßig günstig und nicht mit denen

für einen Bergführer in den Alpen zu vergleichen. Mein Tipp:
www.guidedbymike.co.za.

DER BIBBULMUN TRACK
IN WESTAUSTRALIEN

Route: Der Bibbulmun Track ist ein 1 000 Kilometer langer
Fernwanderweg in Südwestaustralien, der von Kalamunda
etwas westlich von Perth bis Albany an der Südküste führt.
Vor allem im Norden ist die Landschaft ziemlich bergig, später wird sie insgesamt flacher und offener. Auf dem Abschnitt
entlang der Küste wandert man teils direkt am Meer, immer
wieder führt der Weg aber auch zurück ins Inland, zum Beispiel, um den gigantischen Red-Tingle-Bäumen im Valley of
the Giants einen Besuch abzustatten. Die großen Brände des
Winters 2019/2020 hatten auf den Westen des Landes und
die Gebiete, durch die der Bibbulmun Track führt, übrigens
keine verheerenden Auswirkungen.

Anreise: Der nächste internationale Flughafen ist Perth, Start
und Ziel sowie die meisten der Ortschaften entlang des Tracks
sind von dort aus per Bus erreichbar. Daher ist es auch gut
möglich, nur einen Teil des Bibbulmun Tracks zu laufen.

Beste Reisezeit: Die australischen Wintermonate von Juni bis
August sind sehr regenreich und auch relativ kalt. Der Vorteil
am Winter ist, dass man den Trail dann oftmals für sich alleine hat und dass einem das Trinkwasser bestimmt nie ausgeht. Die schönste Jahreszeit für den Bibbulmun Track ist der
australische Frühling zwischen September und November,
denn dann herrschen oftmals sehr angenehme Wandertempe-

raturen, und der Regen zieht sich zunehmend zurück. Außerdem ist dann die Zeit der Wildblumenblüte.

Ab Mitte November kehrt der Sommer ein, in dieser Jahreszeit kann es sehr heiß werden, und die Gefahr für Waldbrände steigt akut an. Der Herbst (ab März) ist, was Temperatur und Niederschlag angeht, ähnlich gut geeignet wie der Frühling, allerdings muss man hier gegebenenfalls mit Trinkwasserknappheit rechnen, und die Vegetation ist karger.

Anforderungen: Der Bibbulmun Track verläuft oft auf einem eigens dafür angelegten und nur für Fußgänger zugelassenen Wanderpfad, immer wieder aber auch über Forstwege und Ähnliches. Große Teile des Trail sind gut und einfach zu begehen, je nach Wetter und besonders nach stärkeren Regenfällen können die Wege schlammig, rutschig oder sogar überschwemmt sein. Auf dem Abschnitt entlang der Küste wandert man immer wieder aber auch auf Dünen und Strand, was mitunter anstrengend sein kann. Der Bibbulmun Track ist durchgehend mit kleinen gelben Dreiecken markiert, auf denen sich das Logo des Tracks – die Regenbogenschlange (»Waugal«) – befindet. Der Weg ist grundsätzlich auch gut für Beginner in Sachen Langstreckenwandern geeignet, die etwas Erfahrung auf kürzeren Strecken mitbringen. Auch eine Teilbewanderung ist möglich.

Unterkünfte: Im Abstand von etwa 20 Kilometern ist der Bibbulmun Track mit Shelters bestückt. Die meisten dieser Hütten sind aus Holz gebaut und zu drei Seiten geschlossen. Dort kann man auf Plattformen Isomatte und Schlafsack ausbreiten. Daneben findet man an jedem Shelter Regenwassertanks, Sitzmöglichkeiten und eine Buschtoilette. Auch gibt es ausgewiesene Stellplätze für Zelte. Zudem passiert man entlang des

Weges insgesamt zehn Ortschaften. Hier kann man Proviant nachkaufen, Wäsche waschen, in einem richtigen Bett schlafen und duschen.

Ausrüstungstipp: Auf dem Bibbulmun Track gibt es wie überall in Australien Schlangen. Sie suchen zwar meistens sofort das Weite, können aber gerade an den ersten warmen Frühlingstagen noch ziemlich schläfrig sein. An solchen Tagen war ich froh, schlangensichere Gamaschen zu haben, allein schon weil ich so etwas weniger angestrengt auf den Weg achten musste. In Sachen Schlafsack und Kleidung sollte man beachten, dass die Temperaturen je nach Jahreszeit vor allem nachts stark sinken können.

Mehr Infos: Alle wichtigen Infos, Karten und mehr gibt es auf www.bibbulmuntrack.org.au.

DANKSAGUNG

Danke an meine Eltern, die mich von klein auf bei allen Abenteuern unterstützt haben und es bis heute tun. Danke an meinen Bruder, der mit mir zusammen Ohrenquallen gesammelt hat und auf Bäume geklettert ist. Danke an meine Freunde, die immer für mich da sind, auch wenn ich mal wieder viel zu lange nicht da war.

Danke an die Leserinnen und Leser meines Blogs, die mich teilweise schon seit Jahren virtuell auf meinen Abenteuern begleiten und der Hauptgrund dafür sind, warum mir diese Arbeit auch heute noch so viel Spaß macht.

Danke an die, die dieses Buch möglich gemacht haben: allen voran Markus Michalek von AVA international, Daniel Oertel von Ullstein und meine Redakteurin Aylin Salzmann.

QUELLEN

Prolog

Milchstraße:
https://www.nasa.gov/mission_pages/hubble/science/milky-way-collide.html

https://www.spiegel.de/wissenschaft/weltall/milchstrasse-wird-laut-hubble-mit-andromeda-galaxie-kollidieren-a-836399.html

Kapitel 1

Zitate: Edward Abbey, *Die Einsamkeit der Wüste,* Naturkunden, Matthes & Seitz Berlin, 2016.

Besucherzahlen Arches NP: https://www.nationalparked.com/arches/visitation-statistics

Kapitel 2

Robert Macfarlane, *Landmarks*, Penguin, 2015.

Munros: The Scottish Mountaineering Club – https://www. smc.org.uk/

Kapitel 4

Wildnis in Deutschland: https://www.bfn.de/themen/biotop-und-landschaftsschutz/wildnisgebiete.html

Kapitel 5

Zitat: Patrick Barkham, *Coastlines – The Story Of Our Shore*, Granta Books, 2015.

Kapitel 6

Aussage von E.O. Wilson: https://eowilsonfoundation.org/a-different-dimension-of-loss/

Zitat Sylvia Earle: https://mission-blue.org/2015/01/breaking-dr-sylvia-earle-boldly-addresses-the-un-to-urge-legal-protection-for-high-seas/

Spinnenseide: https://www.nature.com/articles/ng.3852

Kapitel 7

Zitat: Francesco Petrarca, Die *Besteigung des Mont Ventoux*, Reclam, 2014.

Kapitel 8

Buschbrände in (West-)Australien: https://www.dpaw.wa.gov.
au/management/fire/fire-and-the-environment

Artensterben Australien: https://www.zeit.de/wissen/umwelt/
2015-02/artensterben-australien-saeugetiere

Kapitel 9

Zitat: Paul Bogard, *The End of Night – Searching for Natural Darkness in an Age of Artificial Light*, Little, Brown and Company, 2013.

International Dark Sky Association: https://www.darksky.org/

Lichtverschmutzung allgemein: Verlust der Nacht (Broschüre des Bundesministeriums für Bildung und Forschung): https://www.igb-berlin.de/sites/default/files/media-files/download-files/Verlust%20der%20Nacht_Brosch%C3%BCre2013_DE_web.pdf

Kapitel 10

Schottische Wörter für Schnee: https://scotsthesaurus.org/thescat/873/

Naturkalender der Gesundheitsbehörde der Shetlandinseln: https://www.healthyshetland.com/site/assets/files/1178/730-1309-17-18_nature_prescriptions_calendar_4sep.pdf

Kapitel 11

Zitat: Charles Darwin, *Die naturwissenschaftliche Reise mit der Beagle*, www.mach-mir-ein-ebook.de, 2016.

Studie des Max-Plank-Instituts für Biologische Kybernetik: https://www.mpg.de/582058/pressemitteilung20090871

Kapitel 12

Vogelarten an Eberesche: https://www.lwf.bayern.de/mam/cms04/biodiversitaet/dateien/w17_vogelbeere_und_tierwelt.pdf

Ackerwildkräuter: https://www.univerlag.uni-goettingen.de/bitstream/3/isbn-978-3-86395-184-9/2/100AeckerfuerdieVielfalt.pdf

Kapitel 13

Zitat Birkenzeisige: http://www.otus-bayern.de/haenflinge.php